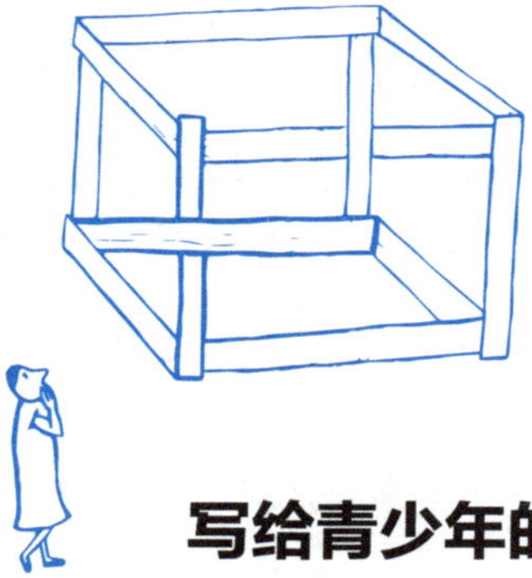

写给青少年的人文通识书

哲学

Nachgefragt

Philosophie

【德】克里斯蒂娜·舒尔茨–瑞斯（Christine Schulz–Reiss）著
【德】薇瑞娜·巴浩斯（Verena Ballhaus）插图绘制
徐安安 译

上海社会科学院出版社
SHANGHAI ACADEMY OF SOCIAL SCIENCES PRESS

图书在版编目（CIP）数据

写给青少年的人文通识书 . 1, 哲学 /（德）克里斯蒂娜 · 舒尔茨 - 瑞斯著;（德）薇瑞娜 · 巴浩斯插图绘制; 徐安安译 . — 上海 : 上海社会科学院出版社，2021

ISBN 978-7-5520-3450-9

Ⅰ . ①写… Ⅱ . ①克… ②薇… ③徐… Ⅲ . ①人文科学 – 青少年读物②哲学 – 青少年读物 Ⅳ . ① C49 ② B-49

中国版本图书馆 CIP 数据核字（2021）第 054147 号

写给青少年的人文通识书 · 哲学

著　　者:（德）克里斯蒂娜 · 舒尔茨 – 瑞斯
绘　　者:（德）薇瑞娜 · 巴浩斯
译　　者: 徐安安
责任编辑: 周　霈
特约编辑: 黄珊珊
封面设计: 知行兆远
出版发行: 上海社会科学院出版社
　　　　　上海市顺昌路 622 号　邮编 200025
　　　　　电话总机 021-63315947　销售热线 021-53063735
　　　　　http: //www. sassp. cn　E-mail: sassp@sassp. cn
印　　刷: 北京彩眸彩色印刷有限公司
开　　本: 889 毫米 ×1194 毫米　1/32
印　　张: 4.75
字　　数: 75 千字
版　　次: 2021 年 6 月第 1 版　　2021 年 6 月第 1 次印刷

ISBN 978-7-5520-3450-9/C · 204　　定价: 118.00 元（全 3 册）

前言
Einleitung

哲学？！如果有人问你在看什么书，而你回答："一本关于哲学的书。"那么提问的人很有可能会瞪大眼睛吃惊地看着你，也有可能会皱眉或是摇头。他也许会说："真不得了！你居然有本事看这种书？！"也有可能说："你这是哪根筋不对了？"他甚至有可能说："这孩子肯定是傻了，居然看这种不着边际的东西！"

哲学——光是这个词就给人一种距离感。一些人听到这个词会马上联想到一位疯疯癫癫的教授，每天都埋头冥思苦想，完全忘记了自己周围的现实世界，所以也没人把他说的话当真。也有人会联想到一位智慧超群、人人敬仰的学者，但也因此曲高和寡，无人理解。还有人认为哲学家就是疯子，醉心研究一些日常生活中根本毫无意义的问题。

其实这些想法都不对。翻开这本书其实就已经证明你并没有被这些偏见蒙蔽双眼，而是想亲自探索哲学背后的故事。好奇心驱使你翻开了这本书，而这恰好意味着你已经迈出了哲学思考的第一步。因为哲学的开端就是驱使人探索万物的好奇心。人们最开始探索的是能够看到、触摸到和体会到的事物。三千年前古希腊的第一批思想家开始探索一个问题——世界是由什么构成的？他们的回答有的古怪离奇，有的谬误可笑，但有的却让我们震惊：因为几十个世纪后现代科学证实了古希腊人仅靠抽象思考得出的结论。

关于哲学的书已经有千千万万，多得书架都塞不下 。但并不是遍览所有书才能理解那些哲学家的想法。有时少即是多——即使是艰深的著作也有轻松解读的办法，这也正是这本书的目的。你可以按顺序从前往后看，也可以把它当作菜单，从中挑选一些部分阅读，看看是否合你的口味。也许你会对世界上第一位哲学家泰勒斯感兴趣。但你也可以翻到苏格拉底或是康德的部分，了解一下这些你也许已经听说过的名字，看看他们的故事和思想是否让你受益。你甚至还可以从后往前看。总之一切都由你决定。

这本书会带你遨游人类的思想史，但同时也鼓励你自主思考。也许你会不时感到惊讶，因为书里描述的情况你也许同样经历过。也许书中那些著名哲学家绞尽脑汁思考的问题你也曾经思考过。还有些故事会让你捧腹大笑。总之，阅读这本书能给你带来很多乐趣，还会让你看到人类在历史的长河中都有过怎样的奇思妙想。

目录

2. 追随自然的踪迹——万物之源
Der Natur auf der Spur – wie alles begann

3. 思考、言语与行为
Denken, Reden, Handeln

4. 靠近你，我的上帝！ Näher, mein Gott, zu dir!

5. 摒弃糟粕，回归本源！ Zurück zu den Wurzeln, aber weg mit dem alten Kram!

6. 进入新时代！
Auf in die neue Zeit!

7. 饱腹还是思考？
Kopf oder Bauch?

8. 飞上云天——“我”的秘密

Hinauf in luftige Höhen – Das Geheimnis des Ich

9. 美丽新世界

Schöne neue Welt

1.

无穷的问题
——谁，怎样，
什么，为什么……

Wer, wie, was –
wieso, weshalb, warum ...

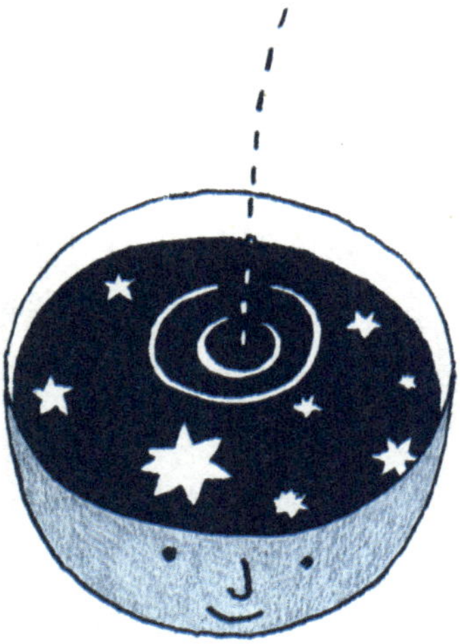

仅仅活着，或是已经开始思考？为什么孩子是天生的哲学家？

“为什么香蕉是弯的？”——“因为香蕉皮是弯的呀。”德国人常常举这个例子来说明有些问题毫无意义。但这个问题其实很有意思，因为香蕉的形状是可以用科学原因来解释的。而只要是可以解答的问题，都是有意义的问题。

植物学家：

研究植物的科学家

香蕉其实是从香蕉花里生长出来的。花朵面朝下，所以最开始香蕉是悬挂着朝地面方向生长的。但为了成熟，果实需要向着阳光伸展，所以就慢慢变弯了。很不可思议吧！植物学家可以解释香蕉弯曲的原因。但也许有人会问：“是谁让香蕉知道要朝着太阳生长的？”这样的问题就不太好回答了。哲学的起源，其实就是人类开始探寻自然界现象背后的意义。“谁创造了这一切？”这是人们亘古不变的追问。

提出问题却得不到解答的滋味不好受，对小孩子来说也是这样。孩子的开智是从提问开始的，他们几乎对身边的一切都有着无穷无尽的疑问：“这是什么？有什么用？为什么必须这样？如果没有这个会怎么样？”你以前肯定也用类似的问题几乎把大人逼疯过。但是这并不是你的错。不提问，人就不会越来越聪明。如果大人不耐烦地回答：“就是这样，没有为什么！”这就说明他们也许已经丢失了独立思考的习惯，或者是失去了观察世界的眼睛。这是一件悲哀的事情。

你现在肯定还经常有许多问题，但你的问题变得越来越复杂，而且你渐渐养成了自问的习惯，因为你已经能够通过独立思考来解答问题。但也许你也发现，每次找到一个问题的答案后又总会出现新的问题。思考就像是一场冒险，让人深陷其中。

不断反问的过程其实就和小孩子开始摸索世界的过程差不多：小朋友将一个物品抓在手里，通过反复触摸来认知这件物品。他可能还会将这件物品塞进嘴里，来获得感官的体验——这个东西是什么味道？最后小朋友还常常会将东西拆开，看看里面有没有藏什么有趣的东西。这往往是大人们最头疼的时候："为什么你总在搞破坏？！"

当你对身边的一切都开始刨根问底，有时会动摇大人们对世界的既定认知，有时甚至会打碎推翻他们的认知，就像那些被小孩子拆坏的东西一样。当所知的一切都被重新质疑时，人会感到不适，所以有时大人会制止你的提问。

你用你的头脑来触摸这个世界，你的所有思考就像孩子的手指一样，帮助你分解事物，认知事物，也包括抽象的、无法触摸的事物：感觉、信仰、希望、愿景以及思想。

你也许会问：为什么？为什么我要学习？为什么人们会相爱？为什么会有生老病死？死后会发生什么？为什么想到死亡时人会感到悲伤？为什么我有时会伤心难过？到底什么是幸福？

每次提问，都是一次成长。

你会惊奇，会质疑，会思考。你的每次思考都为你带来新的认知，而新的认知又会颠覆你的已有认知。世界的美好在于万物相连，每个事物背后都有值得探寻的深意。如果你用这种方式去探知一切，那其实你就已经开始了哲学层面的思考。还记得我们在文章开头讲的香蕉弯曲的问题吗？即使这个问题看上去毫无意义，但世上没有蠢问题。因为所有激动人心的哲学思考，都从这样看似毫无意义的"蠢问题"启程。

哲学始于惊讶。
——亚里士多德
（见35页）

开始一段冒险！什么是哲学？

你恋爱过吗？恋爱过的人一定知道这种感觉：头晕目眩，夜不能寐，心心念念地想着自己的心上人。哲学思考和恋爱的感觉类似，就像是头脑中的一场大风暴。

哲学一词来源于希腊语，原意是“爱智慧”。2700 年前希腊人“发明”了哲学，更确切地说是第一次给让这种思考有了名称。就和爱情一样，哲学有时也会让人深陷其中，无法自拔。恋爱的人总想要更多——从第一次眼神接触到相互靠近，从十指相扣到加深了解，最后在这世界上找到栖身之处，共同生活。

“哲学”一词希腊语为“Philos Sophia”。“Philos”是“朋友”或“爱好者”的意思，而“Sophia”意为智慧。所以哲学就是关爱自己。——卡尔·雅斯贝尔斯（见 108 页）

哲学的目的在于让人在这世上找到自己的位置。在此之前，人们要首先认识这个世界。所以进行哲学思考的人会问：世界是什么？世界由什么组成？还会问：人是什么？我是谁？我为何而生？我的所感所想究竟是现实，抑或只是镜花水月？天空是什么？天始于何处，终于何处？天空的后面是什么？为什么有善恶之别？我如何认清眼前之物？我出生之前身在何处？为什么我最终要离开这世界？死后我又身在何处？如果死后只剩虚空，那么我也将变为虚无？最后一个问题常常让人害怕。害怕失恋的人从一开始就不应该恋爱。但在哲学的世界，你可以选择在任何时候停止你追问的脚步。

哲学是一门科学吗？知识与智慧的区别

假设你的叔叔是一位科学家，是全家人的骄傲。但是你却不喜欢听他讲话，反而更喜欢和你的奶奶聊天。奶奶从来没读过大学，但却有自己的人生智慧。

严格来说，虽然哲学家都是很聪明的人，但哲学并不是一门科学。许多大学都开设哲学专业。在那里，你可以学到哲学家们对这个世界、对人类和对生存法则的思考。作为一门学科，哲学将这些思考进行归纳总结，并依据现今的知识水平进行重新解读。

有智慧的人能够透过现象看本质。即使有时“本质”无法证明，但看到“本质”依然能让人更容易理解生活。哲学的目的之一就是发现更多“本质”。

科学家是自己所在领域的专家。有时科学家除了熟知自己的专业外，还会尝试发现新事物。有了新发现之后必须要进行严格的验证。也就是说，科学意味着收集知识并在此基础上进行拓展。但哲学和智慧是另外一个层面，所以有时候科学家需要哲学家的帮助，去思考和论证到底一个新发明对人来说究竟是利是弊，究竟人应不应该将能力所及都付诸实践。核弹和克隆技术（见 124 页）就是两个很好的例子。

经验也会给人智慧。你的奶奶已经有了丰富的人生经历，从中沉淀出了自己的人生智慧。比如她的经验告诉她，食物要稍微放凉些再吃。她在你失恋的时候会安慰你:“不要太难过，你很快就会走出来的！”这时也许你会生气，但其实并非她不把你的难过放在心上。她只不过是知道，这不会是你最后一次恋爱，每次结束都意味着全新的开始。这就她的智慧。

哲学家是什么？反正不是卖弄小聪明的人

有句关于哲学家的名言："若能沉默，仍为哲人。"意思是说假如你当初能保持沉默的话，那么你今天就还是哲学家。但为什么这么说？如果人们不能开口讨论的话，为什么要绞尽脑汁去思考问题呢？

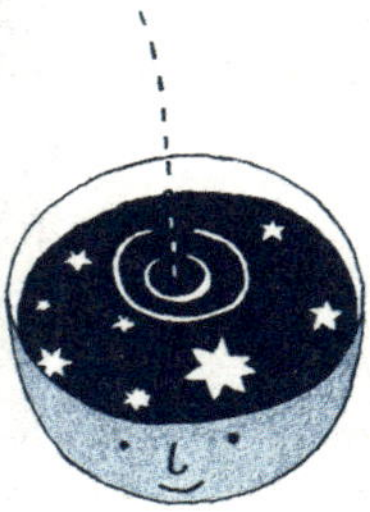

"我唯一知道的事情，就是我一无所知。"苏格拉底的这句名言听起来自相矛盾。但至少他知道一件事，就是他的无知。

这句话原文为拉丁语，是罗马帝国的政治家及哲学家波爱修斯（见 45 页）的一句名言。这句话之所以成为名言，是因为它讲述了一个道理：沉默比随口胡诌一些无法证实的谬论要有价值得多。哲思意味着不断反思和推翻，去探讨世上从未有人能够解答的本质问题。哲思就是依靠自己的经验、知识和个人经历去进行思考。不同的人思考同一个问题也许会得出不同的结论，但不同结论有可能都是对的，或者都是错的，亦或有错有对。当两个哲学家开始讨论某个问题时，很有可能出现唇枪舌剑、火花四溅的场景。一个真正的哲学家往往信奉苏格拉底（见 29 页）的这句名言："我唯一知道的事情，就是我一无所知。"

所以哲学家常常成为笑柄并不稀奇。有时他们会完全沉浸在自己的世界里，以至于人们完全可以相信，他们对真实世界发生什么一无所知。就像泰勒斯（见 19 页）一样，他某天对着满天星辰陷入了沉思，以至于在走路时被路上的水井绊倒。一个村妇嘲笑他："他仰望天空，却看不见脚下！

你听说过长袜子皮皮和斯皮克的故事吗？“斯皮克”是长袜子皮皮自己造出来的一个词，世上根本就没有斯皮克的存在。但是被长袜子皮皮问到的每个人却都装作知道什么是斯皮克。

人可以脱离语言思考吗？长袜子皮皮与斯皮克的故事

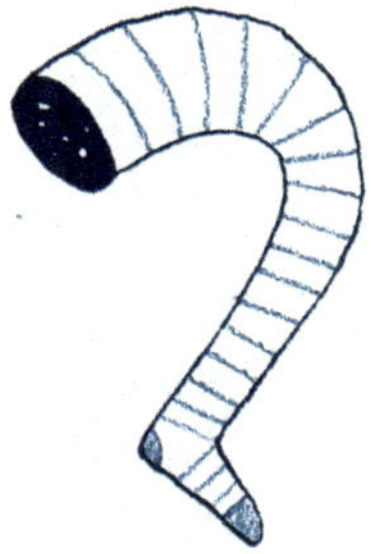

哲学思考最重要的工具就是大脑。但是如果你没办法用言语描述你的想法，那么言语还有用吗？有一些东西是能以图像方式存在在大脑里的，比如一只甲壳虫、一朵鲜花、一片蓝天或一匹白马。但一旦涉及到像“存在”或“虚无”这种抽象的概念，这种图像式思考就行不通了。即使你在大脑中将“虚无”具象化为一个大黑洞，但“洞”本身又是另外一个概念。

长袜子皮皮走的是一条次序颠倒的路，她先想出一个名字，然后才去寻找相对应的事物。这条路是行不通的。我们只能为我们熟悉的事物命名，因为我们已经见过、感受过、听过、闻过、尝过它或至少对它有一定的认知，亦或是有人给我们描述过这个事物。在和其他人沟通的时候，也只有当他们知道你在说的或写的是什么，沟通才能奏效。如果没有语言，不管是话语或是文字，我们都无法思考或表达。

“具象”指的是一切能用我们的感官感知的事物。而“抽象”则恰恰相反，是我们只能用头脑去思考，但不能用感官去感受的事物。

哲学就像一个正在探知世界的孩子，它也需要先探索具体的事物，需要先摸索、看见和理解这个事物。然后它才能开始思考抽象的概念，比如生命与死亡、存在与不存在、善良与邪恶。探索抽象概念非常困难，因为这些概念的解读方式可以多种多样。哲学的使命就是为这些抽象概念找到对所有人都适用的解答。

我们可以赋予事物意义吗？抑或石头就只是石头？

小溪边有成千上万甚至上百万颗石头。这些石头来自哪里？又将去向何处？当你 30 年后重新来到这里，它们又在哪儿？

我们赋予这个世界意义，但如果我们不存在，这个世界有意义吗？哲学探讨的是人对物、物对人的意义。

溪水将石头打磨得圆润光滑。有些石头形状扁平，很适合用来打水漂。你拾起一块图案别致的石头，它有着独一无二的、美丽的颜色。你给这块石头起名叫“魔法石”。之后你又捡到许多其他石头，最后装了满满一口袋。

几天后你突然想起来:“我的石头去哪儿了？”你的妈妈回答:“我洗你外套的时候把口袋里的石头扔了。”什么？！ 你愤怒地跑到妈妈书桌前，以牙还牙，找到那块一直摆在她桌上的石头，扔到了窗外的花园里。晚上妈妈问:“我的那块石头呢？”“我把它扔了。不就是块石头嘛！”妈妈大惊失色:“这是你的外公很多年前送给我的！”

这两块石头都只不过是“普通”的石头。但是它们对你和妈妈来说却都不是一般的石头。为什么人们会收集石头，甚至每天揣在口袋里，不时拿出来把玩呢？

你和妈妈都赋予了这两块石头特殊的意义，对你来说“魔法石”有着一丝神秘的色彩，对你的妈妈来说那块石头代表着父爱。石头什么时候真正成为一块石头？是它从峭壁上分离的那一刻？分离前它不算一块石头吗？也许你会说，不过是块石头罢了！但是我们可以用一块石头做很多事情，可以雕琢打磨它，也可以用它建造房屋。而且我们对万物的开端和结束的思考，有时恰恰就从一块小小的石头开始：它从哪里来？它又将成为什么？这也是我们可以问自己的问题。

《圣经》里写道："太初有道，道与神同在，道就是神。"每个人在某个时候都会问自己："万物是如何诞生的？"或者"是谁创造了万物？"

谁创造了万物？万物如何诞生？

就算是上帝创造了世界、生命和自然，但依然有一个未解之问：他是如何创造万物的？但如果否认上帝的存在，那需要解答万物起源的问题就更难了。因为不管如何，万物出现必然有过一个起点。

不管是否信仰上帝的存在，第一代哲学家都试图找寻万物发源的一个根本物质，哲学中称之为"始基"。他们曾分别猜测过水、气、土或火是万物的始基，因为如果没有水和空气就不会有生命，而植物生长需要土壤，火焰则带来温暖，让人们不再寒冷。

我们将世界和生命的发展变化称为**"进化"**。"进化"一词在希腊语中的原意是"打开一本书"。**"理论"**一词在希腊语中的原意是"观察的欲望"，如今这个词主要指看待事物的方式或猜想。

随着自然科学的发展，我们对自然进化的了解越来越深入，但仍不足以确定最初物种如何起源。根据大爆炸理论，宇宙是在100到200亿年前的一次大爆炸中诞生的。而46亿年前太阳系以及太阳系中的地球也作为大爆炸的产物出现。地球是太阳系中目前唯一有水的星球。水是生命之源，也正因如此，当机器人在火星上拍到那里曾经也有水存在过的痕迹时，人们都无比兴奋。火星上也有生命存在过吗？我们不是宇宙中唯一的生物吗？

不管是根本物质还是宇宙大爆炸，两种理论都仍留有疑问：始基来源于何处？谁引发了宇宙大爆炸？这是哲学家需要思考的问题。

世界从何开始？何处才是终结？

你是从哪天开始读这本书的？你要花多少天看完这本书？现在你已经看完 18 页了，当看到这部书的结尾时，你已经看完了 140 页。

“宇宙”（Kosmos）一词指的是整个太空空间。这个词源于希腊语，本意是“秩序”。

“太空”（Universum）一词在拉丁语里的意思是“整个，全部”。这个词的本义是“化为一体”，拉丁语中“太空”一词前半部分“unus”意为“一”，后半部分“versus”是“成为”的意思。

这本书有开头也有结尾，而书的开头和结尾既可以用书的页数来表示，也可以用看书花费的时间来衡量。不仅是这本书，其他的所有事物我们都可以用空间和时间概念来衡量。空间是指一个事物所占据的空间。比如这本书共有 140 页，一般来说就是 2 厘米左右的空间厚度。用这个概念就可以来比较事物与周围其他事物之间的关系。

地球是一个赤道周长为 40075.017 千米，体积为 1083.207×10^9 立方千米的椭球体。这是地球所占据的空间。从前人们并不知道地球有多大，甚至有人以为地球是一个平面，他们所看到的地平线就是地球的尽头和宇宙的边缘。今天我们知道，地球只是宇宙的很小一个部分。没有人知道到底宇宙有多大，因为从没有人到达过宇宙的边界。即使宇宙有边界，但因为边界太过遥远，没有人能在有生之年到达那里。因为要到达无限的空间，就需要无限的时间。

这世界有尽头吗？

不光是哲学家，普通人想到这个问题的时候也会开始犯怵。我们的思维需要边界，否则我们会在无边无界中迷失自己。没有边界的世界超出了我们的想象，因为我们能接触到的所有东西都有边界，无论是这本书、学生时代、人生或是人的思想。

但世界也有边界吗？如果世界有边界，那边界之外就没有任何东西吗？抑或是那里只有虚空？那什么是虚空？我们无法想象，而且光是尝试去想象就已经让我们心生畏惧，害怕坠入那片虚空。

“真正的世界不随时间改变，没有开端，也没有结束。”——巴门尼德（见本书23页）

时间也是如此。我们知道生活中所有的一切都是有限的，都会消逝。但是时间在我们之前就存在，在我们死后依然会继续。时间不会静止。但它会永远不停地向前走吗？如果时间并不是永恒的呢？这个想法也会让人害怕，因为时间的尽头也就是世界的尽头。人类最害怕的事情就是世界毁灭，而这理论上随时都有可能发生。

数学家和物理学家试图去测量计算时间和空间。哲学家则努力去寻找时间和空间的意义以及人类对时空的影响。这也是对人生意义的追问。

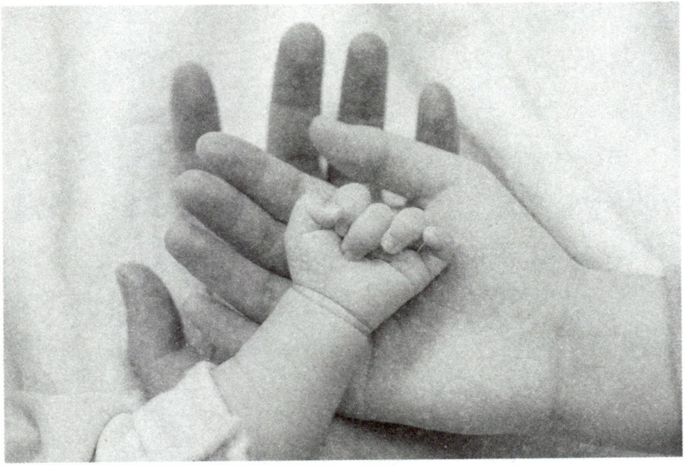

我是谁？何为我所欲？我将何去何从？

婴儿在镜中看见自己时会好奇地摸自己的脸颊，认不出镜中的自己。我们看到自己的照片是也常常会惊讶：这真的是我吗？也许你有一天会发现一个完全不一样的自己，然后问自己：这真的是我吗？

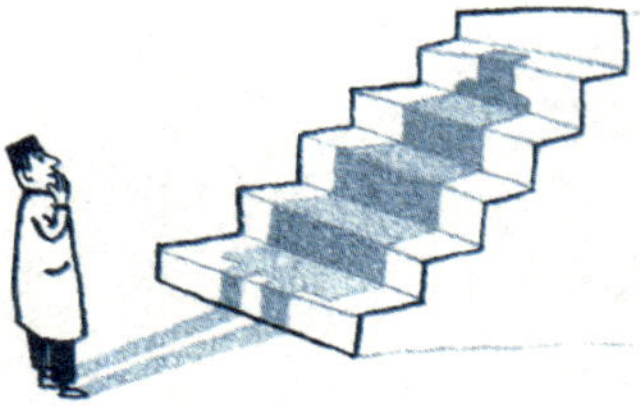

“现在的我，这个蠢货！尽管满腹经纶，也并不比从前聪明！”歌德笔下的大学者浮士德回首一生时这样感叹。每个人进行哲学思考时都常常会发出类似的感叹。我们不知道，提出的问题是不是真的有一个正确的最终解答。

在人生的不同阶段，我们对自己的认识也会有所不同。世界在不断变化，也不断地改变着我们。当你的妈妈第一次发现自己的白发时，也感叹过：天啊，我已经老了！在那一瞬间她也许回首了自己过去的人生，也自问过：我错过了什么吗？我最初想要的是什么？未来还会发生什么？

你的爷爷突然需要拄拐杖才能一级级上楼的时候一定也非常沮丧。他知道自己是谁，也知道自己想要什么，但他依然会问自己：以后我会怎么样？

两三岁的孩子常常会幻想自己无所不能，他们相信自己就是全能小超人。如果发现自己的幻想没办法实现，他们会非常愤怒。但开始上学之后，你很快就发现你要努力才会有收获。而如今的你知道，对有些事情你是无能为力的，比如生病，身边的人经历事故，在电视里看到的饥饿、贫穷和战乱。

有时你会觉得充满力量，仿佛世界尽在你手中！你想要成为像你父亲一样的人，或是一个流行歌手，又或者是你身旁那位和蔼的女士。但有时候你又对自己充满了怀疑：我到时会成为什么样的人？哲学试图为这个问题找到一个对所有人都适用的回答。哲学家的回答会对我们有所启发，但每个人都需要将哲学家的回答和个人情况相结合，继续思考。

在安慰被蜜蜂蜇痛的孩子时，父母常常会骂道：“这只坏蜜蜂！”但是你很清楚，蜜蜂并不是故意去蜇人的，它只是觉得受到了威胁而已。

以牙还牙，以眼还眼！什么是善，什么是恶?

从哲学角度看，蜜蜂蜇人是善非恶，因为它蜇人以求自保，做了正确的事。但如果你在被某个人袭击时使劲用瓶子砸他的头，不小心把他重伤了呢？在这种情况下你并没有做什么错事。但是伤害别人是不对的，不是吗？你也许会辩解：“我当时别无选择！”必要时会有法官判断你的行为是否真的出于正当防卫。可是即使法官认定你没错，事后你还是会觉得不安。

滥用个体的自由去做自己获益、他人受损的事情，这就是恶。这是德国最伟大的哲学家之一康德（见本书 83 页）提出的定义。

善与恶，正确与错误 —— 在某些情况下分辨是非黑白非常容易，比如你如果在做数学作业的时候写 1 + 1 = 3，那就很明显是错了。但是如果你说：“这个苹果特别好吃！”你的妹妹也许会不同意，因为她只喜欢吃酸苹果。判断人的行为的好坏善恶就更难了。

哲学为善与恶确立了几条判断标准：如果一个事物尽可能地满足了我们对它的看法，那么它就是善的。或者当它尽可能地以它的方式满足了当下情况对它的要求（就像那只蜜蜂一样），那它也是善的。那什么是对我们的要求？我们要做什么、怎么做？为了解决这些问题，出现了伦理学，伦理学的使命就是寻找正确生活的规则。

2.

追随自然的踪迹
——万物之源

Der Natur auf der Spur –
wie alles begann

上帝与世界：宗教与哲学之间有何关系？

你听说过亚当和夏娃的故事吗？对上帝的信仰给这对人类的祖先带来了幸福的生活，但他们依然吃下了禁果。为什么伊甸园还是没能让他们满足呢？

《圣经》里将夏娃摘下禁果的树称作“智慧树”。蛇在诱惑夏娃的时候说道：“如果你们吃下树上的果子，就会变得和上帝一样！”为什么人们会想拥有上帝的力量？为什么他们不满足于在伊甸园的幸福生活？人类显然永远不满足于自己已经拥有的东西。

康德（见本书82页）将信仰看作“主观认定的事实”。主观的意思是，信仰什么取决于不同的主体。但教会当然不同意这种看法，否则他们作为宗教教义解读者的角色将会变得多余。

法国哲学家伏尔泰（见本书81页）曾经说过：“既然有普通的存在，便必然有一个永恒的存在，因为没有什么是从虚无中来的。”伏尔泰信仰上帝，却憎恨教会。

尽管科学和技术不断发展，人们依然愿意相信看不见摸不着的神秘力量的存在。因为这让复杂的生活能变得简单一些。

人类学会了利用大自然的力量，开始农耕、制造工具、甚至飞上了月球。所有一切都源于人类对知识的渴求和钻研的精神。但依然有一些事件是人类不可操控、不可改变的。正因如此，宗教与哲学并不互相矛盾。哲学常常从宗教信仰中汲取养分，要么直接把信仰视作最终极的认知，要么将信仰作为获取认知的方法。

一些哲学家尝试去证实上帝的存在，这让他们的言论得到教会的追捧。也有一些哲学家做截然相反的努力，尝试证明上帝并不存在。

还有人创立了别的信仰：约公元前 500 年，正当希腊哲学开始萌芽时，出身印度王族家庭的乔达摩·悉达多建立了一个没有神的宗教。

悉达多说：众生皆苦。

正因如此，人们必须从中得到解脱。悉达多找到的解脱的方法：有一天他正在一棵无花果树下沉思时，突然顿悟。自此之后他自称佛陀，意思是“顿悟者”。

佛陀的哲学思想是，存在就是一个永恒变化的过程。佛教相信来世，只有跳出转世轮回的循环，才能真正从苦海中解脱。为了解脱，人们必须放下一切他们在尘世和人生中的羁绊。只有这样，灵魂才能涅槃，才能在虚无中得到解脱。佛教信徒无惧虚无，这是佛教的特征。

佛陀，意为“悟道者”。

追随自然的踪迹：谁是全世界第一个哲学家？

世界由何构成？哲学家为这个问题绞尽脑汁。关于这个问题有各种各样的传说、神、上帝和超自然力量。但不管是谁，到底他/她/它是用什么创造了世界？

自然是什么？树是什么？为什么植物要在泥土中生长？万物的源头是什么？是否存在一种孕育万物的物质，让万物以不同的形态诞生到这个世界？早在两千五百多年前就有古希腊的哲学家开始寻找万物的始基，而这一派的哲学家也因此被称为自然哲学家。但是在他们之前的人们当然也并不笨。在此之前已经出现了高度发展的文明，出现了集体，共同创造文化，建立了农耕、数学、航海等知识体系。他们借助工具减轻了生活负担，让牲畜代替人力劳作，建造房舍用以居住或娱乐。埃及人在当时已经开始建立金字塔，这也证明他们已经掌握了一定的数学知识。

这些自然学家被称作前苏格拉底哲学家，是因为他们的后人苏格拉底（见本书29页）的死（公元前399年）被看作是新哲学的开端。新哲学的标志是让人成为了哲学研究的中心。

哲学家真正关心的既不是神，也不是更舒适的生活。这些“智慧之友”充满好奇心，只想知道自然界万物及其变化的根源。自然哲学家们提出的问题“万物由何构成，又将变成何物”是自然科学的开端，尤其是物理学科的源头。这些前苏格拉底哲学家是第一批不用宗教信仰来为自然万物寻求解释的人。

水有三种形态：固态、液态和气态。没有水就没有生命。泰勒斯观察到这一点并得出结论：“水是万物之源。”

人是水做的吗？泰勒斯寻找始基的故事

泰勒斯是来自港口和贸易之城米利都的商人。这座城市位于今天的土耳其，在泰勒斯生活的年代（前625—前547）是一座希腊城邦。泰勒斯生前备受人们尊重。他是第一个成功预测日蚀的人（公元前585年5月28日），并借助相似三角形定理（影长与身长和塔影与塔高等比）测出了金字塔高度。他还找到方法测量船到大海的距离。除此之外，泰勒斯还是一位非常聪明的商人。有一年他提前发现橄榄会大丰收，于是他买下了所有能买的榨油机，在丰收之后抬高价格将榨油机出租给别人。

泰勒斯一生未婚，无儿无女。别人问他为什么不想做父亲，他回答道：“这完全是出于我对孩子的爱！”

泰勒斯一生游历过许多地方。他从埃及带回了天文学知识，并帮助许多水利灌溉工程测量土地。也许就是在参与水利项目的过程中他萌生了水是始基的想法，也因此成为了我们所知最早的哲学家之一。泰勒斯观察到每年尼罗河泛滥后都会让沿河的土地变得格外肥沃，正因如此，埃及人将尼罗河奉为神明。所以泰勒斯才会认定水是万物之源，认为所有存在都可以追溯到水这一始基。泰勒斯也因此被看作第一位唯物主义者。但相传他之后又对“水是万物之源”补充了一句：“万物都有神的痕迹。”

唯物主义者认为世界的一切都起源于物质。而唯心主义者则认为一切以人的意识为起源。

什么是哲学流派？史上第一个哲学流派

泰勒斯以前所未有的方式阐释世界万物。在他之后米利都又出现了阿那克西曼德和阿那克西美尼两位著名哲学家。因此后人将三人的哲学思想统称为“米利都流派”。

哲学流派是指一群信奉同一个基本理念的哲学家，但每个人可以在这个理念的基础上得出各自不同的结论。

泰勒斯的后继者阿那克西曼德（前610—前547）和阿那克西美尼（前585—前525）便是如此。和他们的老师泰勒斯一样，他们也试图寻找始基。阿那克西曼德在日常生活中是一个动手能力很强的人，他绘制了世界上第一幅地图并模仿巴比伦人建造了一只太阳钟。他认为地球呈圆柱形，在宇宙中漂浮并被燃烧的轮子所包围。另外，他认为万物由泥浆构成，而人类的祖先是鱼类。但是他认为在始基出现之前还有一个无限的存在，从该存在中衍生出不同的对立体，比如湿和干或者冷和暖。这些对立体相克相生，直至永恒。而他将这种永恒的存在称作“阿派朗”，在希腊语中意为“无限定”。

这三位哲学家的思想被其追随者记录下来，让今天的我们仍能阅读前人的智慧。阿那克西曼德的部分手稿残留了下来，里面有一句话：“尘归尘，土归土。从什么物质中来，最终也会回归到这种物质。”

阿那克西美尼则认为泰勒斯认作始基的水本质上其实是压缩的空气，而地球最初就是从这种空气中诞生的。也就是说，他认为空气是始基，而稀释的空气中可以产生火焰。他眼中的地球是一个片状的结构，在始基空气中漂浮。

万物皆数？毕达哥拉斯

想要丈量世界的人，必须懂得算数。很多哲学家也是数学家，毕达哥拉斯就是这样一位哲学家。他认为数学是存在的根本，换句话来说，万物皆数。

毕达哥拉斯生活在公元前 570 至前 495 年间。他并没有寻找构成世间万物的始基，而是一心寻找一个根本法则。他用数字去结构万物。对他来说，世界就是由不同部分组成的一个和谐整体，并可以用数字描述出来。音乐对他来说也是数字。他在偶然间发现，将一条弦裁成一半后产生的音刚好比整根弦弹出来的音高八度。如果将弦的长度剪短四分之一，则会发出四度音，如果剪短三分之一，则会发出五度音。毕达哥拉斯将弦的三个音程比作人的三种生活方式，分别为完全理性的、非理性的和纯道德的生活方式。而纯道德的生活方式则是介于另外两种生活方式之间的一种平衡与和谐。

在学校你也许已经学到过毕达哥拉斯定理（又称勾股定理）$a^2+b^2=c^2$，该定理表示的是直角三角形两条直角边的平方和等于斜边的平方。

毕达哥拉斯创立了毕达哥拉斯学派，他和他的追随者追求所谓的最高和谐。毕达哥拉斯学派的信徒遵照严格的戒律生活，比如他们禁食豆类，因为他们认为豆子花上黑色的斑点是死亡的象征。毕达哥拉斯学派相信来生，认为当人达到最高和谐时，灵魂便可在重生中得到解脱。毕达哥拉斯的信徒中也有女人，其中包括世界上第一位女哲学学徒西亚诺，她后来成为了毕达哥拉斯的妻子。

人能够两次走进同一条河流吗？赫拉克利特的“万物皆流”

想象一下，有一天你去了易萨河游泳，第二天你还想再去。因为你去的还是易萨河而不是莱茵河，所以跟前一天去的是同一条河。

所以你第二天还是在同一条河里游泳吗？如果按照希腊哲学家赫拉克利特的看法，当然不是！因为昨天你游泳时流过的河水早就已经流走了，也就是说，你第二天是在完全不同的河水里游泳。而且你本人也不一样了，因为你年长了一天，所以和前一天的你也不再是同一个人。

赫拉克利特的核心思想是万物总在不停改变，希腊语称之为“Panta rhei”，直译就是“万物皆流”。

赫拉克利特生活在公元前540年至前480年的以弗所。对他来说，世界存在的根本是永恒的变化和矛盾。有冷才有热，有夜才有日，有战争才有和平。他有一句名言：“战争是万有之父和万有之王。”他所指的战争并不是指残暴的武装冲突，而是指万物无时无刻不处于对立统一的矛盾状态中。这种对立统一甚至是件好事，因为只有这样才能保持万物平衡，维持世界和谐。没有生就没有死，没有死也不会有生，因为只有新旧交替后新生事物才有生存所需的空间和资源。

赫拉克利特的哲学思考从完全讨论外部世界开始转向认识的主体——人。他曾经说过，“灵魂即是理智”。

赫拉克利特认为，万物的始基是火，因为火即使不断消耗燃料，但形态从不改变。而对人来说，理智（希腊语为“logos”）则是推动人发展、让人保持生命力的火焰。也就是说，赫拉克利特为始基的定义补充了理智这一抽象概念。

理智与以主观意志和宗教信仰为基础的神话故事相对，是指用理性的方式思考。

当你不想做一件你讨厌的事的时候会说“办不到！”，这时你的妈妈有可能回答“世界上就不存在办不到的事儿！”巴门尼德从“不存在”这三个字中衍生出一门哲学。

虚无存在吗？巴门尼德的存在论

哲学家巴门尼德来自意大利古城爱利亚，他提出存在论并由此创立了爱利亚学派。巴门尼德（前515—前480）绞尽脑汁思考的一个问题是究竟虚无存不存在。最后他得出结论：我谈到的事物一定是存在的，我思考的事物也一定存在。因为如果它不存在的话，我根本不会想到它。所以我想到虚无，虚无就一定存在。不存在虚无只是一种错觉。

巴门尼德不相信具体事物的存在，认为只有抽象的“存在”才是真实的。所有的一切，包括虚无，自始至终都在。巴门尼德被称为第一位理性主义者，因为他用理性和逻辑解释一切问题。

巴门尼德认为只有能用理智解释的事物才是真实存在的，因为感官有可能会受到混淆，不能反映真实的世界。

让我们回到存在与虚无的问题上来。让我们想象这样一个场景：一个朋友跟你说他昨天没去足球场。你回答：“我知道。我昨天没看见你。”那你看见了什么？你可以看见不存在的东西吗？当然不能。但是你确实昨天没看见你朋友。所以你什么都没看见？但是你肯定看见了什么，只不过没看见你朋友而已，但并不是什么都没看见。你没看见他这件事不意味着他不存在。

所以怎么解释长袜子皮皮杜撰的斯皮克呢（见本书7页）？巴门尼德会说，如果长袜子皮皮想到了斯皮克，那么斯皮克就一定存在。如果不是以斯皮克的形态存在，那就是以虚无的形态存在。但它还是存在的，否则长袜子皮皮也不会提到它。

巴门尼德开创了哲学体系之一存在论，也就是关于“存在”的理论。

世界是一张拼图吗？德谟克利特和“永生”概念

想象一下你看到一张你小时候的照片。虽然你变化很大，但还是能认出自己来。你成为了另一个人，但同时又还是同一个人。

万物无时无刻不在变化，但其本体却又保持不变，所以变与不变具有双重性：不变的是本体的存在，变的是形态。这是来自阿布德拉的哲学家德谟克利特（前 460—前 370）提出的理论。

阿布德拉位于爱琴海海岸。生活在这里的德谟克利特和米利都流派的三位代表性哲学家（见本书 29 页）一样，也是通过观察自然后开始哲学思考。他认为万物都由永恒存在的物质微粒组成，他将这种物质微粒称作“原子”（希腊语中原意为“不可再分之物”）并自称“原子学家”。德谟克利特认为这些原子无时无刻不在运动。它们充斥整个宇宙，并组成我们所见的万物。人以及人的灵魂也是由原子构成，所以存在永生。

虽然德谟克利特当时无法将物体分解成原子以证明他的理论，但是他是第一个用自然科学的眼光看待世界的人。直到两千多年后科学技术才发展到能验证德谟克利特理论的水平。今天的我们知道，包括人类的一切物质都由原子构成。但科学家也靠核裂变推翻了原子不可再分的论点。

德谟克利特也被称为“爱笑的哲学家”，因为据说他是一个非常乐观开朗的人。

3.

思考、言语与行为

Denken, Reden, Handeln

智者学派：诡辩抑或自作聪明？

你肯定也有过这种感受：你和你的父母、哥哥姐姐或者其他大人讨论问题，但总是落于下风。你总觉得大人们能言善辩，自己辩驳不过。

直到今天智者学派一词(Sophist)在欧美多种语言中还带有贬义的色彩，用以表示对方强词夺理，惹人厌烦。

世界是什么？由什么构成？世界存在有什么意义？这是古希腊的自然哲学家们倾尽一生思考的问题，但他们从未想过这些思考对现实生活有什么意义。而他们的后继者智者学派则更为现实，这种现实体现在两个方面：一是他们不关心万物普遍的意义，而更关心人本身，包括人们思考什么、如何思考以及思考的成果是什么。

智者学派通过教学传播他们的知识，并收取学费。“智者”一词在希腊语里的原意是“传授智慧的教师”。

但是他们传授的不仅仅是知识。因为即使是有最精妙的思想，如果不能说服他人，或是别人根本不能理解你说的话，那还有什么意义呢？所以智者学派还向学生传授演说辩论的本领。在古希腊城邦，除了女人和奴隶之外，每个人都可以在市集广场、市民机会或是法院用辩论的方式赢取追随者的支持，所以辩论演说的技能非常重要。

与智者学派同一时代（公元前 400 年左右）的许多人都瞧不起智者学派的成员。他们认为利用思想和知识去谋利是非常低贱的行为。古希腊历史学家和作家色诺芬甚至将智者学派的成员称为“站街女”。

每个国家都有自己的文化习俗，所以人能通过旅行开阔视野，增长见识。但如果某种行为在一个国家能被接受，但在另一个国家却触犯禁忌，那到底如何判断孰是孰非？

什么是怀疑论者？普罗泰戈拉及“人是万物的尺度”

第一位智者学派的哲学家是来自阿布德拉的普罗泰戈拉（前483—前410），他一生中游历教学四十余年。游历中的所见所得让他得到这样一个结论：关于对与错并没有一概而论的判断标准。他因这个观点处处树敌，因为不仅是个人，每个集体、每个国家都希望建立绝对权威、不容触犯的规范和法则，但普罗泰格拉却处处质疑。像他这样不管对什么都持保留意见的人被称作怀疑论者。

这种怀疑主义之后逐渐发展成一种哲学流派。即使是在日常生活中人们也常常会有意见不一的情况。比如你可能会觉得今天春风和煦，但你的奶奶却觉得风有点凉。普罗泰戈拉在此基础上更进一步，他认为“人是万物的尺度”，因为人可以对事物进行任何主观判定。用这个角度看世界的话，上帝和神将不再是评判善恶的权威。普罗泰戈拉说过：“我对神灵也一无所知，我既不能确定他们存在，也不能确定他们不存在。”因为这句话，他在雅典被控诉亵渎神灵以及错误诱导青少年，最终被判处死刑。相传他在坐轮船逃亡去西西里时遭遇海难，不幸溺死。

普罗泰戈拉这样解释他对上帝的怀疑：“无解的疑惑太多，人生却太过短暂，这都是无法逾越的障碍，让我无法承认上帝的存在。”

什么存在，什么不存在？高尔吉亚的“玩笑”

让我们尝试伸出手抓一把空气。你感觉到什么了吗？你有可能会说：“我什么都感觉不到。”但是什么都感觉不到也算是一种感觉，要不然你也不会说“感觉不到”。但是你无法描述你的感觉。

高尔吉亚认为修辞学并不是说话的艺术，而是说服的艺术。

高尔吉亚（前485—前380）是智者学派的代表人物之一。他将普罗泰戈拉的怀疑论（见上一节）发展到了极致。他的前人巴门尼德（见本书23页）已经深入思考过关于“虚无”的问题，并提出了存在论，认为世上没有不存在的事物。而高尔吉亚的观点恰恰相反，他认为世上一切皆无；而即使有事物存在，我们也无法正确认识它；即使我们认识它，也无法将我们的认识告诉别人。这就和伸手去抓空气一样，虽然你说你什么都感觉不到，但你实际上既无法认知也无法描述它。你的感受只是你个人的体会，高尔吉亚称之为意识。他还认为你的意识反映的存在和意识一样，也是不存在的。要么虚无并不等同于没有存在，因为虚无本身存在；要么就是一切都不存在。

这是高尔吉亚真正的想法吗？抑或他只是想证明人可以利用言辞颠倒黑白？不管怎么说，高尔吉亚当时是一位广受追捧的修辞学教师，尤其是在法庭辩论领域。但是如果在法庭上总是能言善辩者获胜，那还如何判辨是非黑白？对高尔吉亚来说，世上没有绝对的对错，只有不断改变的意识和认知。也就是说，真相并不存在。

填鸭式灌输和自主探索式启发教学，哪种教学方式效果更好？我们对独立思考探索得来的知识印象会更深刻，而且自主探索的课堂上学生也不会打瞌睡……

提问，提问，提问：苏格拉底反诘法

通过提问来教学而不是强加灌输，这是古希腊最伟大的哲学家之一苏格拉底提出的方法。苏格拉底生活于公元前470至前399年，他没完没了的提问让当时其他雅典公民颇为头疼。不管是在市集上，在小巷里，不管对象是受过良好教育的学士还是普通公民，苏格拉底都绝不放过任何一个提问的机会。言辞就是他的精神武器。

但是和智者学派不同，他并不使用言辞来说服或是教育别人，而更多的是用来启发其他人学会自主思考。苏格拉底的谈话对象在一开始往往不清楚他的目的。假如他们谈到一些空泛的概念，比如勇敢、虔诚或是美德，苏格拉底会马上问这些词到底是什么意思。而得到一个解释后，他又会再提一个问题，所以他的“受害人”在和他谈完话之后常常会觉得自己很愚蠢。而苏格拉底本人也说过：“我唯一知道的事情就是，我一无所知。”他想表达的是人必须利用自己的智慧不断寻找真理和美德。

我们今天知道的关于苏格拉底的一切，都主要是源自他的学生柏拉图（见本书32页）的记载。他本人并不热衷写作，甚至并不会写字。

苏格拉底将谈话中不断反问的方式命名为“反诘法”（又称“苏格拉底法”），在希腊语里是“助产术”的意思，这主要和他母亲助产妇的职业有关。他认为知识本人就存在于每个人脑中，而他希望像助产士帮助婴儿出生一样引导和启发他的谈话对象，让他们自己发掘的知识和想法。也就是说，他仅仅是促使他们启用自己的智慧。

苏格拉底是谁？引导哲学新方向的“怪人”

据说苏格拉底面容丑陋，经常赤脚在城市里穿行，有时会在大街上突然驻足沉思好几个小时，直到灵光乍现，茅塞顿开。

因为种种不同寻常的举动，这位大哲学家被大家嘲笑，有人戏称他为“雅典疯人”。但这样一个人却开创了一个新的哲学时代。苏格拉底并不是利用不断的追问（见上一节）去让人难堪或者赚取利益。他教导人却分文不取，也因此惹得他的妻子赞西佩不满。对苏格拉底来说，唯一重要的就是寻找美德、事实与真理。

苏格拉底致力于寻找人类平凡生活背后更深刻的含义。

直到今天西方人依然会把泼辣、好争吵的女人称作“赞西佩”。19 世纪的哲学家尼采（见本书 100 页）却认为，没有赞西佩就不会有苏格拉底。如果不是她常常发脾气把苏格拉底赶出家门，他也不会有那么大的成就。

直到今天西方人依然会把泼辣、好争吵的女人称作“赞西佩”。19 世纪的哲学家尼采（见本书 110 页）却认为，没有赞西佩就不会有苏格拉底。如果不是她常常发脾气把苏格拉底赶出家门，他也不会有那么大的成就。

苏格拉底是雅典公民陪审员，父母分别是雕刻匠和助产妇。他既因对公平的不懈追求受到众人尊敬，又因他的街头追问而惹人困惑。他的名言“我唯一知道的事情就是，我一无所知”就像是一种挑衅。但他又将德尔斐神谕，也就是女祭司皮媞亚传达的神谕（“认识你自己”——译者注），称作是希腊的最高智慧。苏格拉底那句话想表达的意思其实是，当我们意识到自己对大多数事物仍一无所知时，也就明白了我们所知的不过是可笑的沧海一粟而已。

想让苏格拉底彻底闭嘴的人指控他蔑视神灵和腐蚀青少年思想。而苏格拉底在法庭上为此发表的辩护演说为古代文学留下了浓墨重彩的一笔。他提到，公开的哲学思考和辩论是对神的声音的遵从。他内心的这个声音告诉他，他必须像牛虻叮咬骏马一样不断鞭策和警示这个国家，让它从沉睡中惊醒，重新焕发生机。

法庭最终判决苏格拉底有罪，并判处他死刑。当被问及他自己认为何种惩罚最为恰当的时候，他回答道终生免费享受食宿，而这正是当时给奥林匹克运动员的奖励。这个回答也进一步让他的死刑判决成为板上钉钉。他拒绝逃离雅典，因为逃亡对他来说意味着认罪和叛国。最后他依照判决饮鸩自尽。

死刑的执行让苏格拉底成为了哲学的殉道者。殉道者宁死而不愿背弃自己的信念。苏格拉底相信人死后仍能复生，因此他对死亡无所畏惧。

眼见为实？柏拉图的洞穴寓言与理型论

你和哥哥想买一匹马，于是来到一个养马场挑选马匹。你看上了一匹白马，但你哥哥却喜欢褐色的马，他说："只有褐色的马才称得上是真正的马！"

这对你来说简直是一派胡言！白马和黑马不也是马吗？但是你哥哥脑中只有褐色的马才叫马。而什么颜色对你来说并不重要，只要马匹听话就行。

世界上有无数种马，但提到"马"这个概念时，虽然大家联想到的形象基本特征都差不多，不会有人想到猪，但这些形象却又都千差万别。为什么会这样？世上有没有"马"这个概念的标准定义？类似的例子还有椅子、树木等。

除了这些具象的事物之外，抽象的概念又如何？我们如何定义善与恶、美与丑、公平与不公？

柏拉图在一片以希腊神话命名、名为阿卡德摩斯（Akademos）的森林中建立了一所哲学学院。直到今天，在大学学习和从事学术研究的人依然被称为学术人（德语为"Akademiker"），而这一词就是从柏拉图的哲学学院名字引申而来。

柏拉图（前 427—前 347）是苏格拉底的学生。他亲眼见证了老师的庭审，对老师的死一直无法释怀。他不断反思：究竟什么是公平？什么是善恶？苏格拉底不是说一切不以意志为转移吗？那么世上的一切，包括事物以及价值，不都应该有一个根本定论吗？

柏拉图问自己，我们如何判定一匹马是马？是因为我们看到一匹马的时候，能将它的形象和我们头脑中的认知匹配上。但是我们看到的仅仅是一匹马的形象，可每一匹马的形象都是不同的。这不就和善与恶、公平与不公一样吗？

当苏格拉底提到"内心的声音"时，指的是自己的良知。每个人在做违背规则的事情时，都会有不安的感觉，这种感觉就是良知的谴责。但为什么呢？如果每个人在做坏事的时候良知不安，那说明善与恶在所有人心中是有一个根本理念的！

柏拉图找到了人寻找这个根本准则的方式。他提出灵魂（详细说明见下一节）是“现象世界”和“理型世界”之前的桥梁。

我们的所见、所闻、所感皆是对“现象世界”的体会，因为我们所体会的现象都是可变的。就像人的肉体一样，我们作为婴儿诞生到这个世界，慢慢变成儿童、青少年、成年人和老年人。我们经历出生、衰老、死亡。但是关于“人”这个理念本身却不会随之改变。

万物永恒不变的形态被称为理型。

理型存在于理念世界。柏拉图讲述了这样一个故事来解释他的理论：一群囚犯被捆绑着坐在一个洞穴里。有外界的光会透过洞口照进洞穴。囚犯面对一面白墙，墙上能看到他们认作是树木、马匹、峭壁的东西。但那其实只是洞穴外真正的树木、马匹和峭壁的投影，只是洞穴中的人并不知道外界的存在。如果有一个囚犯挣脱了枷锁并爬出洞穴，就能看到理型世界中真实而美丽的树木、马匹和峭壁，也就能明白，洞穴中墙上的画面只是真实世界的投影而已。而他随后有可能会回到洞穴，向其他同伴描述自己看到的一切，并劝说他们和自己一起爬出洞穴去那个真实世界，那个理型世界。而柏拉图认为，寻找理型，就是哲学家的使命。

理型就是完美的象征，没有任何事物能比理型更加美好。它是一个事物百分之百的真相。

谁是完美的统治者？柏拉图眼中的灵魂、国家与爱情

一个国家应该由谁管理？当然最好是由最合适的人。最合适的人应该是最有智慧的人。而柏拉图认为，哲学家是最有智慧的人。柏拉图将一个国家比作人的灵魂。

柏拉图将灵魂比作三驾马车：牵头的那匹马是理智，跟在后面的另外两匹马则分别是勇气和渴求。如果理智能够控制人内心的欲望与渴求，那么灵魂就可以得到对理型世界的认知，进入理型世界的领域。对理型世界的追求被称为柏拉图式的爱情。我们今天将柏拉图式的爱情理解为摆脱了肉体欲望的爱慕。但对柏拉图本人来说，这个概念与性无关，而是对哲学与智慧的追求。

柏拉图将他眼中的理想国家写进了《理想国》一书中，这是他留下的主要著作。

柏拉图认为灵魂分为理智、勇气和渴求三部分，而国家也是如此。与古印度的治国哲学类似，他将人分为三个等级。最高一级是哲学家，他们拥有智慧，因此应当担当治国的责任。士兵为第二级，他们负责守卫国家。而剩余的人民为第三级，负责国家的吃穿用度，包括农民、手工匠人和水手等等职业。

和灵魂一样，国家也必须追求三种美德，包括智慧、勇气与适度的欲求。如果能满足这三个要求，那么也就拥有了第四种美德——公平。这四种美德又称“枢德”，是伦理学的基础。

柏拉图相信人的转世，因为一生的时间不足以让人进入理型世界。

人都有一死，而哲学家是人，所以哲学家都有一死。这是很有逻辑的推断，不是吗？而“逻辑”这一概念的开创者，就是柏拉图的学生亚里士多德。

逻辑是什么？亚里士多德的演绎推理

柏拉图在形而上的世界，也就是用感官无法认知的世界中寻找理型（见本书 33 页）。而他的学生亚里士多德（前 384—前 322）则不相信超自然的存在，认为所有事物的意义都在于其本身。而所有有生命的个体都会自然而然地努力追求实现自身的意义。亚里士多德认为一切都由“质料”与“形式”构成。形式赋予质料目的和意义，但形式如果脱离了质料将无法实现目的。双方必须互为补充。这就是亚里士多德的本体论（又称存在论）。设想一下你有一块棉布料，你能用它做什么呢？做不了太多东西。而假如你没有布料，只有一份裁剪图，你也做不成什么。只有同时拥有布料和裁剪图，你才能做出一条漂亮的裙子。

亚里士多德还发明了三段论，也是一种正确演绎推理的方式。他认为，要搞清楚不同事物的归属，就必须先给它们找到一个秩序。要先找到它们相对应的概念，这样你才能判断各个事物的用途是什么。借此观念，亚里士多德建立了哲学中的逻辑学。还是以本章开头的例子来说明，通过对“人都有一死”和“所有哲学家都是人”这两个论断的正确整理排序，可以得出“所有哲学家都有一死”这一结论。借助逻辑，人可以判断事情的真伪对错。

亚里士多德的反对者欧布里德提出过一个著名的“说谎者悖论”来证明有些论断不可判断真伪。该悖论中，一个说谎者声称他正在说的这句话是谎话。这一声称既是真话也是谎话。因为如果他说的是真话，那么他就说谎了。如果他在说谎，那么这句话就是真话。

“逻辑”一词在希腊语中的本意是“思考的艺术”。

人应该如何生活？从自然到城邦

“该学生没有完全发挥他的潜力。”有老师在你的评语里写过这句话吗？如果有的话，父母当时看到应该不太高兴吧？但是你的父母可能不知道，这句评语无意间触及了亚里士多德的哲学思想。

亚里士多德的哲学之路是从解剖青蛙和其他动物开始的。通过解剖他意识到，所有个体都要依靠不同器官、不同系统的共同作用才能生存。只有每个部分都正常运作，整体才能运行良好。亚里士多德的父亲是医生，也许正因如此，他的哲学认知才会以自然研究为源头。他研究一切生物，包括植物、动物和人类本身。他希望能通过研究来了解自然的本质，了解万物的目的和意义。只有这样，他才能理解世界的秩序。

如果万物都追求完全发挥自身潜能的话，那么一定有什么东西在最开始触发了这种追求。而这只能是一个本身已经达到了完美的存在，因为它不需要再去追求完美。亚里士多德将这一不需再去追求完美的存在称为“不动的推动者”。对他来说，这一推动者就是神。

他首先研究的是植物，发现他们的意义和使命就是生长、开花和结果，最终实现繁衍生息。动物在植物的基础上能感受到疼痛，能够移动。而人则更进一步，有了思考的能力，所以也就有使命最大程度地利用这个能力。老师在评语里写的那句话意思无非就是：“如果你更努力地发挥你的潜能和天赋，那你一定能走得更远。”对人来说，尽可能利用思考能力的体现就是认识世界。

除此之外，亚里士多德认为只有人感到幸福时，他的人生才是完美的。而获得幸福的方式就在人自己的手中：人必须在满足自身欲求与自身的能力之间达到平衡。亚里士多德对此给出的建议是慷慨与勇敢。慷慨介于挥霍与吝啬之间，而勇敢则介于自视过高（“我能做到一切”）和懦弱（“我什么都不敢做”）之间。

亚里士多德眼中人的最高美德就是智慧。

智慧让人能够得到完美的幸福。这与柏拉图提出的“三驾马车式的灵魂”（见本书 34 页）有异曲同工之处。柏拉图认为灵魂中的理智控制着勇气和欲求，只要理智占上风，人就不会自我毁灭。这种观点直到今天还有借鉴意义。

亚里士多德对完美的追求不仅仅局限于个体，还适用于集体。人类因集体而生，也正因如此人类才与其他物种一样，有繁衍生育的能力。由于当时的人们生活在“希腊城邦”，因此亚里士多德将每个公民看作是城邦这个自然共同体的一个组成部分。

“城邦”（polis）源自于希腊语。

亚里士多德雕像

我要快乐！伊壁鸠鲁学派

假如你有挥霍不尽的财富，巧克力、汉堡包和薯条可以随便吃，每天派对和狂欢不断，只有享乐没有烦恼。这样的生活是不是就像人间天堂？

但另一方面，只有享乐的生活很快就会变得乏味。没有愿望、没有高低起伏的人生会非常单调枯燥。一味追求享乐的人被称为享乐主义者或伊壁鸠鲁学派信徒，而这并不是一个褒义的头衔。

伊壁鸠鲁（前341—前270）是出生于萨摩斯岛的哲学家，信奉快乐是人生的最高追求。因此他和他的学生当时被骂作“浪荡子”和“伊壁鸠鲁猪”。但伊壁鸠鲁的学生一直强调，他们的老师从未追求过肉欲物质享乐。他所指的“快乐”是指个人的幸福以及灵魂的平衡和谐。对伊壁鸠鲁来说，快乐是不会产生伤害的适度享乐。打个比方，真正的享乐者虽然会享受美酒，但从不酗酒。

除此之外，伊壁鸠鲁认为真正的快乐仅仅存在于个人生活，而非官僚机制或政治领域中。毕竟对他来说，人应该避免一切会带来情绪波动或痛苦的事情。

伊壁鸠鲁对死亡毫无畏惧。他信奉德谟克利特的原子论（见本书33页），相信灵魂也是由无数原子组成，在人死后会烟消云散。正因如此，人无须惧怕死亡。正如他所说：“只要我活着，死亡就尚未来到。而一旦死亡降临，我已经不复存在。”

对伊壁鸠鲁来说，哲学是通往快乐的道路。“年轻人不应逃避哲学，而老人不应因哲思而疲惫。关注和呵护自己的灵魂从不会过早或过晚。”伊壁鸠鲁说过一句名言：“人若无理智，必不得幸福；若非幸福，也不可能理智。”

有些人有着泰山崩于前而不为所动的本领。不管是发生了什么，他们都能泰然处之，不会惊慌失措。西方国家的人们将这种淡然的态度成为“斯多葛式的冷静”。

什么是“斯多葛式的冷静”？芝诺柱廊

“斯多葛”在希腊语中是“柱廊“的意思。由于来自季蒂昂的哲学家芝诺（前334—前263，不同于来自埃利亚的另外一位叫芝诺的哲学家）在雅典集会广场的柱廊为他的学生讲学，所以他的学派被称为“斯多亚学派”。芝诺的思想完全是伊壁鸠鲁（见上一节）的对立面。对芝诺来说，享乐是一种罪行，责任和戒律才是生活的中心。所谓相由心生，高大瘦削的芝诺看起来就十分严厉。

芝诺相信世界和自然中存在一套不可逾越的法则。人类不仅是该法则的一部分，而且也反映了这个法则。人类社会是浩大宇宙中的一个小星系，但宇宙的法则对这个小星系同样适用。灵魂是一切的主宰，是最高的理性。灵魂就等同于神。而哲学对芝诺来说就是理性生活的艺术。斯多葛学派相信命运的存在。既然已经存在一个不可逾越的法则，那么反抗就是无用之功，这也是斯多葛式冷静的来源。只有选择与内心既定法则相符的方式生活，人才能获得真正的宁静。芝诺看轻财富，因为这都是身外之物，随时有可能失去。但美德不可或缺，没有人能剥夺另外一个人内心的尊严。而没有热情与追求的人即使被剥夺了一切也不会惊慌。换句话说，若我不知其存在，则不会为其烦恼。

斯多葛学派当时遭到了罗马人的强烈攻击。但大约400年后，有一位斯多葛学派的哲学家成为了罗马的统治者，他的名字叫马克·奥勒留。

了解古希腊人有何意义？

古希腊人生活在距今两千多年前的古代，为什么我们还要了解他们的故事和思想呢？因为他们是第一批提出至今仍对全人类有现实意义的问题的人。

他们对某些问题的观点早已过时，尤其是自然哲学家的某些观点。但他们还留下了许多其他宝贵的财富，比如亚里士多德的逻辑推理法至今仍被广泛使用。

在伦理学（研究人类符合伦理道德的生存方式）领域，如今思考问题的方式仍与当时古希腊哲学家并无二致。而古希腊三大哲学家苏格拉底、柏拉图和亚里士多德的思想至今仍熠熠生辉。并不是只有学习哲学的人才会在看这本书的时候思考这些问题：我们对自己和对他人应担负什么样的责任？存在对所有人适用、跨越国籍和身份的权利与义务吗？

古希腊三大哲学家也是发明“政治”这一概念的人。直到今天我们还把管理人类共同生存的艺术称之为政治。在政治生活中，人们通过自己选举的代表承担起对自己和共同生活的其他人的责任。古希腊人在当时就为这一艺术找到了再恰当不过的名字。

有些哲学智慧结晶就像轮子的发明一样近乎完美，已经没有再改善的余地。重要的是人们要学会与时俱进，承上启下，让过去的思想遗产能够在新时代依然发挥最大的价值。

4.

靠近你，我的上帝！

Näher,mein Gott, zu dir!

思维需要多少自由？上帝是福是祸？

鸟爸爸和鸟妈妈会喂养鸟宝宝，直到它们足够强壮，可以自己飞翔。到了这个时候，鸟爸爸和鸟妈妈会狠下心把自己的宝宝推出巢穴，因为它们必须建立自己的生活。只有这样，它们才能在父母老去不在时还能存活下来。

你的父母其实和鸟宝宝的父母一样，他们也将你养育成人，给你创造一切学习的机会。随着你渐渐长大，给予你的自由也会越来越多。你的父母并不赞同你做的所有决定，但是他们知道，你必须积累自己的经验，只有这样你才能在将来独立成人。他们传授给你的知识再加上你自己积累的经验，组成了你面对人生时可以仰赖的资本。这一切的基础都是你的父母为你打下的。

进入公元元年后，对基督教的信仰成为了一种慰藉，一种人们除信仰之外只能从家庭中得到的慰藉。慈悲的上帝带来的福音很快得到了传播。在哲学领域，基督教的教义能够回答一些让人头疼的问题——如果人死后能在上帝的眷顾下继续存在，那么关于幸福的问题就算是解决了。

但随着基督教会世俗的权力越来越大，他们也剥夺了“孩子”越来越多的自由。虽然教会重视知识整理归纳，推动了部分学科的发展。但是同时教会也明确规定有哪些知识可以外传，并要求所有学科必须以上帝为开端和结束。

哲学在中世纪的一个重要任务就是寻找上帝存在的证明。

在这样情况下上帝被设定成思考的出发点和唯一目标。在古希腊时代的哲学思考中也涉及到了神。但神既不是思维的源头，也不是思考的中心，最多只是认知和幸福相关问题的一种解答。古希腊的神对当时的哲学家来说并不是凌驾于一切之上、人人必须敬畏的力量。对他们来说，神到底是谁或到底是什么也并不重要。最后一位古希腊古罗马时代的哲学家之一普罗提诺（205—270）说过：“我们只知道神不是什么，却说不清楚他到底是什么。”

但是基督教会对上帝的描述非常详尽和确切。

耶稣想要传达的信息是“每个人死后都有可能升入天堂”，教会机构却为这条信息附加了额外条件“必须遵守教规”，而教规则由教皇、主教和神父来决定。教会的世俗权力越大，以上帝的名义颁布的规定和禁令就越多。只要教会发现自己的力量在某个领域受到威胁，那么那个领域就会被禁止自由自考。

机构（源自拉丁语“instituere”，原意为设置、建立）是落实、管理和领导一个想法或任务的地方。例如学校就属于机构，落实为年轻人传授知识这个想法和任务。

也正因如此，公元 4 世纪至 14 世纪被称为“黑暗的中世纪”。哲学在此期间沦为了宗教信仰的奴仆，因为它当时存在的唯一功能就是解释上帝的存在，并对教义进行符合教会利益的解读。反抗和质疑教条的人在当时都会被冠上异教徒的罪名，遭受迫害。许多人甚至因此丧命。这种状态一直持续了将近一千年。

教条就是被认为绝对正确、不可置疑的宗教原则。

恶源自何处？主教哲学家奥古斯丁

一边研究古典哲学，一边扎根于基督教，日后成为教会主教的奥古斯丁就在这两种理论的基础上研究这世上恶的根源。

“我们过于软弱，不能仅靠理智去寻找真理。因此我们需要《圣经》的引导。”
——奥古斯丁

奥古斯丁（354—430）在33岁洗礼前过着荒诞不羁的生活，但日后却成为了非洲城市希波的主教。奥古斯丁信奉柏拉图的思想，认为人可以进入理型世界，拥有更高境界的灵魂。但对他来说，这种最高理念是有形的，它就是《圣经》中创造了万物的上帝。但如果上帝是最伟大的造物主，为什么世上还会有恶的存在？

奥古斯丁认为，恶诞生于背弃上帝之时。因为与上帝同在时一切完满，但当背离上帝时，人会感受到内心的不安和焦躁，因为人的内心其实是向善的。这种向善的本能也是上帝的创造。

奥古斯丁在《圣经》的一个故事中找到了恶的根源，因此也被认作是人类原罪的发现者。他认为亚当和夏娃摘下禁果是人类第一次违背上帝的意志，也因此将罪恶带到了世界上。

古代哲学家认为世界最初一片混沌，神的出现只是为混沌带来了秩序。但对奥古斯丁来说，上帝是一切的开端。上帝已经决定了谁可上天堂，谁须入地狱。

那么人的自由从何而来？奥古斯丁认为，自由源自向善。即使不知自己是否被上帝选中，但仍应虔诚信仰，多行善事。

全靠波爱修斯，中世纪的学者才能够翻阅古代哲学文献。他将亚里士多德多关于逻辑的论述翻译成了拉丁语。

什么是“天道”？波爱修斯与《哲学的慰藉》

《哲学的慰藉》一书让波爱修斯史上留名。这是他在狱中等待处决的时候写下的著作。

波爱修斯生于公元480年，曾任罗马执政官。后因被指控谋反，于524年被判死刑。就是他留下了那句名言“若能沉默，仍为哲人”。波爱修斯苦苦思考过一个直到19世纪仍备受争议的问题：人是否只是际遇、时代和环境的产物？人是否是能被动地接受时代的塑造？

在《哲学的慰藉》一书中，哲学女神对波爱修斯说：“意志自由是思考的前提。没有自由的意志人也就无法思考。”

约1500年后，卡尔·马克思（见本书98页）在工业化的背景下重新表达了这个问题：究竟是存在决定意识还是意识决定存在？我是在我的认知的支配下生活，还是我的生活方式决定我的认知？

波爱修斯的《哲学的慰藉》写的是他和哲学的对话，而哲学是以“哲学女神”的形象出现。在书中哲学女神对他进行开导，让他不再怀疑自己的命运。书中也探讨了奥古斯丁（见上一节）提出的问题：如果上帝预先就已经决定了命运，人还有多少自由？波爱修斯用逻辑的概念来解答这个问题：上帝只能预知会发生什么，却不可能预知不会发生什么。两点互为前提：如果事情不发生，也就不会有天道。

波爱修斯关于天命与发生事件的论述与另一个问题的讨论非常相似：究竟是先有鸡，还是先有蛋？

先信仰后思考，抑或先思考后信仰？什么是经院哲学？

尽管教会势力无处不在，但哲学依然是中世纪学者绕不过去的一门学科。由于自然也是上帝的创造，所以崇尚自然的亚里士多德哲学被重新发现，受到推崇。

法国哲学家阿伯拉尔（1079—1142）是这样解答共相问题的：在现实中实物和理念是是一体的。对上帝来说先有理念。而人是先认识实物，然后才能区分它的理念。

经院学派一词在拉丁语中原本是“学院知识”的意思。在修道院中，学者们负责收集哲学与神学领域的知识。

也许你还记得，亚里士多德的哲学思考始于他对自然的研究（见本书 36 页）。中世纪的学者全都生活在修道院中，但对思考的热爱和对知识的渴求即使在这里也无法被熄灭。他们也许利用了亚里士多德哲学思想与自然的关系作为借口，获得了研究的许可。由于亚里士多德的思考源于公元纪年前，也就是耶稣诞生之前，当时的学者和修道士有了一个疑问：知识与信仰有什么关系？如果我没有信仰，还能够探索和理解真理吗？抑或我只有凭借信仰才能理解真理？公元 9 至 13 世纪之间，这些问题困扰着苦苦思索的经院学派学者。

经院学派还重新拾起了古希腊时期柏拉图和亚里士多德针锋相对的实物与理念问题，也就是所谓的共相问题。柏拉图认为，每件实物背后都有一个理念（见本书 32 页），也就是说先有共相。但亚里士多德则认为共相只不过就是实物后来得到的名字而已，理念和实物本身就是一体的。共相之争持续了整个中世纪。

“你再想想！”你的父母是否也经常对你说这句话？其实他们的意思很简单，就是既然你有脑子能思考，就动动你的脑子！

我可否欲我所欲？爱留根纳的人本思想

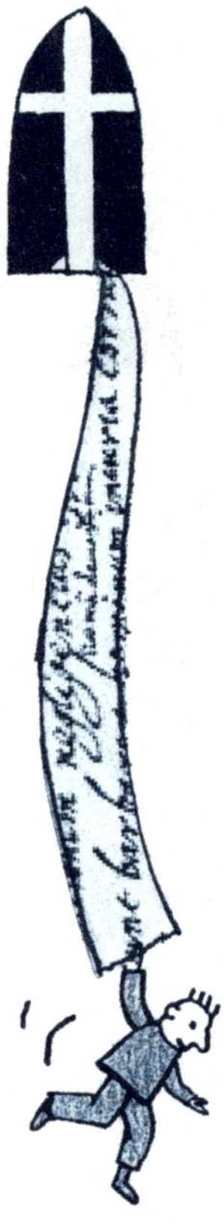

类似的话约翰内斯·司各特·爱留根纳（800—877）肯定也说过：如果按照《圣经》所说，上帝在创造人类的时候赋予了人类思考和理解的能力，肯定就是为了让人能最大程度地利用这种能力（有可能爱留根纳对《圣经》的《启示录》解读有误）。对他来说，这就解决了两个问题，一是信仰与认知的次序问题；二是人是否有自我意志的问题。就信仰与知识的问题爱留根纳曾说过，两者都是认知的源头，两者是彼此独立存在的。即使是没有信仰的人头脑中肯定也有知识存在，所以信仰和知识并不相互矛盾。如果两者之间出现冲突，那么人必须信任自己的理智。

对爱留根纳来说，真正的宗教就是真正的哲学，反之亦然。人的决定自由与人的欲望也是如此。如果上帝赞许人向善的追求，那么就一定存在一个反面，否则就无法区分善恶好坏。如果上帝是仿照自己创造了人类，那么人本身就有一颗向善的心，人人皆如此。也正因为如此，人更有权去追求所欲。这位来自爱尔兰的修道士的观点激怒了教会。

人可以证明上帝的存在吗？安瑟伦：为理解而信仰

最开始他想要进修道院但不被接受，之后他被接受了，但又被强迫当修道院院长。他最讨厌的事情就是教他的学生拉丁语，对他来说这简直就是噩梦！

坎特伯雷的主教安瑟伦（1033—1109）有比教拉丁语更重要的事情——他是第一个尝试证明上帝存在的人。安瑟伦被认为是经院学派之父。在他之后的几个世纪里，许多信教和不信教的哲学家都对他的哲学观点争论不休，直到德国最伟大的哲学家之一康德的出现（见本书 82 页）。

至于信仰与理智的关系，这位来自奥斯塔城贵族之家的哲学家说过：“我信仰，是为了能够理解。”对他来说，先有信仰，后有理智。但信仰会推动人去探索和思考，仅有信仰是不够的。所以安瑟伦认为，人先有信仰，然后才能获得认知。

对安瑟伦来说，这意味着他必须寻找上帝存在的证据。他的论证是这样的：上帝是我们所能想到的最伟大的存在。如以此为前提，那他肯定不仅存在于我们的意识中，而且也在现实中存在，否则他就不是完美的。但除非他实际存在，否则他也不可能是不完美的存在。既在意识中、又在现实中存在的事物比仅在意识中存在的事物要更高一级。如果上帝确实是最伟大的存在，那么他就肯定存在。后来康德反驳了这一论证，他认为：“一百个实际存在的山谷并不比一百个可能存在的山谷要‘高级’”。

如果要判断一个事物是不是比另一个事物更好、更高级，我们需要一个准则，一个本身代表完美的的参照物。对安瑟伦来说这个参照物就是上帝。所以如果不存在上帝，那么就无法区分善恶好坏。

他身躯肥胖，他的演讲台专门有一个凹陷的位置，好给他的肚子腾地方。因为他不爱说话，所以被人起了个绰号叫“哑牛”。他就是托马斯·阿奎那。

哑牛会叫吗？托马斯·阿奎那与上帝存在的五个证据

“这头哑牛一旦开始嘶吼，整个世界都会为之震动！”托马斯·阿奎那的神学和哲学老师艾尔伯图斯·麦格努斯回应对阿奎那的嘲讽时这样说道。他说得确实没错。托马斯·阿奎那（1225—1274）最终成为了天主教的教会圣师。在他去世六百多年之后，教皇利奥十三世将他的学说定为天主教权威，直到今天依然如此。这位沉默寡言的哲学家提出了上帝存在的五个证据。

托马斯·阿奎那于1323年被封圣。“哲学是宗教的奴仆”这一说法就源自他。

首先他肯定了理智与信仰的关系，认为理智与信仰不可分割，两者都来源于上帝。他采用了亚里士多德（见本书36页）的等级理论（植物—动物—人类），并赞同“不动的推动者”为万物终极动因的观点。尽管亚里士多德眼中这个“不动的推动者”并不是上帝，但托马斯还是将此视为上帝存在的第一个证据。他的第二个证据是，所有事物存在于这世间的理由最终都可以追溯到上帝。此外，世上万物存在的意义都是为了整体的完美，但如果一切都服从于这一目的，那么背后一定有一个最高等的智慧与存在。因为万物越趋于高级则越完美，所以在顶层必然有一个最完美的存在，而这一存在就是上帝。

托马斯·阿奎那生活的年代被称为中世纪的鼎盛期，在他之后教会对思想领域的控制力逐渐减弱。

虚无可以计算吗？阿拉伯哲学与神秘的“零”

我们提到“哲学”一词时一般只会想到古希腊和西欧哲学家，但其实世界上其他国家也涌现过许多伟大的哲学家。

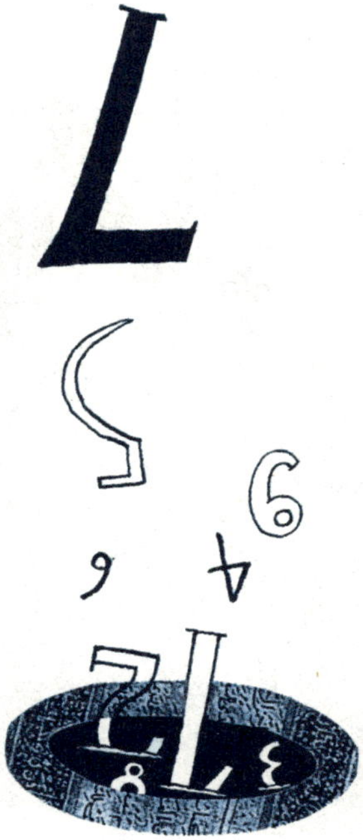

印度的佛教创始人、提出“涅槃”理论的释迦牟尼（见本书 17 页）以及提出爱与救赎的耶稣在某种意义上都是哲学家。除了这两人之外，出现了第三个宗教创立者，他就是伊斯兰教的创立人穆罕默德（570—632）。他写出了伊斯兰教的圣书《古兰经》并在书中提到了许多重要的哲学理念。许多伊斯兰学者以他的教义为基础，思考着与中世纪的基督教思想家同样的问题。这些阿拉伯学者还留下了一项伟大的功劳：正是他们将亚里士多德和柏拉图的著作带到了西欧国家，否则这些著作不会被翻译成拉丁语。如果这样，之后托马斯·阿奎那（见上一节）等基督教哲学家也就无法参考这些著作。阿拉伯哲学家阿维森纳（原名伊本·西那，980—1037）以及阿威罗伊（原名伊本·路世德，1126—1198）对亚里士多德思想的研究让共相问题（见本书 46 页）重新得到关注。两人都是哲学家、自然科学家和医生。迈蒙尼德是一位犹太神学家与哲学家，他的阿拉伯名字叫伊本·迈蒙（1135—1204）。

三位哲学家都深入思考了宗教与理智的关系，思考究竟二者是相互依存、共同存在还是相互矛盾。与基督教学者一样，他们最终得到的结论是《古兰经》与《圣经》中记载的宗教理论与理智、知识并不矛盾。但当出现疑惑时，人们应该相信理智，以《古兰经》与《圣经》作为寓言与参考。迈蒙尼德与阿威罗伊因为他们的观点被视作异教徒，遭遇迫害，而阿维森纳的著作则被禁阅焚毁。

除此之外，阿拉伯人还给欧洲带来了彻底颠覆了哲学思考、变革了自然科学的发明——阿拉伯数字。阿拉伯数字以及数字零最初其实源自印度。零的出现让“虚无”这一概念第一次以数学的形式表现出来。此前西方世界一直使用罗马数字 I、V、X、C、L、M 等。12–2 用罗马数字表示就是 XII–II，最后得出的结果是 X，也就是阿拉伯数字 10。但是如果想计算 2 - 2 该怎么办呢？使用罗马数字是无法计算的。II–II 等于什么呢？没有罗马数字可以表示“没有剩余”这个概念。但出现零这个数字之后，数学这一学科出现了新的维度。也就是说，区分数学与哲学中的虚无概念成为了可能。

阿威罗伊将亚里士多德看作像耶稣或穆罕默德一样的圣贤，认为他是上帝派来给穆斯林的最后一个使者。因此他说：“寻找永恒的真相有两个方式——《古兰经》和亚里士多德。”

当我通晓一切，是否还能信仰？

你已经懂得许多道理，甚至知道大人讲的话不一定都对。大人们说："午夜前睡觉才能保持健康！"嘿嘿，别想用这个说法再骗我早早上床睡觉！

你开始质疑父母的权威和"真理"，这是件好事！因为只有这样你才能不断学习新知识。你可以通过阅读、上学和互联网找到许多现象的解释，有些是连你父母都不知道的。有时你还会发现他们口中的一些"道理"其实只是为了让你乖乖听话。你开始质疑这些"道理"。通过自己的生活经验，你知道生活中有许许多多不同的可能性。

中世纪末的教士也有相同的经历：当能够接触到亚里士多德、柏拉图等哲学家的著作后，他们发现自己学到的比教会信奉的"真理"要多得多。虽然 13 世纪时仍有托马斯・阿奎那（见本书 49 页）这样的教会哲学家，但也有很多教士有着平常人的好奇心。虽然他们仍在教会任职，但他们在不彻底抛弃信仰的同时，对生活中的许多事情开始进行反思。与此同时，他们越来越反对神学的遮掩，反对教条、教规等禁锢理智与科学的阻力。历经千年黑暗后，自由思考的火光终于重现。是教会的教士们重新打开了封闭已久的大门，开启了哲学发展的新时代。

当你用特别麻烦的方法计算一道题时，你的数学老师会说：“别想得太复杂！”他也许还会告诉你一种更简单的解题方式。

如能简约，为何复杂？奥卡姆剃刀定律

圣方济各会修士奥卡姆的威廉一定也有过类似的想法。他于 1285 年生于英国，1349 年死于慕尼黑。奥卡姆在哲学与神学之间画了一条明确的分界线。他不能理解前人对两者之间关系的纠结，也不懂为何要思考本来就超出人理解能力的事物。他认为如果上帝是凌驾于一切之上的存在，那么人不理解他其实很正常。

奥卡姆的威廉将所有事物明确分为两类，一类是人可以理解的，另一类是属于形而上学范畴的，也就是在存在事物基础之上的猜想。奥卡姆认为，在人类理解能力范围之内认知事物足矣。他的名言是：“如果能用简单的方法做成一件事，就绝不要用复杂的方式。”如果一个问题有简单的答案，为什么还要去寻找复杂的思考方式呢？这句话之后被称为奥卡姆剃刀定律。有人讽刺说，奥卡姆就是用这条定律“收拾”了柏拉图（见本书 32 页）。逻辑是奥卡姆的武器。他鼓励人们摆脱宗教束缚，自由地探索世界。但他仍相信上帝，认为上帝所做的一切皆善。

奥卡姆对上帝有着绝对信仰，他相信，如果上帝命令人憎恨他，那么憎恨就是人能给上帝的最高赞美。

5.

摒弃糟粕，回归本源！

Zurück zu den Wurzeln,
aber weg mit dem alten Kram!

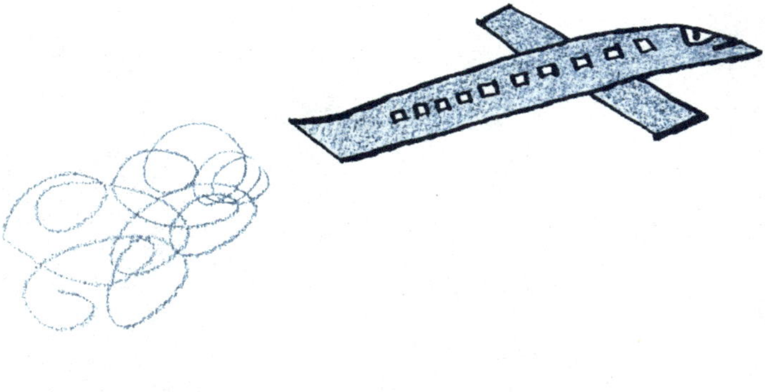

从天上到人间：什么是文艺复兴和人文主义

在中世纪末期，哲学摆脱了宗教的束缚，人们重新对古典哲学产生兴趣。人们尝试重新解答自然与人这一古老哲学命题，而古典哲学成为了人们寻找答案时的参照。

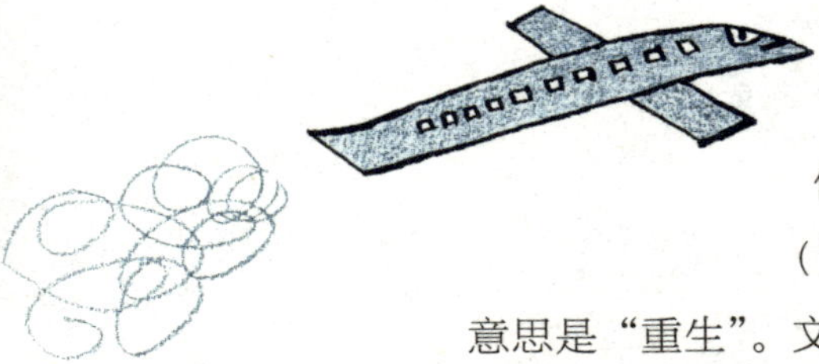

13 世纪至 17 世纪之间被称作“文艺复兴”时期。“文艺复兴”（“Renaissance”）是一个法语词，意思是“重生”。文艺复兴时期人们意识到，不应该继续让上帝以及人的“原罪”成为思考的全部内容，而是应该让人和人的才能重新成为思考的重点。因此这一时期也被称作“人文主义”时期。古希腊哲学家其实也是人文主义者，因为他们也思索关于人能如何改变世界的问题。他们利用人的理智而非上帝的力量去探索世界的本源，探索善与恶、错与对的定义。

人文主义的文艺复兴时期，人们重新从古希腊哲学中汲取营养，开启了探索与实验的时代。

在哲学领域中，文艺复兴是一个过渡和转折期。

人就和孩子一样，喜欢把东西拆开来看里面藏了什么（偶尔还能把东西重新组装起来）。年纪稍大一些的孩子会拆开自己的玩具，研究它的运作原理。而你已经更进一步，开始思考能否用单独的零部件来创造出全新的、更好的东西。随着知识的积累，你创造的能力也会越来越强。

这种创造发明精神是知识进步的动力：1450 年约翰·古腾堡发明了铅活字印刷术。从此之后教堂不再拥有对教育的垄断权，不能再按照他们的意愿去解读古文。

而该时期的其他发现则不断地拓宽世界的边界，并让世界版图变得更加清晰。水手发明的指南针就是这样一个发现。虽然中国人早在很久之前就发明了指南针，但直到 13 世纪指南针才传入欧洲，被欧洲人使用，并由此开启了地理大发现的时代。1492 年，克里斯托弗・哥伦布发现了美洲，也改变了人们对世界的认知。而半个世纪之后，约翰内斯・开普勒 (1571—1630) 发明了望远镜。这一发明也让航海家伽利略・伽利略 (1564—1642) 在航海探索的过程中如虎添翼。除此之外，伽利略航海时还利用了数学家和天文学家尼古拉・哥白尼 (1473—1543) 的日心说理论。随着伽利略找到了支持这一理论的证据，人们意识到，人类以及人类生存的地球并非宇宙中心。

尼古拉・哥白尼的日心说成为了“哥白尼革命”的导火索。他让太阳成为了宇宙中心，这也是“日心说”这一名称的由来。

伽利略找到的支持日心说的证据具有颠覆性意义。因为如果地球围绕太阳运动，也就意味着地球并非世界万物起源的中心，那么人类以及教会的意义和地位将会大大降低。也正是因为如此，伽利略被拘捕囚禁，并被要求修改他的言论。但他依然坚持自己的发现：“地球是运动的！”

统治者有何权力？马基雅维利的治国哲学

当人们的行为不再受上帝和宗教教旨定义，集体和国家的概念也随之改变。那么到底该如何确定谁来管理以及如何管理国家？

直到今天，那些为保持权力而不择手段的政客依然被称作马基雅维利主义者。

柏拉图和亚里士多德曾就这个问题进行过思考。但是和他们不同，意大利外交家、诗人及哲学家尼可罗·马基雅维利(1469—1527)思考治国之道时并不从善恶的角度出发，而是主要思索掌权之人如何保持权力这一问题。

马基雅维利的观点可能与我们的价值观相冲突。因为他认为，“君主”（也就是掌权者，他的著作名称为《君主论》）可以不择手段。他提出，一旦掌权，那么掌权之人就有凌驾于一切之上的权力，也因此可以采取一切手段来维护自己的权力。善与恶、公平或不公对他来说并非掌权者需要遵循的原则。

这位意大利哲学家对人的定义也是颠覆性的。在他的眼中，人是纯粹的利己主义者，一切行为都从自身利益出发。因此为了避免公民之间的争执与矛盾，国家必须有一个强有力的统治者凌驾于所有人之上。只有这样才能保证集体的安全与稳定。马基雅维利眼中最完美的君主必须“像狐狸一样狡猾，像狮子一样强大”，因为只有这样他才能控制所有人。在马基雅维利的政治理论中，上帝及教会没有任何权威。他的这个观点也与罗马教会的权力滥用和奢靡腐败不无关系。

当贫富差距出现时，人们会尤其关注公平问题，英国的人文主义者托马斯·莫尔便是如此。他是“乌托邦”的最初构想者。

乌托邦何在？托马斯·莫尔的理想国度

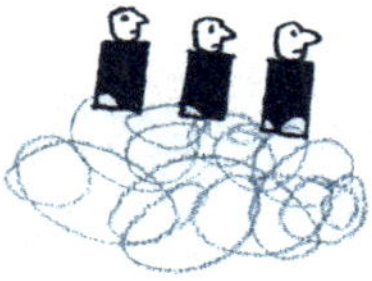

教会及贵族与平民之间的贫富鸿沟是触动托马斯·莫尔撰写小说《乌托邦》的动因。“乌托邦”一词源自希腊语，原意是“不存在的地方”。我们今天提到乌托邦一词时，一般指的是一个只存在于我们愿望与幻想中的地方。

在托马斯·莫尔(1478—1535)的哲学思想中，所有人都是平等的。在他构想的理想社会中甚至人人都穿着一样的衣服，不存在“时尚”这一概念。只有未婚女性穿着不一样的袍子，以便辨认。因为一切公有，所以不存在私有财产，也不存在金钱货币。莫尔甚至给他的乌托邦规定了每天的流程：早上四点起床，晚上八点结束工作。如果犯法会被贬为奴隶，而低等的工作由奴隶完成。在这一点上莫尔违背了他的平等原则。乌托邦的领导人由居民选举产生，可以终身执政。乌托邦与其他国家尽量避免任何往来。托马斯·莫尔小说中最大胆的构想则是宗教自由，每个人都可以选择自己的信仰。但无神论者不可以进入政府执政。

时至今日，人人平等的梦想依然激励着许多人。

如何将知识转化为力量？弗朗西斯·培根的精神武装

知识就是力量。在中世纪教堂控制了知识的传播，因此几乎拥有了垄断性的力量。但英国学者弗朗西斯·培根对这句话还有另一种理解。他认为只有通过知识，人才能改变世界。

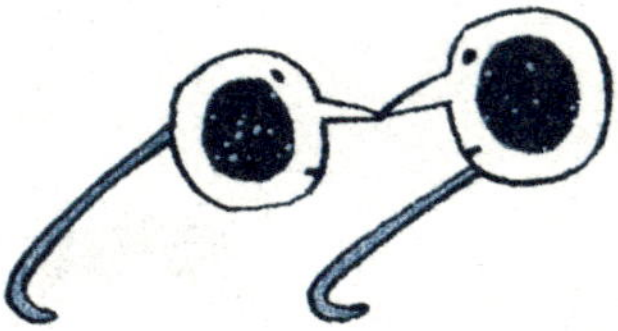

弗朗西斯·培根本人最后死于他对实验的热情。为了证明冷冻能让肉类保鲜期更长这一观点，他在一个寒冬天将宰后的鸡埋在雪地里。但他在实验过程中感染风寒，最后死于肺炎。

弗兰西斯·培根(1561—1626)学习法律专业，后来成为了政治家，同时也是自然科学家和哲学家。他开创了经验主义（见本书89页），也由此影响了接下来一整个世纪的思想运动。“知识就是力量”这句话就是他的名言。他认为人越了解自然，就越能利用大自然的力量。这一观点直到今天依然适用，但我们也意识到，伴随力量而来的还有保护大自然的责任。

培根对亚里士多德的逻辑推理（见本书36页）持怀疑态度。他认为，只有实践才能出真知，通过其他方式只能得到偏见与谬误。培根提出，人容易受到四种假象的迷惑。第一种假象源自人的主观意愿，因为人的天性是选择相信自己希望发生的事情。第二种假象被称为“洞穴假象”，与柏拉图的“洞穴寓言”（见本书33页）有相似之处——人们的感受常常取决于个人的经验，因此很有可能并不代表现实。第三种假象是语言交流带来的混乱，比如“幸福”二字对每个人来说就有不同的含义。第四种假象则来源于人容易不经检验就全盘接受他人的“经验智慧”。培根认为，只有完全摆脱了这四种假象，才能确保获得的知识是真知。

如果每个人都能为所欲为，世界会变成怎样？会出现争端不休的混乱吗？我们无法想象这样的世界，因为早在孩童时期，我们就从家人那里学会了善待与礼让他人。

人性本恶？托马斯·霍布斯与《利维坦》

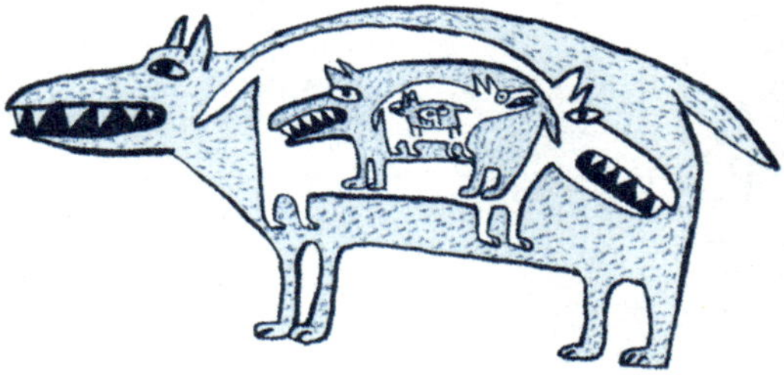

英国哲学家托马斯·霍布斯(1588—1679)完全不认同宽容礼让这一套。这可能跟他为一位男爵的孩子当过家庭教师的经历有关。霍布斯认为人与人之间没什么区别，因此在他眼中，生活就是一场人与人之间无休止的争斗。他坚信人的天性就是自私的，所以他说："人与人的关系与豺狼之间的关系并没有两样。"借此比喻他想表达的是，每个人心里其实都只装着自己。以此为基础，霍布斯提出了自己的国家理论，并因此成名。后来他成为了弗朗西斯·培根（见上一节）的秘书。

他认为，国家存在的使命之一就是避免人人相争的情况。社会对他来说就像一头巨兽，必须借助一个强有力的政府来驯服这头巨兽。霍布斯熟知马基雅维利的《君主论》（见本书58页），但他认为国家的统治者必须由民众选举产生，并以铁腕执政。而霍布斯构想中的公民愿意接受国家的管制，避免互相倾轧。霍布斯将他构想的国家命名为"利维坦"。他将利维坦比作一个由许多怪兽组成的巨人，而这些怪兽可以牵制"豺狼"。但利维坦能够正常运行的前提，是所有人百分之百的服从。

6.

进入新时代！

Auf in die neue Zeit!

理性主义：人性可测吗？

想象一下，在学数学时突然开窍是一种什么样的感觉？突然发现你在一些事情上已经超过了你的父母，这又是一种什么感觉？这会让你更自信，也让你有了加倍努力的动力。

对理性主义者来说，个人的体验远远不够。他们寻找万物存在的规律及与万物相伴相生的法则，以此来衡量人的生活和行为方式。

当你还是小孩的时候，每当出现困难，你可以第一时间得到大人的帮助和保护。随着年纪渐长，你渐渐不再需要帮助和保护。你慢慢发现，很多事情你凭自己就可以做到，所以应该相信自己！你也越来越了解自己，知道哪些事情是在你的能力范围之内的。文艺复兴后，当时的人们一定也有和你一样的感觉。他们有了勇气，用全新的眼界来重新审视古老的哲学命题。得益于当时数学与自然科学的发现与进步，人们对世界的了解大大加深，改变自然的能力也在不断发展。既然如此，对人性不也应该有新的衡量标准吗？

除此之外，你与 17 世纪之后的思想家还有一个共同点。你了解你父母的信念与想法，也不会全盘否定他们眼中的事实。你依然尊重他们的某些认知。但是你也开始以自己的经验作为对比和参照，并用辩证的眼光去看待你父母的想法。

后文艺复兴时代的学者们也开始重新审视先辈留下的知识，判断真伪。航海家与人文主义者的发现为他们提供了帮助。而在 17 到 18 世纪，教育也得到更广泛的普及，教育内容变得更加丰富。这些条件都为当时哲学家带来了新的动力。“把握当下”成为了当时的一句座右铭。到底什么是存在，什么是虚无？到底柏拉图的理想世界（见本书33页）与亚里士多德的逻辑思考（见本书35页）在新时代的理性主义面前还有存在价值吗？两千多年前的思想与今天的理论还能并存吗？于是，新的怀疑主义开始萌芽。

理性主义者指的是对一切都刨根问底而且处事总能以理智出发的人。理性主义者并不一定是哲学家，但理性主义者与理性主义哲学家有一个共同之处，就是都信奉思考而非感觉。

人们依靠头脑与理智来探索世界，所以也应该用理智来探索人本身、探讨抽象事物以及解答那些最古老的命题。

理性主义者不信任感官体验，只相信自己的理智和头脑。所以这一阶段也被称为理性主义时期。理性主义最杰出的代表人物是勒内·笛卡尔（见下一节），他被认为是西方现代哲学的奠基人，并开创了笛卡尔主义。

罗丹的雕像“思想者”

梦境或现实？笛卡尔与“我思故我在”

这是现实还是梦境？你肯定有过“一切都美好得不真实”的感觉。或是有时情况太糟糕，你希望一切都只是一场噩梦。那到底什么是现实？是否一切都是我们的想象？

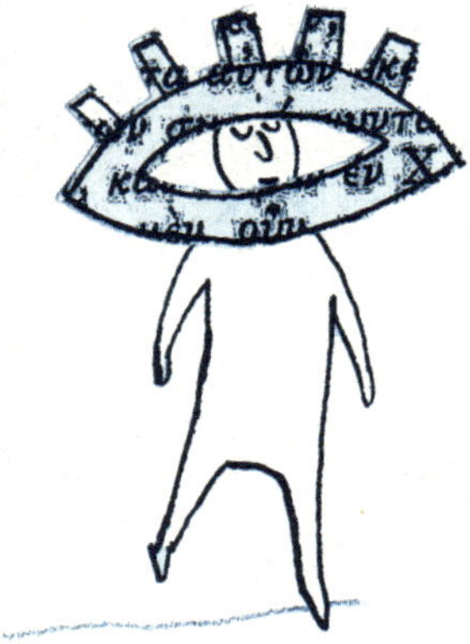

理性主义者曾试图解答这一古老的哲学命题。尤其是勒内·笛卡尔(1596—1650)为这一问题倾注了许多心血。他证明了人类确实存在，并成为了现代哲学的奠基人。

笛卡尔是一名数学家，发明了解析几何。解析几何直到今天还是中学数学课的必修内容，你日后在数学考试里一定会被它“折磨”。笛卡尔将他在数学中总结的经验也用于哲学问题的思考当中，并总结出正确思考的四条准则（见左侧）。

对笛卡尔来说，正确的思考方式是这样的：
1. 只相信百分之百确信无疑的事情！
2. 必须将每个问题分成若干个简单的部分来处理；
3. 思想必须从简单到复杂；
4. 彻底检验，确保没有遗漏任何东西。

笛卡尔有一句名言：“我思故我在。”这句话对他来说就是人类存在的证据。你可能会觉得这说不通。如果按照这个逻辑，我看、我说、我吃、我睡，这不都能证明我存在吗？但笛卡尔会反驳道，如果有人告诉你，这都只是你的想象呢？做梦的人不也可以有各种体验和经历吗？唯一可以确定的一点时，一切都可以被质疑。这对笛卡尔来说是最关键的一点——不管你看到什么或做什么，可以质疑一切。唯一不可质疑的就是怀疑本身。怀疑无时无刻不存在。但怀疑也就意味着思考，所以笛卡尔将人看作“会思考的存在”。而且人类是唯一会思考的存在，这一点也要归因于人类拥有理智。如果正确使用理智，人就可以解答自然界的所有问题。

斯宾诺莎：人只存在于上帝的思考中

我是谁？这个问题你一定也问过你自己。笛卡尔将人定义为“会思考的存在”。但“我们究竟是什么”这个问题知道今天仍然让我们困惑。

荷兰哲学家巴鲁赫·斯宾诺莎(1632—1677)对这个问题给出了他自己的回答，并因这个回答受到了从未有思想家受到过的辱骂。他的犹太教会将他以“不信上帝”的原因驱逐出教会。但是斯宾诺莎其实是上帝的信徒，只是他信奉的并不是一个凌驾于一切存在之上的造物神。他认为“一切都是上帝”，上帝是组成万物的唯一“物质”。思想、自然和人都是上帝显现的不同形态。这种思想被称为“泛神论”（神存在于一切事物之中）以及“一元论”（万物只有一个本源）。在三十年战争尚未结束的 17 世纪的欧洲，这种思想无异于一种赤裸裸的挑衅——如果人只是上帝的一种形态，或是按照斯宾诺莎的原话来说，“上帝的思想”，那人为什么还要在战争中互相厮杀？

除此之外，这位荷兰哲学家还提出，人拥有思考和选择信仰的自由，否则人根本无法使用自己的理智。但理智思考的最终目标应该是认识上帝，在思想上找到对上帝的爱。人性本恶，心中只考虑自己的存活。只有理智能让人睁开被蒙蔽的双眼，结束互相之间的倾轧和斗争。这种思想让托马斯·霍布斯的“和豺狼并无二致的人”（见本书 61 页）上升到另一种境界，成为“上帝的人”，或使用斯宾诺莎自己的话来说“每个人都是另外一个人的上帝”。

斯宾诺莎对自由的热爱也体现在了他对治国的理念中。他提出，任何试图通过法律治国的尝试，都不能减少问题，反而会带来更多的问题。如果无法禁止一件事情，那就应该予以准许。

莱布尼茨及其“单子论”

在德国，所有孩子都熟知哲学家戈特弗里德·威廉·莱布尼茨的名字，这是因为1889年汉诺威的烘焙师百乐顺在发明黄油饼干之后，用莱布尼茨的名字来为他的饼干命名。

莱布尼茨黄油饼干之所以以莱布尼茨来命名，和他的“单子”理论并没有关系（“单子”或“粒子”在德语里还有“饼干渣”的意思）。

也许莱布尼茨是受了显微镜成像的启发，才提出了单子论。在他的时代人们借助显微镜第一次发现，就连一滴水里面都有许多微生物。

莱布尼茨生前就在百乐顺的故乡汉诺威生活。他去世一个半世纪之后，百乐顺希望能借自己发明的莱布尼茨黄油饼干，来表达对这位伟大的德国全才思想家的敬意。

戈特弗里德·威廉·莱布尼茨(1646—1716)是一位百年难得一遇的天才。他不仅是一名数学家（你将来会在学校学习他发明的微积分），还是一名物理学家、法学家、历史学家、地理学家、经济学家以及哲学家。

莱布尼茨对世界的理论非常独特，被称为单子论。他认为单子是世界上最小的粒子，世界万物，包括人及其灵魂都由单子组成。这与古埃及哲学家德谟克利特（见本书24页）所坚信的粒子异曲同工。此外莱布尼茨还认为，那些反映上帝的单子是最高级的单子。每个单子都不一样，都是独立的。单子可以互相组合，但单子间不可联通。上帝为单子创立了等级秩序。最底层是所谓的“裸单子”，所有没有生命的无机物都由其构成。紧接着上一层是有生命的存在，包括植物和动物。其生理结构已经有了一定的感知能力。再上一层则是努力追求完美的人类。但是真正的现实世界只有创造了单子世界的上帝才能看得到。

鸟儿会飞，巧克力很甜，所有人都会老去。你是怎么知道这些的？因为你在生活中见过、品尝过也观察过身边的事物，能从自己的经验中得到这些认知。

经验给人智慧：什么是经验主义者？

我们的认知从何而来？我们如何能辨别认知的真伪？很多认知都来自我们自己的判断，还有一些则来自其他人的传授。但经验给人智慧，对这句话应该不会有人有异议。17 至 18 世纪期间，三位英国人以这句话为基础，开创了一个哲学流派。他们分别是约翰·洛克、大卫·休谟以及乔治·贝克莱（更多关于三人的介绍见下一节），也被人成为经验主义哲学家。

他们的哲学思想被称为经验主义。经验主义哲学家反对理智主义的观点（见本书 64 页），认为人并不是生来就拥有智慧的。恰恰相反——人只有经历过，才能收获认知和经验。人的头脑只能理解感官接收过的信息。从某些角度来看这种观点是正确的。想想巧克力这个例子，你只有吃过它才知道它的味道是甜的。进一步来说，你只有尝过甜的东西，才知道到底甜味是什么样的滋味。所以经验主义者在这一点上是对的。虽然并不是每个人都要亲身经历所有事情，但经验主义者认为只有在亲身体验中得到证实的认知才是真理。对他们来说，亲身体验是唯一的知识来源，也是人们获得智慧的唯一方式。

思想从何而来？约翰·洛克的白板

一个婴儿在呱呱坠地的时候，脑子里在想什么？约翰·洛克（1632—1704）认为，这时的婴儿脑子里一片空白，没有任何想法。他相信人出生时就像一块白板，这时人的灵魂还是空白一片。

约翰·洛克认为，人在刚出生时没有任何智慧和知识，只有获取知识的能力。但只有利用感官有了亲身体验之后，人才能开始获取知识。

获得的感官体验会留在白板上，被我们储存和处理。而处理的结果则被洛克称为“反思”（拉丁语为“reflectere”，原意为“反射、镜像”）。我们就像镜子一样，向白板反射我们的感官体验，并通过这种方式获得知识。洛克还将获得的认知分为简单认知和复杂认知。简单认知是指每个事物自身的特征（例如形状、大小、运动方式和数量等），这种认知是对每个人都适用的，比如骰子总有八个角，苹果都是圆的，五块钱就是五块钱。而复杂认知则取决于每个人对一个事物的感受、口味或是评价。比如对你来说一个骰子是绿色的，但在色盲的人眼中，这个骰子却是别的颜色。你觉得一个苹果很甜，但你弟弟却觉得它酸透了。对你来说五十块是一大笔钱，但你父母肯定觉得五十块钱完全不算什么。

洛克在《人类理解论》一书中，提出了白板论，并且说明了它们如何被写上经验。

约翰·洛克对人的社会生活也进行了哲学思考。可以说现代民主体制是建立在他的思想基础之上的。正因如此，他也被称为“自由的哲学家”。

人有何权利？洛克的分权思想

约翰·洛克认为，即使人来到这世上时头脑中空无一物（见上一节），但并不意味他也没有任何权利。每个人生来就有自由权和所有权（又称“自然权利”），因为这是每个人生存的前提。正因这一观点，约翰·洛克也被认为是现代社会人权的创立者。他还是近代第一个提出男女平等的哲学家。

约翰·洛克还有一套关于儿童教育的理论。他认为儿童与父母应该建立一种伙伴的关系。父母不应该管束孩子，而是应该以身作则，言传身教。

现代民主国家的形式其实也要归功于约翰·洛克，因为是他发明了分权的概念。分权思想的根源在于权力必须受到限制。在民主体制当中，没有任何一个力量可以凌驾于其他力量之上。按照分权思想，民众选择一名代表执政，由他按照法律保证公平与自由。政府负责贯彻法律，但受到民众代表的监控。洛克强调，颁布法律与落实法律的权力必须掌握在不同的人手中，只有这样才能防止独裁者的出现。我们将这两种权力分别称为立法权和行政权，分别掌握在议会与政府手中。后来法国法学家与哲学家孟德斯鸠(1689—1755)在此基础之上添加了第三种权力，即司法权，让每个受到不公平对待的人能利用法律保护自己。

被想象与被感知：什么才是存在的定义？

你知道塔斯马尼亚恶魔是什么吗？如果你已经读到过这种动物的介绍，或是看过它的照片，那你一定知道确实有这样一种动物。但就算你从没听说或从没见过它，它依然实际存在。

你可能觉得这听起来有点傻。但与约翰·洛克同为经验主义者的乔治·贝克莱(1685—1753)对认知与体验的关系有着更加极端的观点。如果按照他的观点，只要没人见过塔斯马尼亚恶魔，也没人想起它，它就是不存在的。贝克莱相信，“存在即是被感知”。但细想一下，这个观点其实有些可怕——如果没人感知你，那就意味着你根本就不存在。但即使如此，贝克莱对这个观点还是不满意。

他甚至提出，其实一切都不存在。

因为我们所知道的一切，都只存在于我们的脑中。“物质存在于意识当中，但物质本身并不存在。”这句话要怎么理解？难道一切都只是黄粱一梦吗？并不尽然。贝克莱本人并不仅仅是哲学家，还是一名爱尔兰主教。所以他自然为他的感知和精神找到了一个解释，而这一解释就是上帝。万物都存在于上帝的感知，而人是上帝思考和感知的途径。贝克莱本人和柏拉图（见本书 32 页）一样，是一个理想主义者。

前文提到的大卫·休谟(1711—1776)认同贝克莱与洛克的观点，认为万物只有被感知才存在。但他更进一步，对人类的所有知识提出了质疑。他的质疑可以分为两点，第一点是他认为只要不能排除例外的存在，那么那些总结概括性的规律就不能成立。

举一个例子：如果要你描述一个球，你会怎么说？你可能会说，球是圆的，没有任何棱角。否则球就不能滚动。但是，你说的两点是错的！有些球虽然有棱角，但还是能正常滚动。就以足球为例，虽然足球是圆的，但由于足球由 12 个五边形和 20 个六边形组合而成，所以它有 60 个角和 90 条边。这么一来，“足球没有棱角”这一说法就成了谬误。

除此之外，休谟的第二个质疑针对因果法则。因果法则是原因与结果的定律，比如出太阳的时候天气会暖和，或者当你举起一本书之后放手，书会掉到地上。但休谟认为，对因果法则要谨慎。虽然你本人从没经历过，但有可能有本书会突然停在半空，不会往下掉。我们当然知道让书落地的不是放手这个动作，而是地心引力。但是假如出现一本不会下落的书，那么地心引力的法则也就失效了。（如果你想做这个实验，我们建议你把实验对象从书换成石头，因为否则就太糟蹋书了……）

出于对逻辑和理智的怀疑，休谟甚至否认人能够凭借理智建立生活的秩序与规则。他认为人不能凭借理智去判断善恶好坏，而是应该借助自己的感受。他的这一观点细想之下不无道理。为什么你不应该打你的朋友？因为他会被打痛。而他的疼痛你也能设身处地地感受。为什么你父母不让你骂人？因为被骂的人会受到伤害。换句话说，人的伦理道德其实常常与感受相关。正因为我们能体会这些感受，所以应该以此来约束自己的行为。

大卫·休谟是功利主义（功利主义是关于追求实际效益的学说，详细介绍可见本书 97 页）的奠基人。对于功利主义者来说，符合伦理道德中的善，就是能为尽可能多的人带来最大化幸福。从这个角度来看，战争一般来说是不道德的，因为它会给很多人带来苦难。但如果战争能解除更多人的不幸，那么它就是道德的。

7.

饱腹还是思考？

Kopf oder Bauch ?

启蒙运动拨云见日：人因何为人

兴趣班到底是选艺术还是外语？从前你的父母会替你做决定，但如今他们告诉你："你已经长大了，懂事了，应该自己做决定了。"

17 至 18 世纪启蒙时期的哲学家也有过类似的想法。当时最伟大的思想家伊曼努尔·康德（1724—1804，更多关于他的介绍见本书 82 页）号召大家:"敢于知道！"而之前介绍过的经验主义者洛克、休谟和贝克莱（见本书 69 页）则是启蒙时期的奠基者。他们都穷尽心血去思考，到底人的智慧从何而来？到底智慧为何物？到底人的智慧能做什么？

启蒙时期的哲学家认为，不管人的智慧是否可靠，它都是人之所以为人的原因，它是区别人和其他动物的唯一不同。所有人都有智慧，因此人人平等，不分贵贱。这也首次对统治及被统治的社会秩序提出了质疑。这个时代的思想家告诉普通民众，如果他们生活得不好，那是因为他们与生俱来的平等权与自由权被剥夺了。康德则提出:"启蒙是人们摆脱自己未成熟状态的唯一方法。而未成熟状态指的是无法独立运用思考能力。"

当你的父母鼓励你为自己的前途独立做决定时，其实也有同样的目的。他们不希望你因为不愿思考或是出于惰性，完全依赖别人或是他们的判断。

对于启蒙思想家来说，自由、平等、宽容和教育是获得幸福的基本前提。以此为基础，启蒙运动时期的哲学家开创了新的政治思想。按照他们的想法，人们必须意识到他们在社会中的权利，不能容许任何一种力量控制他们与他们的生活。

当时欧洲的独裁者与教会感受到了这种思潮的影响力。

启蒙运动为法国大革命在精神层面上铺平了道路。1789 年，法国人民将独断专制的统治者赶下皇位。而早在 1776 年的美国，生命、自由、财产以及追求幸福的权利就被作为前言写入了《独立宣言》。这是第一部人权宪章。而如今，人权已经成为了全世界几乎所有人的共识。

专制主义是指所有权力都集中在一个统治者的手中。

《自由引导人民》，欧仁 · 德拉克罗瓦画作，1830 年

知识使人不幸吗？让 – 雅克 · 卢梭的“高贵野蛮人”

马克思和他的弟弟一起凑钱买了一台电脑。马克思年纪大一些，零花钱更多，所以出的钱也更多。他总想提醒弟弟这一点，所以每次弟弟都要百般乞求他才让弟弟用电脑，而且还常常耍赖。

马克思的做法当然是很自私的，但他自认为自己有理。这台电脑让两兄弟争吵不断，直到两人的父亲出面制订规则，两兄弟之间的“电脑大战”才算告一段落。但这种纠纷不仅仅存在于马克思两兄弟之间。关于所有权的争执贯穿了人类历史，所以西方有句谚语，叫作“篱笆筑得牢，邻居处得好”，也就是说邻里之间的地盘也要划分清楚，否则就无法和平相处。而在人类知识与进步的进程中，也有无数次“第一名之争”，引发了许多争端与矛盾。谁是踏上月球的第一人？谁的生产成本最低，可以称霸市场？谁建了第一个能够思考的机器人？而那些警告进步是把双刃剑的人，还常常被人看作拖后腿的悲观主义者。

在三百多年前的启蒙运动时期，对技术进步的崇拜正如火如荼。启蒙思想家认为，人们知道得越多，就能生活得越好。但这时一名哲学家提出了逆时代潮流的看法。他就是在瑞士出生的让 – 雅克 · 卢梭 (1712—1778)。他认为人性本善，是文明、知识和文化让人变得堕落。卢梭说过，上帝让我们在一无所知的幸福中降临人世。在这个时候，我们都还是‘高贵的野蛮人’。之所以高贵，是因为人类的本心能告诉我们什么是善于恶。“我眼中之善即为善，我眼中之恶即是恶。”

让 – 雅克 · 卢梭是一名浪漫主义者。浪漫主义者的特征是希望回归自然，不再受理智的约束。

文化毁掉了人的本心。

文化的副产物是所有权，而所有权是人类不幸的开端。卢梭认为:“第一个建篱圈地并号称‘这块地属于我’的人，发明了国家这一概念，也为人类带来了不公。”随着第一道篱笆的建起，人们忘记了果实属于所有人，但土地不属于任何人。我们知道随之而来的后果——那些拥有财产的人费尽一切守护自己的财产，防止它被别人夺走。而那些一无所有的人却也希望能拥有些什么。按照卢梭的看法，这就是犯罪、谋杀和战争这一恶性循环的根源。卢梭的哲学思想可以用“回归自然”四个字来总结。他认为，人们应该重新思考和恢复幸福的原始状态。

文明是指人类通过教育、技术发现以及思想创新带来的进步发展。

让-雅克·卢梭（1712—1778）

谁来拯救自由？卢梭的“公共意志”

“回归自然”？如何回归？让－雅克·卢梭想到一个方法，让人在已经破坏了自己的原始状态之后依然能重新找到幸福。

卢梭认为，在人类已经破坏掉原始的共有制社会秩序之后，必须重新建立起一个尽可能自由最大化的社会。但这就要靠所有人的共同参与。卢梭提出了“社会合约”的概念，任何签署了该合约的人都会成为所谓“公共意志”的一部分。如果所有人都遵守该合约，保证每个人获得的自由都与其他人一样多，那么平等将重新回到人类社会。虽然人类因无知而幸福的原始状态（见本书 79 页）已经彻底成为历史，但人类不应该绝望，而是应该借助社会合约来达到一个尽可能理想的状态。通过社会合约，人能够用“高贵野蛮人”的自由换取人类经过文明开化后真正的自由。真正的自由则意味着所有人都是平等的。

卢梭于 1778 年去世。在他去世十一年之后，法国大革命爆发，法国公民在革命中要求获得卢梭生前追求的自由权利。

在现代社会的宪法中，我们依然能发现卢梭思想的踪影。德国基本法第十四条写道，私有财产不可侵犯，但私有权的使用不得侵犯集体利益。这条法律反映的是这位 18 世纪法国哲学家的一条根本思想——集体利益高于个人利益。

伏尔泰曾经说过：“哲学就是听者不懂讲者之意，而讲者自己也不知所云。”

能多有趣？讽刺者伏尔泰与上帝存在的证明

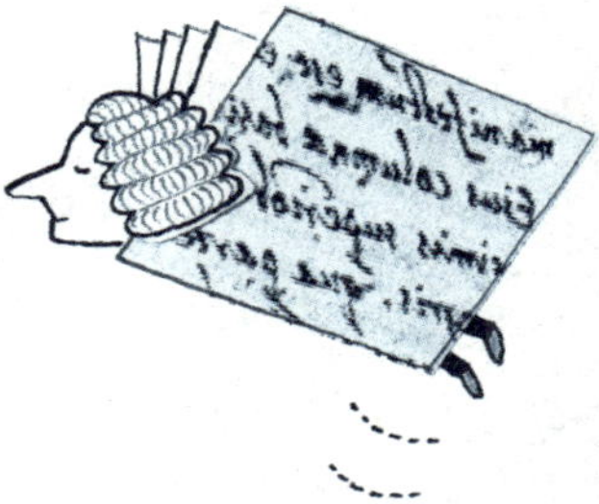

在讽刺与尖酸刻薄方面，没有任何一位哲学家能与弗朗索瓦－马利·阿鲁埃（伏尔泰原名，1694—1778）相比。但他又坚决捍卫启蒙运动宣扬的最重要的美德之一——宽容。他最著名的名言是：“我不同意你说的每一个字，但是我誓死捍卫你说话的权利。”他也尽情利用了启蒙运动争取的思想与言论自由，他的唇枪舌箭没有放过任何一个人。虽然他本人其实很喜欢与名流贵族圈打交道，但这个圈子还是逃不过他的嘲讽。

宽容就是接受和包容其他人的观点与信仰的能力。

面对教会时，伏尔泰丝毫不掩饰他的憎恶。他批评教会将自己的观点包装成世上唯一的真理，但实际上却只给人们带来苦难。他唯一崇敬的是上帝本身——伏尔泰不仅是虔诚的信徒，而且一直试图寻找上帝存在的证明。伏尔泰是这样论证上帝的存在的：世上既然有万物，也就必定有一个永恒不灭的存在，否则万物从何而来？此外万物皆有自然法则，那么就必定有一个法则的制定者。而这一制定者就是上帝。此外伏尔泰还相信，上帝创造人类的目的，就是让人类能够尽情享乐。而在享乐方面，伏尔泰可谓是不遗余力，身体力行。

“假如上帝并不存在，那就必须把它造出来。”
——伏尔泰

理智的深渊？康德解除困局

人靠提问了解世界。有的人只想了解自己那一隅天地，但有的人却绞尽脑汁思考始与终、目的与意义的问题。

纠结这些问题容易让人“走火入魔”。有的人最后用上帝来解释一切，有的人情愿逃避这些问题。但伊曼努尔・康德(1724—1804)却劝慰大家，无须太过执着。很多著名的启蒙思想家都把这些形而上的问题看得和人类命运一样重要。但来自哥尼斯堡的哲学家康德却认为大家不需要太过绝望。在《纯粹理性批判》一书中，他写道：“人根本就无法认识事物‘原本的面貌’。我们看到的一切早就经过了我们感官的处理，所以已经不再是事物的‘原貌’。比如我们虽然能看到大自然，但并不是大自然原本的样子。但我们能探知大自然运行的规律。”

康德将人的认知分为两个等级。我们最先看到的，是事物展现给我们的最初样貌。之后我们会用感官与理智去分析所看到的，最后建立一个体系。康德借这一观点融合了理性主义（见本书 66 页关于笛卡尔的内容）与经验主义（见本书 69 页）的观点。前者认为只有通过理性证实的才是真理，而后者认为只有人亲身感受和体验过的才是现实。康德的两级认知理论同样可以用来解释人的智慧。每个人最初都有思考的能力，但接下来如何利用这种能力，就因人而异了。如果你上课从不积极认真，那也就不怪老师觉得你笨了。

康德将哲学从“证明上帝是否存在”这一任务中解放了出来。他认为这个问题是既定存在的，但每个人都可以给出自己的回答。因此每个人都可以自由决定，到底是否相信上帝的存在。

在《纯粹理性批判》一书中，康德提出，世界上存在一个既定的秩序。那人的存在呢？人的行为是遵循自由意志，还是也遵循一个既定的法则？

己所不欲，勿施于人：康德的定言令式

在另外一本著作中，康德对人的道德伦理进行了深入剖析。他将这本书命名为《实践理性批判》。他在书中探讨了是否存在一套人类行为的准则，且这套准则是否与人类相伴相生，无须专门去“发明”它。

我们都有自己的良知，它会告诉我们什么是善，什么是恶。这是一个从古至今的哲学家都在探讨的问题。而康德提出的伦理学则强调，人在做某件事时，不能听从自己的感受。他为人的行为找到了一个既定的准则，并将其称为“定言令式”。他是这样解释定言令式的：“道德应当，而且只应当从规律概念中引申演绎而来。尽管自然界中的一切事物都遵循某种规律，但只有人才具有按照规律的理念而行动的能力。就客观原则对意志的约束规范而言，其命令尽管是强制的，但同时也是理性的。这种理性命令的程式，就叫作“令式”。”这听起来很复杂，但简单来说可以用一句俗语概括——己所不欲，勿施于人。

根据定言令式，一个“好人”并不是那些为取悦他人而做好事的人，也不是出于对某人的喜爱或为了个人内心喜悦而对他人友好的人。一个有着伦理道德的人，对待别人时会以自己希望被对待的方式作为准则。但是每个人都有权不遵循此准则，只是这样有可能会导致内心不安。

定言令式指的是每个人必须义务遵守的规律。所以康德的道德伦理观也被称为“义务伦理学”。

康德对世界上既定的根本准则的追寻是“超验哲学”的基础。超验哲学研究的是感官无法捕捉的内容。自然界存在这样的根本准则，这种基本法则也是自然科学的研究基础。而人性的根本准则属于道德的范畴，道德则又与人类的美学相关。

还是康德？！进入现代哲学

康德的定言令式不仅创造了一门新的伦理学，更为哲学开拓了崭新的空间。

康德将人类的根本命题分为了四大类。直到今天，哲学界依然沿用了他的分类。这四大类问题分别是：

1. 我们能知道什么？

2. 我们应该做什么？

3. 我们可以希望什么？

4. 人是什么？

第一个问题是形而上学的研究范畴。形而上学是试图突破人的理性极限，研究人类感官世界之外的一门学科。而“我们应该做什么？”则是伦理学试图解答的问题。

伦理学的使命是寻找对所有人都普遍适用的道德准则。

不管是人类个体还是人类集体都必须遵循伦理道德准则生活。直到今天，除了哲学家之外，政治家也在努力探索伦理道德。因为只有当人类找到一个被所有人都接受的伦理时，和平才会降临到这个世界上。而第三个问题“我们可以希望什么？”则是宗教试图解答的问题，因为人类的愿望并不局限于这一世的人生。

关于前三个问题的思考最终会交汇到第四个问题——“人是什么？”这是哲学人类学研究的范畴。人类学是研究人类本身的科学。人类学分为两大范畴：一是自然人类学，也就是从生物角度研究人类起源及其发展进程的科学。而哲学人类学则是另一范畴，研究的是自然对人类的影响，以及人类自身的行为、能力以及准则。

康德的四大问题是人们反反复复不断思考的问题。因为不同的人有各自不同的思考，而且人类本身也在不断向前发展。康德也意识到了这一点，他说："人类完全结束对形而上学的研究的可能性，就和长吸一口气后不再呼吸的可能性一样大。"我们也可以这样理解：人需要哲学，就如同人需要呼吸一样。

伊曼努尔 · 康德

8.

飞上云天——
“我”的秘密

Hinauf in luftige Höhen –
Das Geheimnis des Ich

“我”归于何处：从康德的理智主义到浪漫主义

在学校上了一天枯燥的数学课之后，你会怎样放松？也许你会带上耳机，躺在床上，边听音乐边开始做自己的白日梦。

“个体”(individuum)一词在拉丁语中的本意是不可分割、一旦分割后会失去其性质的物体。我们将“个体”理解为独一无二的个人。

经过高强度的逻辑思考之后，让思想放飞是很棒的选择。这对当时康德之后的哲学家们来说也是如此。经过理性主义时期之后，在18世纪末期，思想家们开始重新关注人类的内心世界，关心每个个体的感觉、思考和创作。在文学领域，这一时期被称作浪漫主义时期。当时呼吁人们“重返自然”的启蒙思想家让–雅克·卢梭（见本书78页）是第一位浪漫主义哲学家。在哲学领域，这一时期被称为唯心主义时期，因为在这一时期，“我”以及对自我的探索称为了哲学思考的重点。“我”在这世界上有什么价值？“我”与周围的一切有什么样的联系？“我”是自然的一部分吗？抑或“我”是影响周围环境与事物的那个力量？

早在古希腊时期，柏拉图就沉浸在对自我内心的探索中（见本书32页）。但柏拉图试图在这个世界之外寻找人类内心思想的原始形态，而唯心主义者追问的是另一个问题：到底是世界存在于我们的想法之中，抑或我们只是一个高于我们的的想法的影像？当时的思想家不仅关心人可以做什么，应该做什么，被允许做什么（例如康德），更关心人类作为个体的存在，也就是“本我”。但这个“本我”到底是什么？它是怎样诞生的？如何区别它与“非我”？

进入唯心主义时期之后，哲学之旅再次变得跌宕起伏，惊险刺激。约翰·戈特利布·费希特（1762—1814）是这段时期的领路人。他认为人是自我创造的产物。

“我”是黄粱一梦？费希特对自由的恐惧

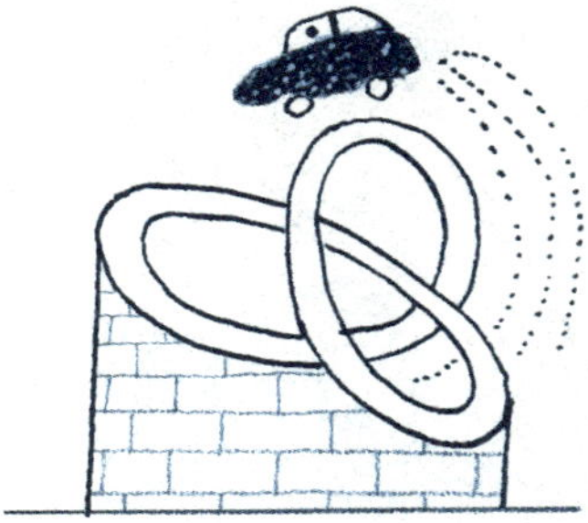

费希特将自己的思想称作“自由的体系”，因为在他的思想体系当中，人被从世界的感知者抬升到了造物者的高度。但人必须首先认识自我。费希特说过：“我发现自我。”他是这么解释这句话的：“我”先通过认知周围的事物来发现自我。这样一来，人就会发现自己与周围其他事物的不同。这时“我”才能区别本我与“非我”。简单说来，就是一切不是“你”的事物，都不属于你的“本我”。

但这些其他事物都是些什么呢？它们到底本身就真实存在，抑或它们之所以存在，只因为它们被你感知？早在一百年前，经验主义者乔治·贝克莱就有过类似的想法（见本书 72 页）。费希特则开始思考，到底人认知自我的过程是怎样的。他的答案是：“‘我’通过对立‘自我’与‘非我’来认识自我。”

但是如果费希特关于自我的逻辑成立，如果可以通过体验和感知而诞生自我，那么上帝的存在就变得多余了。显然最后这位哲学家自己都没有勇气直面自己的“自由体系”。他心存畏惧地提出了一个问题：如果人只是以为自己在思考，但这场思考本身只是一场梦呢？那就一定有一个人做了关于“人”的一场梦——这个做梦的人就是上帝。

费希特将思考的三个步骤（“‘我’发现自我”，“‘我’区分‘自我’与‘非我’”，“‘我’在对立‘我’中的‘自我’与‘非我’”）称为认知学，因为每一条只是都可以用这种方式来证明。而黑格尔则在此基础上发明了辩证法（见本书 91 页）。

谢林：第一位环保主义者

“只有当最后一棵树被砍伐，最后一条河被污染，最后一条鱼被捕捞，人类才意识到，金钱并不能充饥！”你听说过绿色和平组织（Greenpeace）这句宣传语吗？

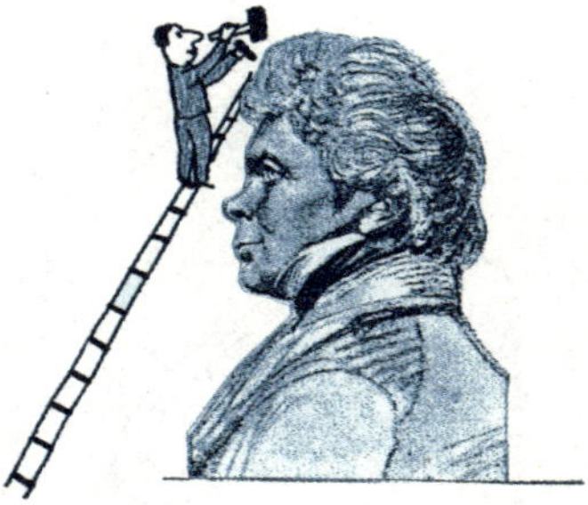

为什么人要为哲学思考伤透脑筋？谢林解释道，脱离自然让哲学思考变得必要。

假如两百年前就有环保主义者这个概念，那弗里德里希·威廉·约瑟夫·冯·谢林(1775—1854)绝对算得上是环保主义先锋。他强烈反对费希特的哲学思想，反对他将人抬高到造物者的高度（见上一节）。谢林的思想与卢梭“回归自然”的呼吁其实是相通的，他也认为人是大自然的一部分，而且人的思想最清晰地体现了大自然的创造力。

人的思想是一种高于一切的灵魂的体现。这个灵魂也体现在大自然的植物、动物甚至是没有生命的石头身上。这一灵魂存在的终极目标是成为上帝，从本质上来说它就是上帝。而谢林相信，人的理性也反映了这个上帝的存在。也正因为理性的存在，人才可以脱离大自然生存。但这不意味着人可以对抗自然，因为人的命运是与自然紧密相连的。一旦人毁掉与自然的纽带，那么他将从凌驾于一切之上的自负跌落入“什么都不是”的虚无。这一警示对今天面临环境污染威胁的人类社会仍有现实意义。对谢林来说，追求神性的最高表现形式就是艺术，因为在艺术创作的过程中，人将自己的创造力与物质（艺术创作的材料）融合为一。

一个阿姨说："你跟你爸长得真像！"另一个阿姨却反驳："不！你跟你妈才叫一个模子刻出来的！"而你的父母回答："这是融合了我们俩的精华！"你心里暗暗生气："我就不能只是我自己吗？"

1+1 如何等于 3？黑格尔的辩证法之一

你的气愤当然是有道理的。毕竟你是一个完整独立的个体。但你的父母也没错，你是他们爱的结晶，你的身上不仅有他们两人的基因，还寄托了他们的希望和愿景。他们当然希望你继承了他们的智慧、他们的优点，或是你妈妈漂亮的眼睛和爸爸茂密的黑发。但即使没有，他们仍然爱你，因为从他们的结合中诞生出了新的生命。如果有一天你找到了一个你爱也爱你的人，也许你们也会想要自己的孩子，将各自最好的东西都赠与这个孩子。人就是以这种方式代代繁衍的。

但与康德齐名的德国哲学家格奥尔格·威廉·弗里德里希·黑格尔（1770—1831）认为，这不仅是人类的繁衍方式。他认为世间万物的诞生都与人类孕育下一代的方式有相似之处。他的这种哲学思想被称为辩证法，其关键就在于两个矛盾对立面的存在——就像你的父亲和母亲。两个对立面——男与女——在矛盾中存在，共同创造出新的产物，也就是你。在下一节我们会具体介绍哲学中的辩证法是怎样的。

黑格尔的**辩证法**是一种三步式的哲学思考方式，第一步是提出观点（基本命题），接下来阐述这一观点的逆命题，最后合题，得到结论。

争辩给人智慧？黑格尔的辩证法之二

黑格尔的辩证法受到了费希特的拥护。而事实上黑格尔的三步思考法是从费希特那里继承来的，并被发表在《精神现象学》一书中。

现象是一种呈现形式。在《精神现象学》中，黑格尔试图解释世界呈现给人的形态以及人如何理解世界的现象。

黑格尔认为，可以用辩证法来认知人的理性、历史、世界甚至上帝。那我们就从人开始。我们回想一下在镜子里观察自己的经历（见本书 12 页）：当一个孩子第一次看见自己的镜中倒影时，一定以为这是别人。慢慢他才意识到这个人就是他自己。用辩证三步法可以这样理解这个过程：我（正题）在镜子里看到了一个人（反题）。在这个人身上我看到了自己，并辨认出来这就是我的倒影，和我本身构成一个整体（合题）。由此，这个孩子对自己的了解又进了一步。

黑格尔相信，人作为个体，是追求主观理性的生物。更高级别的人类集体也是如此，比如家庭、社会和国家等。因为追求认知和完满的不仅仅是人类个体。历史的发展轨迹大多都由不同的矛盾交织向前推动，因为矛盾冲突的最终往往会诞生新的理性结论。按照黑格尔的观点，在家庭、社会和国家中呈现的往往是高于主观理性的客观理性。正因如此，个体应该无条件服从国家。在黑格尔的观念里，即使是战争也有它的意义。想要理解这个观点，你可以先回想一下你和你弟弟的争吵，虽然你们俩的争吵不会像战争那么残酷。你们两人都会提出自己的意见，最后往往能够重归于好。但只有当双方都能一定程度上认同和接受对方的观点，才会有真正的和平。

黑格尔认为，最高级的理智产生于艺术、宗教和哲学当中。

因为这三者反映的是“万物之灵”，也就是上帝。

这位哲学家甚至用辩证法去解构上帝：即使上帝的灵魂也有辩证两面，一面是大自然，另一面是人。当人用理智面对自然时，会看到上帝的影子，但也会看到自己的倒影。只有这样，上帝才能完整认清自己。就像那个镜子前认出自己的孩子一样，上帝也用这种方式认识了自我。

黑格尔

激情何在？索伦·克尔凯郭尔——第一位存在主义者

当人类站在花园里，面朝一座通向上帝的思想大厦（就像黑格尔的哲学思想那样），会是一种什么样的感觉？一定觉得自己很渺小无助吧？

索伦·克尔凯郭尔(1813—1855)对黑格尔辩证法里的三级理智（主观理智、客观理智和绝对理智）不屑一顾，认为“人生掌握在人类自己手中！”克尔凯郭尔认为当时的哲学中缺少了一种激烈的情感，尤其缺少了他本人哲学思想赖以为基础的情感——恐惧。克尔凯郭尔是一位悲观主义者，也许正因如此，他才成为了第一位存在主义者。而半个世纪之后，存在主义生根发芽，成为了一个哲学派别（见本书96页）。

克尔凯郭尔认为存在先于本质——我们必须先确认某种事物确实存在，之后再去思考它到底是什么。如果个人都还没找到适用于自己的真理，那为什么还要费尽周章去寻找所谓的绝对真理呢？克尔凯郭尔否认科学的价值，认为：“重要的不是认知的分量，而是人内心的状态。”他不仅在信仰和理智之间划清界限，更认为信仰与教会无关。他认为，上帝会召唤每个个体，而不是人类整体，更不会召唤教会这个所谓的“机构”。克尔凯郭尔将人生分为三个阶段：第一阶段是美学阶段，人们遵循内心情感生活。第二阶段是伦理阶段，人在这个阶段会决定自己生活的方式。第三阶段是信仰阶段。当人在经过第二阶段后依然找不到生活的意义，最终会投身信仰。

在克尔凯郭尔眼中，自己的人生就仿佛是一个恶性循环：因为他心中充满恐惧，所以无法让一个女人幸福。他最终也因此和自己的未婚妻解除了婚约。但随后分手的痛苦让他几乎陷入了绝望。

“信仰意味着放下理智，去找寻上帝。”
——索伦·克尔凯郭尔

你有偶像吗？你追星吗？如果你追星的话，那你可能也模仿过偶像的穿衣风格或者发型吧？模仿偶像是人的一种天性。

谁创造了上帝？费尔巴哈对自我的信仰

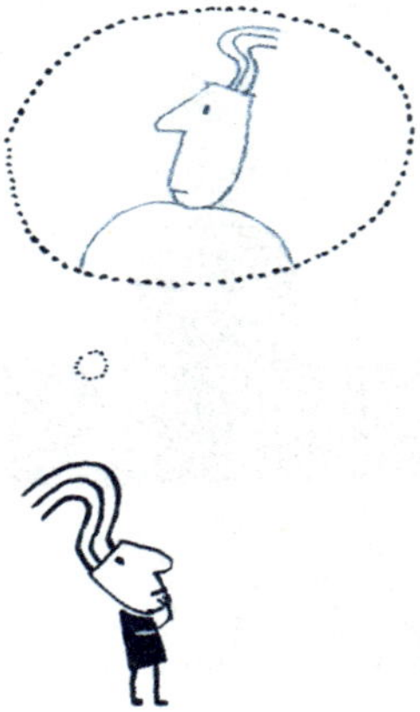

偶像一般都遥不可及。如果你在生活中近距离接触到自己的偶像，也许你很快就会失望，因为他们其实也不过是凡人。我们之所以崇拜他们，是因为我们将自己某种想象寄托在了他们身上。

对路德维希·费尔巴哈来说，上帝就是这样一个偶像。他认为："人们将自己渴望却又无法达到的形象，都强加在了自己心中的神身上。"费尔巴哈对基督教的《圣经》持尤为批判的态度。《圣经》中写到，上帝依照自己的形象创造了人。而费尔巴哈认为事实完全正好相反，是人按照自己的愿望虚构了上帝。但实际上上帝根本就不存在。人与其将自己的愿望寄托在虚无缥缈的天上，还不如相信自己。

费尔巴哈认为宗教就是纯粹的利己主义。信仰上帝对他来说不过就是为了乞求幸福，逃避死亡。因为假如相信死后还有来生，那也就不必害怕死亡了。但人不应该在现实之外寻找上帝，而是应该在现实生活中，在自己心中寻找上帝。只有这样，人方为人。卡尔·马克思（见本书98页）和弗里德里希·恩格斯之后重拾费尔巴哈对上帝的批判，并将宗教称作"人民的鸦片"，因为它让人对来生的幸福给予希望，也就能更顺从地接受此生的苦难。

费尔巴哈是女权主义（见本书120页）的偶像，因为他一直致力于为女性争取平权。

存在皆是想象？悲观的预言家叔本华

如果你早上一睁眼之后就觉得今天一定诸事不顺，会发生什么？你在去上厕所的路上滑倒，在学校考试打小抄被老师发现，之后吃午饭还不小心把面条撒在了裤子上。

悲观主义者就是凡事都抱最坏打算，而且即使发生了好事也高兴不起来的人。

那些总是只能看到黑暗面的人，生活中很难找到乐趣。亚瑟·叔本华（1788—1860）就是一个彻底的悲观主义者。他曾经这样描述过人生：人们被希望蒙蔽了双眼，边跳着舞边迎头撞进死神的怀抱。为什么会这样？因为对叔本华来说，这个世界并不真实存在，一切只是人类的想象而已。而这种想象完全取决于人的意志。但人的天性就是满足欲望，而这只会带来贪婪，因此人的意志是不理性的。

这一理论听起来是不是有些熟悉？早在 2300 年前释迦牟尼（见本书 17 页）就有过类似的观点。但直到 19 世纪初，释迦牟尼流传下来的思想著作才由梵文翻译成欧洲语言。叔本华深入研究了印度哲学中关于涅槃和虚无的思想，并将这些概念介绍到了欧洲。几年之后，弗里德里希·尼采（见本书 100 页）将这些思想总结命名为虚无主义。

叔本华和释迦牟尼的看法一致，认为人只有看淡生命，无欲无求，才能真正地从苦难中得到解脱。

甚至连喜悦和满足在叔本华眼中都是消极的概念。因为人们只能短暂地感到满足，之后这种情绪便又会被不满与无聊所取代。叔本华认为人唯一的优点就是能够共情。也就是说，当别人遇到不幸时，人会感到同情。这是叔本华眼中唯一的伦理道德。

18 至 19 世纪期间，当浪漫主义者和唯心主义者还在寻找个体在大自然和内心世界中的位置时，现实世界里正在发生翻天覆地的变化。

什么是幸福？功利主义与人类行为的动机

工业化改变了人类的生活与社会形态。过去的工匠和农民成为了工厂的工人。从前人们用自己的双手创造一切；而现在，他们的双手操作的是工厂的机器。除了得到工资之外，他们几乎不再与自己的劳动成果产生任何关系。但他们的工资甚至不足以体面地养活自己和家人。这种新的生活形态也带来了新的哲学问题：人类行为的目的是什么？

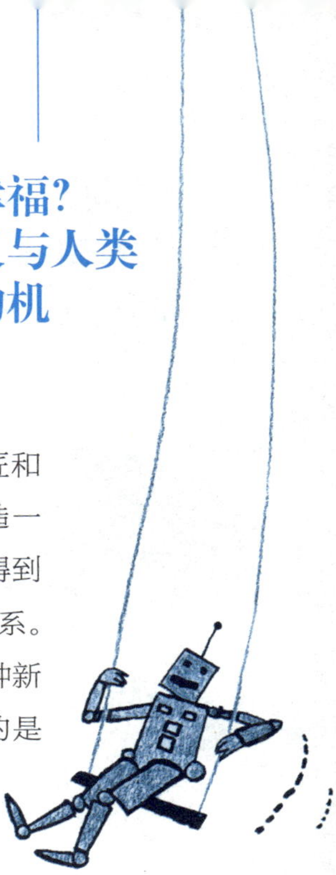

当人类行为的结果与行为的主体本身不再产生关系，这个社会会变成怎样？功利主义者试图回答这个问题。其中的代表人物是两位英国思想家杰里米·边沁 (1748—1832) 和约翰·斯图亚特·米尔 (1773—1836)。功利主义不问“为什么我要做这件事”而是“做这件事能得到什么结果”。这一哲学流派探讨的是人类行为的意义。边沁和米尔认为，衡量人类行为意义的标准，应该是人能从中得到多少幸福，而且是当下而不是来生的幸福。他们认为一个社会存在的意义，应该是让尽可能多的人得到最大程度的幸福。

对于米尔来说，最大程度的幸福也包括了个人最大化的自由。因此他积极投身，为妇女争取平等权利。

功利主义一词来自拉丁语“utilitas”一词，原意是效用。

人因存在而认知或因认知而存在？从存在到意识，或者倒过来

为别人手工制作一件礼物是一件很愉快的事情，因为我们可以想象对方收到礼物时惊喜的表情。想象一下，假如你给你的妹妹做了一个钥匙扣，她会不会特别开心？还是会无所谓地将礼物随便扔到一个角落？

“人的根基就是人类自己！”
——卡尔·马克思

你在这个钥匙扣里倾注了很多爱和心血。这个钥匙扣已经有了你的印记。但是假如你为了赚钱，要在一个工厂里日复一日地做钥匙扣呢？你不知道这些钥匙扣最终会被运送到哪里，你只知道工厂的老板用你的钥匙扣赚了很多钱。你做的钥匙扣和你再没有任何关系。卡尔·马克思（1818—1883）将工业化对劳动力带来的影响称作异化：当人与他的劳动成果不再有任何关系，当劳动成果用于售卖时，人本身也就成了供他人购买的商品。

那么，人的价值和意义何在？

19 世纪时，工人的状况大抵如此。马克思将这些工人称作无产阶级（源自拉丁语“proletarius”一词，原意是“底层公民”）。马克思深入研究了黑格尔的哲学思想及其辩证法（见本书 91 页）。但马克思并不赞同黑格尔“万物之灵”的观点，不认为存在一个最高级的理智。马克思认为，试图在形而上的层面，在超脱出现实世界的理念中寻找自身存在的解释，是没有没意义的。

此外，马克思坚信，并非意识（一个人的感知）决定存在，相反，应该是存在（此时此刻的生活）决定意识，决定一个人在生活中的感知。马克思将当时哲学的根基整个颠倒了过来。他提到，哲学家只是以不同方式去解读世

界。但重要的不是解读世界，而是改变和影响世界。为了达到这一目标，马克思运用了黑格尔的辩证法，但让其从虚无缥缈的天上回到了脚踏实地的现实土壤。

马克思是这样运用黑格尔辩证法的：对马克思来说，人并非单独的个体，而是社会属性的存在，属于不同的阶层，包括除了劳动力之外一无所有的无产阶级和拥有生产资料（工厂、机器和土地）的资产阶级。对马克思来说，这两个阶级就像黑格尔的正题与反题一样相互对立。劳动与资本的矛盾对立会在历史进程中最终消解，消解的方式是无产阶级从资产阶级手中夺过生产资料。在短暂时期内会出现无产阶级专政的局面，也就是说，工人决定社会的走向。但这只是一个暂时的状态，因为最终会出现阶级融合（合题），万物公有的状态。这一理论被称为马克思主义。

20 世纪时，马克思主义演变成为一个政治方向，也就是共产主义。

价值观有意义吗？蔑视信仰与道德的尼采

善与恶，自由与压迫——是谁告诉我们存在这些界线的？是上帝吗？如果这一切都不过是人类自己的幻想呢？会不会是人类发明了这一切，只为了消除内心的不安和恐惧？

尼采是虚无主义者，也就是说，他不承认任何价值和信仰的存在。

弗里德里希·尼采(1844—1900)宣称“上帝已死！”，并由此宣判所有价值和习俗都不复存在。如果真如亚瑟·叔本华所说，一切都只是人意识的产物，那有何必再心怀恐惧呢？人难道不应该享受绝对的自由，让意志完全释放吗？

对尼采来说，人类生存的目的就是追求“自由精神”。但自由精神会给强者权力，去压迫弱者。在尼采眼中，这个世界不过就是权力意志。他还认为，人也总试图成为更高级的存在，超越人本身的存在，但不是上帝。从未有任何一个哲学家像尼采这样彻底打破伦理和道德。他宣称：“所有人们以为的真相都是假的！”而任何形而上学在他眼中都是一条死胡同。为什么要对苦苦思索一切？这一切思考给人类带来进步了吗？让这个世界变得更好或变得不同了吗？一切都是虚无，都毫无意义。所以追寻所谓的意义也都是徒劳。知识、道德和信仰既不会给我们带来真相，也不会带来公平与和平。而宗教将对其的怀疑视作谎言，因此尼采对宗教也不屑一顾。那还有什么值得相信，值得追求吗？什么都没有！

北极没有棕榈树，沙漠没有鱼。这是自然规律，因为每种生物，无论植物还是动物都只能生存在适合自己的自然环境中。

谁能适者生存？达尔文及其进化论

植物或动物在哪里生存，主要取决于温度、湿度以及养分补给。一旦环境条件变化，除非它们能够及时适应变化，否则只能灭亡。这从古至今都是自然法则，早在人类开始破坏环境之前就已经是这样。地球也经历过成千上万年的变化，才变成了今天的样子。但对某些生物来说，这变化的速度还是太快了。

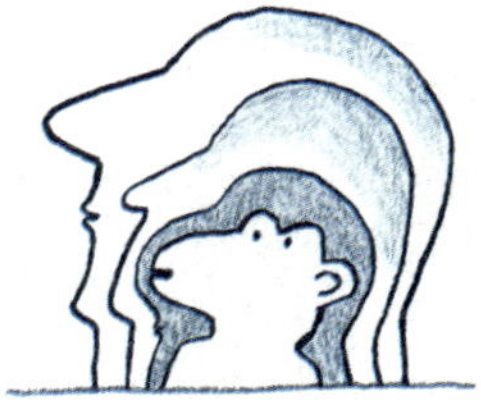

五十年后，阿道夫·希特勒及纳粹党利用了尼采“权力意志”与达尔文“适者生存”的理论。他们歪曲滥用了理论的内容，将犹太人、持异见者、同性恋者、罗姆人和辛提人称为低等种族，并进行了种族屠杀。

这些道理我们早就知道。但在 19 世纪，当自然科学家查尔斯·达尔文宣布这一发现的时候，引起了轩然大波。同样惹来一片哗然的还有他的另一发现，就是人由动物进化而来。通过他的生物研究，达尔文推论出一个哲学认知，也就是进化论。进化论中提到，生命的价值就在于为生存而斗争，因为只有适者才能生存。而这一物种起源理论也彻底推翻了《圣经》和其中的创世论。因为如果达尔文的理论成立，那么上帝用六天时间创造了世界和万物的故事就不可能是真的。但如果自然界中真的遵循适者生存法则，这又意味着什么？因为基督教中提倡的人人平等的观念也与适者生存法则相悖。

进化论认为，所有生命都会由低等向高等进化。

我们将依照社会价值来衡量个人价值这种做法称作社会达尔文主义。

“本我”不是“自我”？袒露灵魂的弗洛伊德

你有没有做过特别美妙、特别有趣或是特别恐怖的梦？从这种梦中醒来之后，你可能会心情舒畅，也有可能精疲力竭。这时你会问自己：这个梦到底意味着什么？

你梦见你成了超级派对上全场瞩目的焦点？这不难解释，因为即使在清醒状态下这也是你的愿望。那如果你做的是噩梦，你在梦里想逃却逃不掉，这又怎么解释？维也纳的医生及哲学家西格蒙德·弗洛伊德（1856—1939）认为，这是你的“本我”在向你传达信息。弗洛伊德是精神分析学派的创始人。这一学科的宗旨就是寻找被人不断逃避、进而连自己都忘却了的内心隐秘。只有在梦境中通向隐秘的大门有时会打开。否则人有可能会患病。

为什么会这样？弗洛伊德认为，主导人类行为的不仅仅是理智，还有人的“本我”和“超我”。“自我”代表的是理智，有时“本我”会在我们没有察觉的情况下影响“自我”。“本我”是人的动力或潜意识。假如“本我”和“自我”受到“超我”的压抑，也就是受到周围价值与规则对我们的约束，则会导致疾病。例如一个患进食障碍的成年人，他疾病的根源可能就是他在童年经常被父母强迫将食物吃光。即使他长大后已经完全忘记了童年的经历，但他的“本我”会记录这一切，让他在成年之后进食的时候还是会感到恶心。精神分析治疗的方式就是寻找病人最隐秘的心理创伤，将创伤从潜意识中挖掘曝光。只有这样，“自我”才能处理这些情感，人才有康复的可能。

弗洛伊德将研究重点放在了性学上，这为他招致了大众的口诛笔伐，因为在当时，性被看作不洁之物。更让社会哗然的是，弗洛伊德宣称人在孩童阶段已经能够感受性欲。

弗洛伊德认为，一个人不经意间出现口误并不是无意义的，而是受到其潜意识的影响。这种口误被称为弗洛伊德式口误。

精神创伤是指精神上受到重大刺激后留下的深层伤害。

9.

美丽新世界

Schöne neue Welt

如今的人与过去还一样吗？技术进步如何改变人的思想

如今全球联通的互联网对你来说，就和日出日落一样平常。但如果你想让奶奶和你一起上网，她可能会有些吃惊，然后疲倦地挥挥手："算啦，我已经不属于那个世界啦！"

如今世界尽在我们眼前，机器代替我们去做繁复枯燥的工作，我们不管去哪个国家都能够与当地人交谈。我们早就对这些技术的进步习以为常。但当新发明改变人类生活的同时，我们又发生着怎样的变化？试试回想一下过去没有手机、没有游戏机的日子，当时你也并没有觉得生活得不幸福。但是今天的你几乎无法再想象没有这些工具的生活。

这些技术的革新不仅改变了人的生活，更改变了人类本身。生活的节奏越来越快，难怪老人们常常说：我已经跟不上节奏啦！卡尔·马克思提出的关于存在决定意识还是意识决定存在的问题（见本书 98 页），如今有了前所未有的现实意义，而且比马克思生活的那个时代难以回答得多。

文艺复兴（见本书 56 页）拓宽了人类对空间的想象，但并没有马上对当时人们的生活产生直接影响。直到印刷术的发明让教育普及，"底层"人民的生活才得到了真正的改变。技术改变人类生活是从 19 世纪末开始，20 世纪进一步升级，到了今天，这种改变的势头与深度已无法阻挡。物理、生物、化学以及信息学等自然学科让我们父母一辈曾经最天方夜谭的想象成为了现实。而科研的成果能迅速普及到每个人的生活中。如今现代化的医疗技术就是一个例子。

哲学提出了一个新的问题：如今哲学思考还能超脱出日常生活，关注“现象本身”吗？还能够进入一个超出人类体验的形而上的层面吗？抑或如今哲学家应该服务于技术的进步？今天科研和技术进步是不是已经成为了无人可挡，也无人应该阻挡的价值？又或是哲学必须研究技术进步对人、最政治以及对社会的影响？是否需要有人站出来，告诫科学界伦理道德的底线不可触碰？举个例子，你一定也听说了基因技术领域的分歧（见本书 124 页）了吧？ 20 世纪第二次世界大战向世人第一次展示了技术毁灭性的力量。原子弹甚至有让全人类灭绝的威力。

但即使如此，人类还是只埋头关注自己的生活。

在这样的一个世界，个体存在的空间在何处？人如何找到自己的生存意义？人何以为家，归于何处？从这些问题当中演变出一个新的哲学流派，被称作存在主义（见下一节）。

人被迫生存？存在主义者

有时无论我们做什么，父母都会在一旁喋喋不休，吹毛求疵。这时你心里可能特别想大吼一句：“是你们想要把我生出来的！从来没有人问过我想不想被生下来！”

存在主义在20世纪的法国吸引了许多艺术家的追随。他们的特征就是黑衣装扮。

这句话颇有存在主义的意味。存在主义是一个哲学流派（见本书20页对“哲学流派”的介绍）。存在主义不问“为什么我来到这个世界？”“我与世界有何联系？”“我的生命有何意义？”这样的问题。他们从个体的角度探讨人类的存在。他们认为，所有用人与上帝的关系、人与世界万物的关系来定义人类存在的尝试都是徒劳无功、毫无意义的。因为不存在任何亘古不变的既定价值、秩序和法则。

人们唯一能够确定的是自己的存在。这种存在不可用理智去解释，所以试图用理性去寻找人类存在的原因是浪费时间。人们可以通过“被迫生来这个世上”这种恐惧来强烈地感受自己的存在。人生存于世上，就被迫有所作为。只要你生于世上，就必须不断做掌舵生活航向的决定。即使你不做决定，这也是一种决定，也就是决定无所作为。人无法从这种决定的压力中跳脱出来。

“今天是你余生的第一天。”细想这句话，我们可能会油然而生一种恐惧。因为死亡意味着生命的终结，意味着我们将不再存在。

生存的目的是死去？马丁·海德格尔的《存在与时间》

我们的存在以死亡为终结。德国哲学家马丁·海德格尔(1889—1976)也因此将他的主要著作命名为《存在与时间》。他潜心研究的问题是：这种以死亡为终点的存在到底是什么？这种存在仅限于我们在生的时间。因为人类是唯一能理解这一点的生物，所以“存在”指的是人类的存在。但树木和石头也实际“存在”。可是这一点也只有人类理解。对海德格尔来说，人是直面人生的勇士，因为人都知道死亡是生存的终点。这种勇士的思想驱使海德格尔在一段时间内成为纳粹主义的追随者。他拥护希望让德国成为千年帝国之主的希特勒。但之后海德格尔对人类存在的理解转变成为“自然而然的存在”，就像“生存”一词拉丁语(“ex-sistere”)的原意“从……中出现”一样。因为人可以反思自己的存在，所以他能以一个俯瞰自身的视角生存着。人不需要上帝，不需要凌驾于世界万物之上的灵魂来理解这一点。人可以认识自己，可以从存在的角度反思自己。人利用三种方式来来探索自身的存在：首先是利用自己的语言，其次是通过观察和感受周边事物，最后还会使用其他物质来采取某些行为，从而也加深了对自己的认知。

海德格尔将自己的著作命名为《存在与时间》，因为由于死亡而变得有限的时间影响着人类的存在。海德格尔的写作语言极具个人风格。他有一句名言，叫作“无在无着”。

海丁格尔认为现代技术是一条歧途，因为技术会扭曲人对存在的认知，最后让人类异化。

人何以为人？卡尔·雅斯贝尔斯的回归自我思想

一个人在极度悲伤的时候，我们会说这个人悲伤得“不能自已”。而喜悦的时候，人又会“情不自禁”。在这些情绪激烈的时候，我们会尤其深刻地体会和审视自己的存在。

雅斯贝尔斯认为，**“回归自我，分析自我”**也包含了对社会的关注。他将人看作对这个世界最大的机遇与威胁。因此他也警告人类对科学与技术的盲目崇拜，认为这种盲目追随会导致人类生存的毁灭。

哲学家卡尔·雅斯贝尔斯(1885—1969)认为，每个人寻找人生意义的方式不同，结论不同，这也让每个人都成为独一无二的个体。他认为“此在①”与“存在”是两个不同的概念。对雅斯贝尔斯来说，人的存在始于对自己“此在”的思考。正因如此，他将哲学定义为“分析自我，探讨自我”。雅斯贝尔斯本人学习过医学，深入研究过心理学，最终开始钻研哲学。他希望能理解“人类整体”。

心理学的范畴仅限于治愈处于“极端情况”下的人的灵魂。海德格尔将“极端情况”定义为死亡或是需要做“生命攸关的决定”时。除此之外，极端情况还包括意外、灾害或是对身边其他人产生的无奈与失望。雅斯贝尔斯认为，恰恰是在这些情况下，人才能最强烈地感受到自我。而因为人在此时回归自我，所以也恰好有机会成为自我。让我们直面自我、回归自我的不是理性，而是感受与情绪。我们只有超脱出自我的存在，才能真正摆脱在这种极端情况下感受到的绝望。雅斯贝尔斯将这种用理性无法感受的体验称为“哲学式信仰”，也就是上帝。对于上帝的存在，他曾说过一句话：“上帝存在，足矣。”而超脱出绝望的这一步被他称为“回归自我与自由的一跃”，也是跳出恐惧，回归自由的一跃。

① “此在”（德语“Dasein”）是上一节介绍的海德格尔在著作《存在与时间》中提出的哲学概念。海德格尔认为，“存在”的基本形式不是以一种主体或客体的方式，而是以一种在世的统一形式，“此在”以在世的展开状态中领会存在本身。也就是说，石头和树木只能“存在”，但因为人类能够反思自我的存在，所以人类的存在为“此在”。——译者注

“是你想要养狗的，所以你得负责照顾它！” 你的母亲责备道。当时你确实想要养狗，但你也确实没想到养狗会这么麻烦。照顾它渐渐成为了一种负担。

一切后果都要由我承担吗？萨特的“被宣判自由”

你可能会在想，当时的决定是不是一个错误。但假如你当时决定不养狗，这个念头可能还是会一直折磨你。养狗这个问题总会有解决方式，但如果涉及到特别重要的决定，那就是另一回事了。法国的著名存在主义哲学家让－保罗·萨特（1905—1980）研究的就是这个问题。他认为这种永无休止的做决定的必要性是人生最大的负担。他说过一句话：“人被宣判自由。”这句话的意思是，人一生中必须做无数决定，而决定之后不管结果如何，人不能将其归咎于外部环境、社会、上帝或这个世界。原因是与世上其他“被动存在”的事物，人必须“主动存在”。人必须在万千可能性中选择适合自己的那一个。因为人本身以及大自然都不是既定的存在。寻找一个既定存在的秩序和法则在他眼中毫无意义，因为生命本身是没有意义的。人拥有无限制的自由，但对萨特来说，这种自由是一种负担。他认为有的人投身科学或是信仰上帝，本质上就是为了逃避这种自由。

萨特曾经说过，人是被“抛向这个世界”的存在。

萨特的“自由”并不总是一种负担。他在与女哲学家西蒙娜·德·波伏瓦（见本书130页）的伴侣关系中就充分享受这种自由。萨特与波伏瓦奉行开放式伴侣关系。

一切都只是胡说八道？路德维希·维特根斯坦的语言哲学

大人有时候会训斥你：“对你不了解的事情不要瞎说！”路德维希·维特根斯坦也这样批评过其他哲学家。

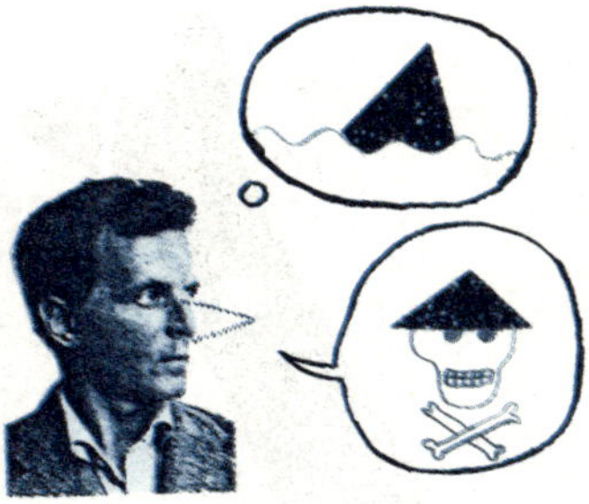

路德维希·维特根斯坦(1889—1951)有一句名言：“对于那些不能言说之物，我们必须保持沉默。”这是他的著作《逻辑哲学论》七个论题中的最后一个。他在这本书中探讨了哲学的意义，并最终得出结论：“凡是能够说的事情，都能够说清楚。”所以为探求生存的意义而绞尽脑汁是毫无意义的。但是维特根斯坦并不否认形而上学的存在。换句话说，他不否认有人类思考能力所无法触及的存在。

但要确定形而上的存在，我们就必须将其与“可以言说之物”区分开来。但除此之外，我们对形而上的存在无法做进一步的探究与讨论。我们只能探究语言能够说清的事物。人类用语言来反映现实世界，古希腊人的象形文字“圣书体”就是一个例子。当我们借助语言和思考将图像转化为句子时，其实就是在梳理事物与事实。而事实反映的其实就是事物之间的联系。但是世界的意义超出了其存在本身，因此是语言无法描述的。但在第二本书《哲学研究》中，维特根斯坦又推翻了他在《逻辑哲学论》当中的观点。他在《哲学研究》中写道，语言当中常见的多重含义很容易混淆思考。而澄清这种混乱则是哲学的使命。

当你做英语作业的时候，在一个重要的句子里有一个不懂的单词会怎么办？你可以猜词义，也可以根据上下文推理，或是干脆放弃。

无问可问，又应如何？伯特兰·罗素对人性的担忧

悖论就是自相矛盾的命题。人类历史上最著名的悖论是公元前7世纪的哲学家埃庇米尼得斯提出的悖论。他提出：“克里岛的人，人人都说谎。”而他本人也是克里特人。那么这一命题到是谎言还是真话？

如果这个句子对整篇文章的理解非常关键，那么不懂这个词很可能就没办法理解全文。伯特兰·罗素(1872—1970)认为，哲学也一样，因为“每个我们能够理解的句子，都必须完全由我们知道的单词组成”。这种观点被称为“逻辑原子论”。罗素认为，哲学与数学一样，一个命题的每个部分都必须可证，只有这样这个命题才是真命题。他对这一观点深信不疑，直到他自己发现了一个至今无人能解的数学问题。

罗素发现的悖论是这样的：一个理发师被委托去修剪胡须，但条件是只能给无法自己刮胡子的人修剪。但这个理发匠觉得没有问题，于是自信满满地出发了。回去后委托人问他：“你修剪了谁的胡子？”理发师回答：“我自己的！”但委托人认为他没完成任务，不能给他报酬，但给了他第二次尝试的机会。这次他没有修剪自己的胡子，但委托人认为这还是不对，因为这样一来，他就属于“不能自己给自己刮胡子的人”了，所以这次他应该给自己修理胡子。这一悖论让数学家罗素伤透脑筋，但却让哲学家罗素意识到，虽然成功解答形而上学的问题的可能性几乎为零，但是我们还是必须不断尝试。因为只有这样，世人才能保持对哲学思考的兴趣。

10.

缺了些什么！

Da fehlt doch was!

女性的声音在哪里？绒默的智慧

"哲学"一词的原意是"爱智慧"。而"智慧"（希腊语"sophia"）一词在希腊语中是一个阴性词。但是你可能早就注意到，哲学史中似乎从未出现过女性哲学家。

但古希腊唯一一位成功解读德尔菲神谕的人（见本书 124 页）是一位女性，也就是女祭司皮媞亚。公元前 5 世纪，苏格拉底在辩论中输给了一个女人，她的名字叫阿斯帕齐娅（见本书 116 页）。根据柏拉图的记载，一位叫狄奥提玛的女祭司引导了苏格拉底的哲学思考。但他也在其他书籍中写过，"做女人是众神的诅咒"。对亚里士多德来说，女人与男人相比，是残缺的存在。但一千年后，波爱修斯却在与"哲学女神"的对话中得到灵感，写下了《哲学的慰藉》（见本书 45 页）。伊壁鸠鲁的学院打破陈规，接收女学生。而毕达哥拉斯则在死后将自己的学院传给了一位女人来打理（见本书 116 页）。

尽管如此，我们对女哲学家的思考依然知之甚少。最大的原因就是古代女哲学家的著作没能得以保存。而中世纪时，我们可知的女哲学家都来自修道院。因为她们的哲学思想以其对上帝的信仰为基础，所以她们的思想也被称为"女性神秘主义"（见本书 116 页）。

19 世纪期间，有两名哲学家直言不讳地表达了他们对女性的蔑视。其中一位是尼采，他在著作《查拉图斯特拉如是说》中写道："你到女人那里去？别忘了带你的鞭子！"而另一位厌恶女性的哲学家则是叔本华，他在《论女人》一文中写道，自然之神赋予少女夺人眼球的美丽，可一旦有一个男人落入她的陷阱，她的美马上消失殆尽。在这样的环境下，女性的思想不受重视完全不足为奇。

20 世纪之后，女性被允许上大学，情况才终于有了改变。20 世纪最杰出的两名女性哲学家的思想理论影响了许多男性哲学家。比如海德格尔（见本书 107 页）就承认道。如果没有他的学生与情人汉娜・阿伦特（见本书 119 页）的帮助，他不可能写完他最著名的作品《存在与时间》。而研究让－保罗・萨特的人都绕不开他的伴侣和同事西蒙娜・德・波伏瓦（见本书 120 页）。从前哲学家探讨人类时，指的都是男性。女性有不同的思考方式吗？如果确是如此，为什么？这是一件坏事吗？男人常常将女性的观点称为“妇孺的逻辑”。但难道男人的不解就是能贬低女性思考的理由吗？

难道女性的思考不是一种馈赠吗？

毕竟从多个角度看问题绝不是一件坏事。女性看世界的视角当然与男性不同，其中一个重要原因就是她们能够做一件男人天生做不了也学不来的事情——生育。正因如此，女性能够从生命的伊始去理解生命，这也影响着她们对世界的看法。而男人则更关注死亡以及人死后的可能性。女哲学家一般并不醉心于形而上学的维度，而是思考如何能让生命继续存在于这世上。这也是一个当下人类面对的最重要的问题：我们究竟要如何生存，才能让人类的生命在未来能够延续？

女人使男人智慧？最初的女哲学家

“每个事业有成的男人背后都有一个扶着梯子的女人。”这句西方谚语想表达的道理，就是男人成功的背后往往是一个为他解决后顾之忧的女人。

我们很难判断这句谚语对古时候的大哲学家们是否也适用。苏格拉底（见本书30页）的妻子赞西佩常常与苏格拉底争吵，是因为他丈夫日日在街上沉思游荡，让她不知该如何养活他们的孩子。另一方面，众所周知苏格拉底常常带着学生去听阿斯帕齐娅的辩论课。他们从阿斯帕齐娅那里学习从个例到普遍、由点及面的推论法。一些研究者甚至认为，是阿斯帕齐娅发明了哲学对话法。不管是真是假，她一定是一位非常有智慧的女人，因为当时希腊对哲学感兴趣的人都会定期去她那里聚会。

生活在公元前6世纪的西亚诺被认作是历史上第一位女哲学家。但是她的著作也没有得以留存。但有人推断，毕达哥拉斯的一些想法实际上源于他这位聪慧的妻子。她在一个问题上甚至反驳了毕达哥拉斯。毕达哥拉斯认为，一切皆数（见本书31页）。而西亚诺则反驳，无中不可生有。数字这样没有任何物质形态的存在怎么可能创造出现实物质呢？而针对毕达哥拉斯学派对永生的信仰，她是这样解释的：“作为惩罚，恶人死后灵魂不得安息。因此人必有永生。”

第三位古代著名女哲学家是希帕蒂娅（370—415）。因为她超群的智慧，她的父亲甚至打破了当时的习俗，教授她物理、数学以及天文学。但她的知识很快就超过了自己的父亲，并开始转向研究物理。希帕蒂娅掌管着亚历山大图书馆，也是当时世界上藏书量最大的图书馆。传说希帕蒂娅容貌秀美，但终生未嫁，而且常常在亚历山大的街头与人们谈论哲学。这在当时被某些人视作一种挑衅。除此之外，希帕蒂娅不论种族宗教接收学徒，不管是犹太人、基督教徒或是其他宗教的教徒都可以跟随她求学。她之后为自己的包容开放付出了代价，成为了宗教冲突的牺牲品，被暴打之后烧死。她的死被认为是历史上女巫焚烧的第一例惨案。

希帕蒂娅遇难图

从灵视到智慧：上帝为人类点亮了烛光？

接下来介绍的两位女哲学家之所以被后人所知，主要是因为她们称自己有上帝的“灵视”，在当时受到了重视。这些灵视者也被称为女性神秘主义者。

希尔德加德·冯·宾根是第一位著作得以完整保存的女哲学家（1098—1179）。她如今为人所知主要是由于药草学方面的贡献。希尔德加德是中世纪颇有名望的女修道院院长之一。她一直致力于自然科学研究，并曾表示自己在孩童时代起就有能见到上帝的“灵视”。

修道院院长就是一座修道院的主管。

但与当时很多其他的神秘主义者相比，希尔德加德在灵视出现时并不入梦，而是处在一种清醒理性的状态。她的文章甚至让她得到了天主教教皇的尊敬，尽管她的某些观点并不符合教宗。比如使徒保罗曾说过：“女人是为男人所创造的。”但希尔德加德却认为反之亦然，男人也是为女人所创造的，上帝本身甚至有女性的一面。她还认为，灵与肉是一体的，人必须同时满足两者的需求。这一理论在当时引发了争议。在压抑人性的中世纪，提出这样的观点需要很大的勇气。这位虔诚的修女甚至在面对性这个话题时也并不避讳。她将婚姻称为“爱情以肉体方式的结合”。另外一名女性神秘主义者玛格德堡的梅希特希尔德（1210—1282 或 1297）则认为虽然是上帝创造了人类，但他将自由意志赋予了人的灵魂，因此人类必须对自己的行为负责。

孩童时代，生命的主要意义就是玩耍。但随着年纪渐长，你要慢慢寻找自己在世上的立身之处，并开始思考自己的将来、是否要成家以及自己应去往何处。

生命因何才为生命？汉娜·阿伦特对世界的爱

汉娜·阿伦特（1906—1975）为人类寻找这“世上的立身之处”。犹太人的身份使这种寻找在她的时代有着特殊的意义。1933 年纳粹政权上台后开始抓捕犹太人，她因此逃往法国，随后在 1941 年流亡到美国。海德格尔（见本书 107 页）的这位学生和情人因此对生活也有着与海德格尔不同的看法。作为存在主义哲学家，海德格尔将“与死神赛跑”看作追寻自我、成为自我的前提。而汉娜·阿伦特认为人的出生是人一切行为的前提条件。人与世界不可分割，因为人并不是孤立的个体，他的行为必须顾及身边的其他人。

汉娜·阿伦特提出了关于极权主义的理论，也就是个人对人民的绝对统治。这给现代社会带来的危险是人们会失去判断能力，容易被人操控。

在她的著作《人的境况》中，阿伦特这样描写生命的意义：人为了生活而工作，但这并不能让人实现任何意义。只有当人创造出新的事物时，他才为世界增添了一些东西。比如一张做好的桌子能给人们聚会聊天的地方。人只有在行动的时候才能实现自己的意义，因为他会与其他人发生联系，推动独一无二的事情发生。就像人通过自己的出生让世界增添了一个独一无二的生命一样。因此为阿伦特来说，生命不像海德格尔说的那样，是“注定死亡的存在”。生命的意义在于创造新事物。

女性因何为女性？西蒙娜·德·波伏瓦的女权主义哲学

实话实说，你们家是怎么分工的？你的妈妈下班回家后，很可能还要边做家务边抱怨，她从来没有自己的时间。

西蒙娜·德·波伏瓦是让－保罗·萨特的妻子。但两人在法律上从未结婚，且一直分居生活。他们有意不要孩子，并公开承认曾经堕胎。而堕胎在当时是受法律禁止的。

如果你是女孩子，你可能已经暗暗发过誓，以后绝对不让这种情况发生在自己身上！如果你是男孩子，可能还没思考过这个问题。这个问题是法国女哲学家西蒙娜·德·波伏瓦（1908－1986）“超越性”哲学理论的基础。她认为存在主义哲学的理论（“人类的自我实现在于塑造自己的自由”，见本书109页）并不适用于女人。波伏瓦提出，在实际生活中可以观察到“超越性”与“内在性”的区别。男人的生活有“超越性”，他们生活在思想与智慧的层面。而女性则被束缚在“内在性”的层面。女性的生理特征让她们必须生儿育女，之后被家庭主妇的繁琐劳务缠身。女性因其生育能力而受到男性压迫，但这其实并不符合自然法则。波伏瓦有一句名言：“女人不是天生的，而是后天形成的。”这句话成为了女权主义诞生的宣言。西蒙娜·德·波伏瓦号召女性解放，打破传统的女性角色。只有当女性经济独立，在社会与政治中与男人平起平坐时，才能拥有真正的自由。波娃因这一理论成为了女权主义运动的鼻祖。

11.

堕入无底深渊还是飞向万尺高空？

Sturz ins Bodenlose oder
Abflug in neue Höhen?

一切问题都已有定论？为何还要独立思考？

在看完本书对 2700 年哲学史的回顾之后，你可能会问，到底还有从来没有人思考过的问题吗？哲学还有存在的必要吗？

当然有！我们今天掌握的知识比生活在古希腊的泰勒斯（见本书 19 页）要多得多。你可能还记得，他是历史上记载的第一位哲学家，认为万物的本原都是水。在他之后无数哲学家凭着自己的聪明才智，为人类积累了丰厚的智慧宝藏。但有些问题依然没有人能给出最后的答案：生命的意义何在？生命有任何意义吗？去思考这些问题有意义吗？有些人可能匆匆思考过这些问题，之后就把它们束之高阁了。有些人则日复一日，年复一年，甚至穷尽一生来苦苦追寻答案。还有一些人则时不时地翻出这些问题来思考，而且始终相信自己终有一天能够茅塞顿开——有可能是通过信仰，也有可能是终于找到了自己的人生哲学。

2700 多年来的哲学思考为人类带来了一个不朽的成就——当今人类社会有一个无可置疑的价值观，就是人人生而平等，生命神圣不可侵犯。违背这一价值观的行为都会受到惩戒。所以今天的哲学已经成为了一个平台，在这一平台上，人类的生命能够不受侵犯，获得自由与安全。为了达成一致，人类已经经历过许多歧途，但仍尚未实现目标，任重而道远。你一定也有切身体会：世界仍充满了不公、纷争、饥饿与贫穷。甚至就在学校，在你的班级里一定也有一些人觉得自己高人一等。找到教化这些冥顽不灵的人的方法，是哲学在 20 至 21 世纪的使命。与此同时还要探讨，究竟人类在不伤害自然的前提下开发利用自然的界线在哪里。

今天的哲学有着很强的实用主义价值。

你肯定也发现，没有人能剥夺你独立思考的权利，因为每个人都要自己找寻在这世上的立身之处。找寻立身之处，是为了不被如今信息的洪流裹挟，不沉沦于泛滥的诱惑之中。从前的人们寻找一个基点，是为了驱赶在浩瀚宇宙中迷失自己的恐惧。这个基点常常就是上帝。而今天的我们不能在浩瀚无边的网络世界中迷失自我。你可能自己也有过这种感受：上了几个小时网关掉电脑之后，你会觉得现实世界变得有些陌生。所以反思与哲学思考也意味着找到自己生活的锚，这样不管是坠入无底深渊亦或卷入万尺高空前，你都可以及时扔出自己的锚，重新把握自己的方向。

关于克隆：如何看待人造人？

女祭司皮·亚曾在希腊德尔斐的阿波罗神庙宣读了预测未来的德尔斐神谕。神庙上刻着一句话：认识你自己（原文："Gnothi sautón"）。

认识自己是所有哲学思考的源头。伟大的哲学家苏格拉底找到的答案是："我唯一知道的，就是我一无所知。"所以他也将德尔菲神谕称为希腊的最高智慧。

但在人类已经能够按照自己的意愿造人的今天，"认识你自己"这句话又有了全新的含义。现代的基因与生物技术，对生物遗传机制以及基因改造的知识让在试管中培育新生命成为可能。

这种技术被称为"克隆"，已经成功应用在了老鼠和羊的身上。最初是利用动物细胞培植出与母体一模一样的生物。但这项技术的终极目标是筛除原有基因中的缺陷，培育出"优化"过的新生命。

按照需求制造一个拥有特定特征的克隆人早就不是天方夜谭。这项技术早已应用到了植物上，现在广泛种植的转基因玉米就是一个例子。这些玉米改造后的基因让它拥有了抗害虫的特性。

目前法律仍禁止将基因改造技术用在人类身上。但是已经出现了胚胎实验的医疗案例。而历史告诉我们，技术对发展的欲望是很难长期受到抑制的。

但是基因改造过的生命必然会有许多问题：我的父母不希望遵从大自然的随机性，而是提前就设计好了我的全部特征。我就像乐高娃娃一样，是用一个个零件按照一个草图拼凑出来的。我到底是人还是带着人类特征的机器人？如果我还是和父母设想中的不一样呢？

这样的生命将如何认知自己？他有什么自由？“认识你自己”这句话还适用于这种情况吗？人造人也会追求认知，但是他的思考将从头开始，他也将给出全新的回答。但是他思考的问题也包括康德（见本书 84 页）曾提出的问题：我们能知道什么？我们应该做什么？我们可以希望什么？人是什么？

附录：哲学家简历
Glossar

阿那克西曼德（Anaximander，前 610—前 547）：除泰勒斯与阿那克西美尼以外“米利都流派”三位代表人物之一。他认为一切存在的根本在于矛盾对立。

阿那克西美尼（Anaximenes，前 585—前 525）：阿那克西曼德的学生，“米利都流派”的代表人物之一。他认为世界万物的始基是气。

安瑟伦（Anselm von Canterbury，1033—1109）：出身于意大利奥斯塔城的贵族之家。这位坎特伯雷的主教一生都在寻找上帝存在的证据。

汉娜·阿伦特（Hannah Arendt，1906—1975）：马丁·海德格尔的的学生与情人，但之后却与他反目相向。她是德国最重要的女哲学家，并以出生来定义生命。

亚里士多德（Aristoteles，前 384—前 322）：这位医生之子 17 岁时进入柏拉图的学院学习，之后成为了亚历山大大帝的老师。

奥古斯丁（Augustinus，354—430）：来自北非塔加斯特城。

他年轻时过着放荡不羁的生活，直到 386 年，他离开了自己的妻儿彻底皈依上帝。他接受了洗礼并成为了最著名的教会哲学家之一。

弗兰西斯 · 培根（Francis Bacon，1561—1626）：英国一名掌玺大臣之子，其父还是英国女王伊丽莎白一世最受重用的顾问之一。他的名言是：知识就是力量。

西蒙娜 · 德 · 波伏瓦（Simone de Beauvoir，1908—1986）：让 - 保罗 · 萨特的伴侣，也是女权主义哲学的建立人。她最著名的一句话是："女人不是天生的，而是后天形成的。"

乔治 · 贝克莱（George Berkeley，1685—1753）：这位爱尔兰神学家最初想在百慕大群岛建造一所教会学校。他认为，只有人能够感受到的才是存在。

波爱修斯（Severinus Boethius，480—524）：出身于罗马最显赫的家族之一，被认为是经院学派的创始人。他第一次提出了一个问题：人只是所处时代的产物吗？

释迦牟尼（Buddha）：本名乔达摩 · 悉达多，出身一个印度王族家庭。他生活在公元前五世纪并建立了佛教。他认为完满存在于虚无之中。

查尔斯 · 达尔文（Charles Darwin，1809—1882）：这位英国科学家在前往南美洲探险的五年间发现了进化论，提出了"物竞天择，适者生存”的学说。

德谟克利特（Democritus，前 460—前 370）：爱琴海北岸一个商人之子。他是第一位原子论家，并提出了一个理论：世界万物都由一种不可分割、可以不断重新组合的粒子构成。

勒内 · 笛卡尔（Rene Descartes,1596—1650）：出生在法国图尔附近。他是现代哲学之父，留下最著名的一句话是：“我思故我在。”1641 年瑞典女王克里斯蒂娜将他召往斯德哥尔摩。他在那里不幸患上肺炎后病故。

伊壁鸠鲁（Epicurus，前 341—前 270）：来自萨摩斯岛。他在雅典的哲学学院也接收女学生和奴隶，这在当时是极不寻常的。他提出了“幸福哲学”，因为他认为，只有个人幸福才能让灵魂得到安宁。

路德维希 · 费尔巴哈（Ludwig Feuerbach，1804—1872）：兰茨胡特一名刑法教授的儿子。他的哲学主张是人必须相信自己的力量，上帝不过是人的创造而已。

约翰 · 戈特利布 · 费希特（Johann Gottlieb Fichte，1762—1814）：这位来自德国萨克森州的贫苦手工匠人之子因其第一篇文章被当作是康德的文章而一夜成名。他认为人就是自我创造的产物。

西格蒙德 · 弗洛伊德（Sigmund Freud，1856—1939）：维也

纳一名商人之子。他发明了精神分析学。这一学科的使命是寻找“本我”，也就是埋藏在“自我”中的经历和体验，并让其与“超我”，也就是周围环境对人的期待统一融合。

高尔吉亚（Gorgias，前485—前380）：他的家乡西西里派去雅典的427名使者的其中一人。在雅典，他开始了自己作为宴会演讲人的职业。他认为，世上不可能存在真相。

格奥尔格·威廉·弗里德里希·黑格尔（Georg Wilhelm Friedrich1 Hegel，1770—1831）：斯图加特一名政府官员之子。身为纽伦堡一个中学的校长，他提出应该加强对青少年的哲学教育。他是德国最伟大的哲学家之一，并因他的能阐述一切的辩证法（正题—反题—合题）而知名。

马丁·海德格尔（Martin Heidegger，1889—1976）：来自德国巴登，是德国最重要的哲学家之一。但他对纳粹政权的支持也让他成为了德国最受鄙视的存在主义哲学家。他以死亡定义生命，因为生命不可避免地由死亡终结。

赫拉克利特（Heraklit，前540—前480）：出身于土耳其以弗所的帝王之家。他最著名的两句名言是“万物皆流”和“战争是万有之父和万有之王”。

希尔德加德·冯·宾根（Hildegard von Bingen，1098—1179）：中世纪极具影响力的一位女修道院院长。她提出上帝具有女性的一面。

托马斯·霍布斯（Thomas Hobbes，1588—1679）：以贵族家庭儿童教师的身份游历欧洲。他认为人性本恶，所以国家应该像他所构想的名为“利维坦”的巨人一样，对公民实施强有力的管控。

大卫·休谟（David Hume，1711—1776）：出生于一个苏格兰的贵族之家。曾做过家庭教师、使馆秘书，最终进入外交部工作。他认为人的感觉是一切行动的准绳。

希帕蒂娅（Hypatia von Alexandria，370—415）：当时世界上最大的图书馆——亚历山大图书馆的管理人。因为她主张包容开放，并且按照此准则接收不同宗教种族的学生，最终被迫害烧死。

卡尔·雅斯贝尔斯（Karl Jaspers，1885—1996）：德国奥尔登堡一位银行行长之子。他是德国除海德格尔之外最重要的存在主义哲学代表人。作为精神科医师，他亲身接触过许多身处极端状况的人；而作为哲学家，他认识到极端情况促使人们找到自我。

约翰内斯·司各特·爱留根纳（Johannes Scotus Eriugena，约 800—877）：这位爱尔兰教士拒绝承认信仰高于知识，因此被教会驱逐。

伊曼努尔·康德（Kant, Immanuel，1724—1804）：这位来自柯尼斯堡的手工匠人之子是德国最伟大的哲学家与学者之一。他提出了“定言令式”，其核心思想就是“己所不欲，勿施于人”。

索伦·克尔凯郭尔（Sören Kierkegaard，1813—1855）：丹麦最著名的哲学家，也是存在主义的最初创立者。这位纺织品商人之子用人的情感与黑格尔的理智主义哲学相对立。恐惧是他所有思想的根源。

戈特弗里德·威廉·莱布尼茨（Gottfried Wilhelm Leibniz，1646—1716）：莱比锡一名伦理哲学教授之子，是一位罕见的天才。六岁开始他便自学读书写字，八岁时已经开始阅读古希腊哲学家的著作。他提出了“单子论”。

约翰·洛克（John Locke，1632—1704）：教师、哲学家与医生，父亲是一名法官。他认为人并不是生来就带有智慧，但获取智慧的能力却是与生俱来的。他提出了政治分权主义。

尼可罗·马基雅维利（Niccolò Machiavelli，1469—1527）：来自佛罗伦萨，在当时属于美第奇家族统治的地区。虽然马基雅维利自己就不得不忍受贵族的统治，但他依然认为统治者可以不择手段维护自己的权力。

卡尔·马克思（Karl Marx，1818—1883）：追求无产阶级专政的政治主张马克思主义就是以这位来自特里尔的哲学家命名的。马克思在大学时期的专业是法律，但他通过费尔巴哈的引导，最终走上了哲学的道路。因为他被禁止教书，所以他后来从事编辑工作。他与挚友弗里德里希·恩格斯在伦敦成立国际工人协会，史称第一国际。

梅希特希尔德·冯·玛格德堡（Mechtild von Magdeburg 1210—1282 或 1297）：与希尔德加德·冯·宾根一样，是一名女性神秘主义者，生活在玛格德堡的一个修道院中。她信奉灵魂的自由。

托马斯·莫尔（Thomas Morus，1478—1535）：一位英国政治家和哲学家。他构想出了一个理想化的国家“乌托邦”。宗教自由的主张让他之后遭受迫害，最终被斩首。

弗里德里希·尼采（Friedrich Nietzsche，1844—1900）：现代第一位虚无主义者，因为他认为一切价值皆不存在。这位德国萨克森的牧师之子认为，人的使命是成为“超人”，而不是寻找所谓的上帝。

巴门尼德（Parmenides，前 515—前 480）：出生于意大利古城爱利亚的一个富裕人家 。对他来说意识就是存在，并第一次提出了“虚无”的概念。

柏拉图（Platon，前 427—前 347）：雅典的一位贵族。他与苏格拉底和亚里士多德对人类哲学的深远影响持续至今。他借助虚构与老师苏格拉底的讨论来阐述自己的哲学思想。

阿布德拉的普罗泰戈拉（Protagoras von Abdera，前 483—约前 410）：以教师身份游历希腊，是历史上第一位智者学派哲学家。

毕达哥拉斯（Pythagoras，前 570—前 495）：出生于希腊的萨摩斯岛，但他后来离开了希腊意大利来到希腊，在希腊的梅塔蓬托建立了毕达哥拉斯学派。毕达哥拉斯提出“一切皆数”。

让－雅克·卢梭（Jean-Jacques Rousseau，1712—1778）：这个土生土长的日内瓦人本应成为一名铜版雕刻家。但他机缘巧合之下搬去了法国，并在他情人的影响下走上了哲学的道路。他的追随者为他总结出“回归自然”这一口号。他认为孩童应该尽可能自由地成长，但却将自己的孩子送去了孤儿院。

伯特兰·罗素（Bertrand Russell，1872—1970）：一名数学家、哲学家和罗素法庭（在道义上和国际法层面上对越战中美军暴行作出审判的机构）的创建者。他曾说过，即使人不可能获知真相，依然不能停止哲学思考，否则探索世界的热情会渐渐熄灭。

让－保罗·萨特（Jean-Paul Sartre，1905—1980）：从小是一名孤儿，长大后成为了法国存在主义哲学的开路人。他曾说过，人被“抛入了这个世界”，并“被宣判自由”，但他本人在生活中却非常懂得享乐。

弗里德里希·威廉·约瑟夫·冯·谢林（Friedrich Wilhelm Joseph von Schelling，1775—1854）：这位来自莱昂贝格的哲学家是一名传教士之子，曾在耶拿、维尔茨堡、慕尼黑、爱尔兰根和柏林当过大学教授。这位浪漫主义者和理想主义者是警告破坏自然后果的第一人。

亚瑟·叔本华（Arthur Schopenhauer，1788—1860）：格但斯克一位商人之子。他与黑格尔在柏林比赛，看谁更受学生的欢迎，但完败于黑格尔。叔本华将印度哲学带到了欧洲思想界。

苏格拉底（Sokrates，前 570—前 495）：雅典一位雕刻师和一位助产妇之子。他本人本应从事石匠的工作。他是西方哲学之父，流传最广的一句名言是："我唯一知道的，就是我一无所知。"

巴鲁赫·斯宾诺莎（Baruch Spinoza，1632—1677）：阿姆斯特丹一位商人之子。他的泛神论思想（"一切皆上帝"）让他被驱逐出犹太教会，而且只能靠打磨镜片为生。

泰勒斯（Thales von Milet，前 625—前 547）：米利都的一名商人，被认为是世界上第一位哲学家。他认为水是始基，万物皆由水构成。

西亚诺（Theano，公元前 6 世纪）：被认为是世界上第一位女哲学家。她的全部著作都已失传。她是毕达哥拉斯的学生，在其死后接手管理他的学院。

托马斯·阿奎那（Thomas von Aquin，1225—1274）：在意大利那不勒斯周边一个小地方长大。18 岁那年他违背父母的意愿成为了一名僧侣，之后提出了五条上帝存在的证据。他死后被教会封圣。

伏尔泰（Voltaire，1694—1778）：本名为弗朗索瓦 - 马利·阿

鲁埃。这位启蒙运动的发起者之一因说话尖酸刻薄而出名，甚至因此吃过牢狱之苦。他的哲学理念是追求包容与思想自由。

路德维希·维特根斯坦（Ludwig Wittgenstein，1889—1951）：20 世纪最重要的奥地利哲学家，也是语言哲学的创立人。他认为只能通过语言判断真相。

芝诺（Zenon，前 334—前 263）：据记载，这位来自塞浦路斯的商人在一次海难之后，机缘巧合之下结识了一名图书商人，并因此与哲学结缘。“斯多亚式的冷静”就源自于他的哲学主张。

写给青少年的人文通识书

世界史

Nachgefragt

Weltgeschichte

【德】赖因哈德·巴尔特（Reinhard Barth）著
【德】康斯坦策·古尔（Constanze Guhr）插图绘制
孟令奇 译

上海社会科学院出版社
SHANGHAI ACADEMY OF SOCIAL SCIENCES PRESS

图书在版编目（CIP）数据

写给青少年的人文通识书．2，世界史 /（德）赖因哈德·巴尔特著；（德）康斯坦策·古尔插图绘制；孟令奇译．— 上海：上海社会科学院出版社，2021
ISBN 978-7-5520-3450-9

Ⅰ．①写… Ⅱ．①赖… ②康… ③孟… Ⅲ．①人文科学—青少年读物②世界史—青少年读物 Ⅳ．① C49 ② K109

中国版本图书馆 CIP 数据核字（2021）第 054145 号

上海市版权局著作权合同登记号：图字 09-2021-0048

写给青少年的人文通识书·世界史

著　　者：（德）赖因哈德·巴尔特
绘　　者：（德）康斯坦策·古尔
译　　者：孟令奇
责任编辑：周　霈
特约编辑：黄珊珊
封面设计：知行兆远
出版发行：上海社会科学院出版社
上海市顺昌路 622 号　邮编 200025
电话总机 021-63315947　销售热线 021-53063735
http: //www. sassp. cn　E-mail: sassp@sassp. cn
印　　刷：北京彩眸彩色印刷有限公司
开　　本：889 毫米 ×1194 毫米　1/32
印　　张：4.5
字　　数：70 千字
版　　次：2021 年 6 月第 1 版　　2021 年 6 月第 1 次印刷

ISBN 978-7-5520-3450-9/C·204　　定价：118.00 元（全 3 册）

前言
Einleitung

“这便是三千年的文明史，
谁不会正确地总结、认识，
谁就只能永远蒙昧无知，
就将虚度光阴，日复一日。”（杨武能译）

这是歌德在他的诗集《西东合集》中向他同时代的人所提出的明确忠告。这句话提醒人们要关注过去。如果不这样做，就会“蒙昧无知”，就会犯下前人所犯的同样的错误。

歌德的警示现在是否依然成立？当然如此。仔细观察一下就会发现，德国虽已统一，但东西方的差异依然存在，无论是在生活体验上，还是在对待经济和社会问题的态度上。差异存在的原因不仅是由于一部分人来自图林根或萨克森，而另一部分人来自莱茵兰或巴伐利亚，更是由于人们在 1945 年以后所经历的完全不同的历史事件。一部分人的经历深深地打上了社会主义体制的烙印，而另一部分人则深受资本主义经济体制的影响；一部分人有苏联关照，而另一部分人则更多地得到美国的支持。

东部和西部的共同点，是二者都经历过纳粹暴力统治时期。1933 至 1945 年间那段不光彩的经历，至今仍有其影响力。这段经历在很长一段时间内左右着世界其他国家与德国的关系，直到今天仍是如此。不同仅在于，德国目前意识到了自己的责任并在尽力对其过去进行彻底的反思，这一点得到了他人的认可。

不了解过去，就无法理解每天世界上究竟发生了什么。例如，20 世纪 90 年代巴尔干半岛上发生的暴力冲突，我们乍看去似乎莫名其妙，但对于冲突各方而言，其原因却非常清楚：他们是在清算 50 年甚至更多年来一直未能清偿的旧账。很早之前异族统治的历史，在这里扮演了重要的角色。

或许还可以考虑一下伊斯兰与西方世界之间的问题：时至今日，十字军东征仍被看成是双方和解之路上的一大障碍。西方基督教国家为解放位于巴勒斯坦的“圣地”所进行的十字军东征，虽然距今已有 900 年的历史，但显然尚未被忘记。

仅靠写一本书，是否就能完全讲清楚世界历史的所有事件及其发生的原因呢？答案显然是否定的。一本书充其量只能在某些问题上给人以启示，进而唤起读者的历史意识。而且一本好书还要好理解、方便阅读。为此，本书选择了通过故事来讲述历史的方式，着重于再现一个场面、一个事件或一个人物。有时书中也会刻意提到一些历史的细节：讲述一些有血有肉的、能让人记住的历史事件，总好过泛泛地、不够清楚地介绍整个历史的进程。比如介绍一些普鲁士皇帝腓特烈的轶事，要好过单单罗列他参加过的战斗。在可能的情况下，书中还会提及一些今天仍然存在的、对读者来说也许较为熟悉并在旅行中可能会碰到的历史遗迹，比如寺庙、城堡及考古发现等。

本书的每一个小标题下都是一篇独立的文字，读者未必需要从头至尾读完，而是可以在翻阅本书的过程中选择一些自己感兴趣的话题进行阅读。书后的索引可以帮助读者方便地找到想了解的概念和专名，大事记则提供了一个大体的时间框架。歌德所说的“三千年的文明史”，通过阅读本书可以获得一个大致的了解，也许对于某些历史事件，这里的讨论甚至更加深入。

目录

3. 中世纪史 Das Mittelalter

4. 近代史 Die Neuzeit

5. 19 世纪史 Das 19. Jahrhundert

1.

史前史

Die Vorgeschichte

人类起源于何时？

人与猿确有亲缘关系，但由猿进化为人的具体时间尚不明确。研究认为，距今500万至200万年前的一段时间，是由动物进化到人的过渡期。

东非地区已经发现了原始人类骨骼和脚印的化石，其历史可以追溯至300或400万年前。这些原始人类已经可以直立行走，身体结构也与现代人有很多相似之处。最早在真正意义上被认为属于人类的生物是生活在200万年前的能人，在此之后又出现了直立人。大约在60万年前，开始出现智人。

在智人所处的时代，人类的脑容量已经从最初的450—750毫升上升到900—1100毫升。这种变化看似微小，意义却十分重大。脑容量的上升使得人类能够弥补较之其他生物在力量和速度上的不足。他们学会了群居而猎，制造工具、武器和衣物，建造房屋，更具有决定意义的是，掌握了用火的方法。

根据推测，人类发源于非洲，后又扩散至欧亚大陆，进而跨过位于西伯利亚与阿拉斯加之间的大陆桥，先后抵达北美、南美等地区。这一漫长的迁徙过程持续了数千年之久。由于当时的海平面较之现在低得多，人类借助小船即可跨越大海，在澳大利亚登陆。大约在公元前1万年前后，世界各地就基本都有人类居住了。

人类历史上的这一时代得名于人类当时赖以制造工具的材料——石头。石器时代的时间大约为公元前 60 万年至公元前 8000 年。

石器时代的人类是如何生活的？

火石，又称燧石，不仅可以击出火花，在受到敲打破碎后还可以产生锋利的断口。人类很好地利用了火石的这些特性，除了用火花引火之外，还将较小的火石碎块制成箭镞、矛头或刀刃，将较大的碎块制成手斧。人类利用这些石制的工具和武器狩猎，剥下动物的皮毛，并用兽骨或鹿角制成缝衣针，将兽皮缝在一起，制成衣服。

人类最初采用游牧的生活方式，为了寻找食物而四处迁徙。除了捕捉兽、鸟、鱼类之外，也采集可食用的植物、浆果和坚果。

考古发现证明，石器时代的人类信仰神祇，并认为人死后可以进入另一个世界。在墓穴中，死去的人身边经常放有祭品，供其在死后的世界享用。考古发现中也包含一些高水平的艺术品：在西班牙桑坦德市附近的阿尔塔米拉洞窟（发现于 1879 年）和法国多尔多涅省的拉斯科洞窟（发现于 1940 年）中均发现了彩色的动物与人类壁画图样，它们虽有 2 万多年的历史，但其表现出的现代艺术美感仍令人叹为观止。绘画主要反映了当时人们对狩猎成功的祈祷。另有一些石制或陶制的、身形较胖的女性雕塑，则与当时的人们渴求旺盛的生育能力相关。

最著名的是在奥地利发现的“沃尔道夫的维纳斯”雕像，这座高 11 厘米的雕像突出表现了女性丰满的乳房和臀部。

人类是怎样过上定居生活的?

新石器时代（公元前 1 万年以后）人类的生活方式有了根本性的改变。以狩猎、采集为主要生产方式的社会开始逐步向以农耕生产、家畜饲养为主要生产方式的社会过渡。

末次冰期极大地限制了亚欧大陆人类的生活空间，使得人类在狩猎时越来越难以捕获大型动物，转而以小型动物和鱼类为食。人类也开始建造房屋并储存食物。牛、猪、羊、犬等一些原为野生的动物，逐渐为人类所驯化、利用和饲养，或为食、或出力、或看家守院。

同时，人类也开始种植从野生植物中培育出的农作物，如小麦、大麦、谷物、豆类等。不再被动寻找，而是主动生产食物，对人类而言是一个巨大的进步。这一时期也被称为新石器革命时期，与重大的技术进步紧密相连。人们学会了利用黏土烧制陶器来储存余粮，也学会了用羊毛纺成布料来制作衣服；打磨工艺的发展使石制工具的质量得到了改善；火的熟练使用使人类初步掌握了冶金技术，在矿坑及简单的火炉中，用于制造武器和工具的纯铜、青铜及铁等原料被冶炼出来。

这一时期分工也开始出现。在部落共同体中，人们不再像以前一样，每个人都从事所有的工种，而是人尽其才，每个人只从事自己擅长的劳动。大群居的生活方式逐渐解体，更小的生活单位——家庭逐渐构成群体生活最基本的形式。

2.

古代史

Das Altertum

什么是“新月沃土”？

北非、西亚、南亚和东亚广袤的河谷地区非常适宜人类生活，在这里也产生了最早的、规模较大的人类共同体。

埃及和美索不达米亚（大部分地区属于今天的伊拉克）孕育了世界上最古老，也是最先进的文明。处于两地之间的叙利亚和南土耳其地区有大片的沃土构成拱形，看似一弯新月，因此也被称作“新月沃土”。在这一地区，无论是农业还是畜牧业产品，其数量都远远超过生产者本人及其家庭的生活所需。

在这里定居的人们学会了修建诸如堤坝、河渠、闸沟等一系列水利设施，用珍贵的水资源保证土地的合理灌溉。水利设施的兴建绝非个人能够完成，需要人们有组织地进行生产。这些组织来指挥人们进行劳动，并为其提供食物和住处。使这一切成为可能的前提是农业生产出现了产品剩余。由于需要有人来为集体事务进行计划和安排，一位统治者高高在上，包含官员系统、行政系统、税收系统、警察系统和军队系统在内的国家机器便得以产生。

规模较小的定居点逐渐发展成为农村和城市，目前的考古发现已经揭示了它们的面貌。一个早期城市的例子是今天位于土耳其的加泰土丘。早在公元前 6250 年，就已经有超过 6000 人在这里居住。其房屋由经手工成型、并经阳光晾晒后的土坯制成，这里没有修筑道路，房屋之间的距离很近，人们需要通过房顶的门洞进入屋内。

苏美尔人是谁?

公元前4000年至前3000年间，一个来源不明的民族迁徙至美索不达米亚地区，他们就是苏美尔人。人们至今感念苏美尔人所作出的一系列开创性的发明，尤其是在文字方面。

在不受洪水威胁的高地上，苏美尔人建立了数量众多的“庙城”，它们构成了各城邦的中心。这些城邦有着界限清晰的层级制度，处于最顶层的是所谓的“鲁嘎尔”（即国王，原意为“大人物”），他是天神恩利尔座下级别最高的祭司。作为神庙的主管，他统治着整个庙城的宗教与政治生活，而庙城又管辖其周边地区。一个官员团队管理着土地和水资源，决定每人分得多少土地，每块土地用多少水来灌溉。

为了保证水资源得到最大限度的利用，就必须进行细致的观察。因此，苏美尔人中也出现了世界上最早的天文学家和数学家。他们引入了历法，其使用的十二进制系统，在今天的历法中仍然有所体现。苏美尔人还用石笔在质地较软的黏土板上刻下线条和图形，用以记录物品的数量和天数，由此产生了楔形文字，它由象形文字发展而来，不久以后即成为一种表音文字，可以用来记录较为详细的信息。通过烧制，这些刻有楔形文字的黏土板得以长久保存，构成了丰富的图书资源，也开启了用文字来传承历史的新时代。我们所了解的人类此前的历史，都是通过考古发现而推知的。

最早的车也是由苏美尔人发明的。在通过船只在水上进行货物交易出现之后，人们也开始使用牛或驴拉的拖车在陆地上运输货物。

谁颁布了第一部法律？

“此为英明之君主汉谟拉比为确立国内正派的行为和严格的秩序所制定的公正的法律。”镌刻着这句话的石柱目前被收藏在法国巴黎卢浮宫博物馆。

在石柱上提到的这位君主是公元前 1729 至 1686 年间美索不达米亚地区巴比伦城的统治者。苏美尔人所建立的诸多城邦之间经常发生矛盾，即使暂时构成统一的帝国，也难以逃脱不久之后便分崩离析的命运。公元前第二个千年开始后不久，巴比伦的统治者就成功地将巴比伦城变成了覆盖整个美索不达米亚地区的帝国的中心。

汉谟拉比就是这些统治者中最具重要意义的一位。他让人将从他所作的判决中总结出的法律的基本原则镌刻在石柱上，在目前的学术研究中，这些文字被称作《汉谟拉比法典》。对于人们所犯下的极小的错误，该法典都规定了严厉的惩罚措施。但是，法律中也有一些规定保障了此前完全处于无权利状态的女性的利益，根据该法典，奴隶也不再是任人宰割的猎物。原则上，人们对君主所做的决定也保有上诉的权利。汉谟拉比将其统治降低到人的层面，脱离了美索不达米亚地区常见的“君权神授”的政治体制。

君权神授：指认为君主的人选由神指定，君主的决定也是神的意志。

在巴比伦的鼎盛时期，还存在另一个重要的历史文献，即《吉尔伽美什史诗》。它赞颂了苏美尔人中的英雄人物、乌鲁克城邦的统治者吉尔伽美什追求长生之术，而终究未获成功的传奇经历。其中大量的片段与之后《圣经》中的记述惊人相似，比如有关大洪水的描述。

亚述人是谁？

亚述人是美索不达米亚北部的一个好战的民族，自公元前 14 世纪起控制了整个帝国。他们不断向外扩张，将帝国的版图扩大到地中海一带。

立于战车，箭在弦上，指向扑来的狮子——亚述帝国的国王令能工巧匠将其形象镌刻在石壁之上。对于他们而言，在战争中展现勇气和力量高于一切。亚述人的残忍也在战争中得以体现：在他们攻城略地的过程中，充斥着驱逐、破坏、掠夺与奴役。

亚述人的军队使用攻城锤、盾牌等新式武器攻入固若金汤的城池，快速的骑兵与战车部队使亚述人的名字威震整个中东地区。在国王阿述巴尼帕统治时期（前 669—前 627），亚述帝国权力的触角已经从今天的伊朗南部一直延伸到埃及。亚述诸王还建造了宏伟壮丽的皇宫。

阿述巴尼帕死后几年内，亚述帝国即逐步走向衰落。公元前 614 至 612 年，帝国的首都亚述城及尼尼微被米底（今伊朗地区）和巴比伦人组成的联军所攻克。步亚述人的后尘，巴比伦人在国王尼布甲尼撒二世（前 607—前 562）的带领下进攻埃及，其间占领并洗劫了耶路撒冷，并将其居民掳回巴比伦。这就是《圣经》中提到的针对犹太人的“巴比伦之囚”。

尼罗河为何被尊为神祇?

尼罗河被埃及人称为“父亲河”，在埃及人的画作中，尼罗河河神是一个有着女人隆起胸部的男人形象。尼罗河夏天泛滥成灾，却也佑护着这方土地，使其拥有肥沃的土壤。

九月尼罗河的洪水退去，播种的季节即告开始，转年春天便会迎来收成。埃及人艺术般的河流治理技术使得肥沃的土壤能够均匀地分布在尽可能广阔的地区。他们在蓄水池中储备水源，供干旱时节使用；为了将水引至地势较高的土地上，他们充分利用杠杆原理发明了专用于汲水的器械桔槔。他们种植大麦和小麦，以制作面包和啤酒；他们还种植亚麻，以获取用来缝制衣服的麻布。

埃及人是能工巧匠，他们不但知道如何加工铜和青铜，甚至掌握了用硅砂、石灰和纯碱制造玻璃的技术。他们利用本国制造的产品进行大规模的贸易，沿尼罗河逆流而上，埃及人曾抵达苏丹，跨越红海，并驾船驶至东非地区，在那里进口他们所需要的珍贵原料。他们与地中海东部的国家也有贸易往来。埃及人的水上交通工具最早由纸莎草制成，约公元前 2800 年之后开始出现木船，后造船工艺不断改进，船身也越来越大，部分船只还加装了船帆。埃及女王哈特谢普苏特前往庞特（今索马里、也门一带）的传奇之旅，就是借助这样的船只完成的。

埃及人使用自然风干的黏土砖制造房屋，随着时间的流逝，这类建筑已荡然无存。但一些石制的、为显示帝王荣耀而存在的建筑却得以永久保存，它们就是金字塔。

谁建造了金字塔？

尼罗河流域最初存在两个王国，一个位于尼罗河上游，另一个位于尼罗河三角洲的起始处。公元前 3000 年前后，这两个王国合二为一，合并后王国的权力中心位于人口稠密的尼罗河三角洲上，许多统治者的住处就设在这里的孟斐斯城。埃及的国王被称作“法老”（意为大房屋），他们头戴红白双冠，象征着上下埃及两个王国的统一。

古埃及人普遍崇拜亡灵。他们相信阴间的存在，认为人死之后，掌管阴间的最高神明（欧西里斯）会对他生前的所作所为进行评判，决定其是否能获得第二次生命。而法老无论如何都会在另一个世界里获得生命，因此其尸体被人们运用特殊工艺进行防腐处理，制成木乃伊以永久保存。

古埃及第三王朝的国王左塞尔是第一位让人建造金字塔形雄伟陵寝的君主。金字塔既用来保存他的木乃伊，也是他通往另一个世界的天梯。同时，人人可见的金字塔也象征着权力和国家的强大。

最宏伟的金字塔是古埃及第四王朝（约前 2570—前 2460）的法老在吉萨修建的胡夫金字塔。它高 146 米，是金字塔建筑中最高的一座。据估计，该金字塔由 10 万名工人花费了 10 年之久才建造完成。

法老被认为是隼头人身的神祇荷鲁斯的化身。

根据埃及史书的记载，在公元前 2900 至公元前 332 年之间，共出现了 31 个法老王朝。

古埃及的“黄金时代”是什么时候？

在第 18 至 20 王朝（前 1551—前 1070）诸位法老统治下的埃及成为了中东地区最强大的国家，统治者及其下属的官僚阶层发展出了繁荣的宫廷文化。

古埃及王国拥有训练有素的职业军队。图特摩斯一世（前 1506—前 1494）和图特摩斯三世等几位有作为的君主成功地进行了多次征伐，将古埃及王国的边境扩展至幼发拉底河流域及努比亚地区，叙利亚和巴勒斯坦也臣服于埃及的统治。商人将包括黄金、象牙、乌木、香薰等在内的来自世界各地的奇珍异宝带往尼罗河畔。

阿蒙霍特普三世（前 1402—前 1364）治下的宫廷用品最为绚丽夺目。在普通的居民仍以啤酒和面包果腹时，统治阶层却在进行奢侈的享受。他们居住的房子拥有浴室及绿树成荫的内庭，有大批的侍从为其服务，也拥有不计其数的手工艺品。从流传至今的画作中还可以看出统治阶级中的贵妇人是如何精心地进行梳妆打扮的。

在诸多统治者中，有一位法老较之他人大异其趣，这个人就是阿蒙霍特普四世，也被称作阿肯那顿（前 1364—前 1347）。他从宫廷中的世俗生活抽离，将其所有的兴趣倾注于宗教。他反对当时的宗教祭司，认为对绝大多数神的尊崇都是多余的。他仅信奉富于献身精神的太阳神阿顿。在阿肯那顿死后，他对一神论宗教的早期尝试即告失败，但他所在时代的艺术品却流传至今，比如他的王后娜芙蒂蒂的半身雕像（今在柏林），以及在 1922 年才被发现的他英年早逝的儿子图坦卡蒙的壮观的陵墓（今在开罗）。

一神论：仅尊崇一位神明。

高度发展的社会总离不开文字的运用。在埃及，税收、贸易、法律、星象等许多事件都有文字的记载。

什么是“圣书文”？

美索不达米亚地区的人民创立了楔形文字，而埃及人则另辟蹊径，发展出了一套象形文字系统，即“圣书文”。一些具体的事物，比如“房屋”首先被绘制下来，后来人们在这些图形的基础上（约 700 个象形文字可供使用），又添加了表音的音符。在神庙的壁画、陵寝、墓碑、石柱等处，人们常常使用图形文字；而对于官文、书信、笔记、文学作品和学术文献，人们则使用另一种由笔画或笔画组合构成的简化书写形式。

美索布达米亚地区的楔形文字被人们印在潮湿的黏土板上保存下来，而埃及人则学会了使用莎草纸。长长的纸莎草的内茎被切成薄片，并排放好并用木槌捶打，挤出的具有黏合力的水分使得上下两层紧紧粘在一起，由此即可得到类似于纸的产品，可供人们用墨水书写。

圣书文在公元 2 世纪就不再被埃及人继续使用，取而代之的是希腊字母。后世的人们猜测，隐藏在圣书文图形之下的一定是某种神秘的文字。直到 1822 年，圣书文才被法国人让 – 弗朗索瓦 · 商博良成功解码。

《圣经》产生于何处?

一个被古代列强所环绕的弱小民族，因其本身的宗教和与该宗教相关的一部书而被载入史册。这部书对后世产生了深远的影响。

巴勒斯坦国与诸多强大的王国毗邻。公元前 1200 年前后，发源于沙漠地区的闪米特族来到了巴勒斯坦，他们后来被称作犹太人。在扫罗、大卫和所罗门等几代国王的统治下，他们以耶路撒冷为中心建立了自己的王国，并在这里建造了神庙，来敬奉自己的神。这位神明是犹太教区别于与其他宗教最明显的特征，他无形而永恒，没有人可以绘出他的样子。

公元前 597 与 587 年，巴比伦人攻克了巴勒斯坦，并将很大一部分犹太人掳回美索不达米亚（见第 9 页）。犹太人被迫离开家园前往巴比伦，这一过程持续了数十年之久。在这段时间内即产生了有关《圣经·旧约》最早的记载。共同的信仰以及被上帝所选择的坚定信念将犹太民族凝聚在一起。为了不在异国他乡丧失自我，犹太人将之前口头流传下来的宗教和律条以书面的形式记录下来。

公元前 538 年，波斯帝国的皇帝居鲁士二世（此时已成为巴比伦的国王）允许犹太人重新回到巴勒斯坦，但犹太人最终还是没有逃脱被异族征服的命运：公元 70 年，罗马人摧毁了耶路撒冷及其神庙，在最后一次起义之后，犹太人于公元 135 年又一次被赶出自己的国家，开始了近两千年的流散生活。在此期间，共同的信仰成为犹太人凝聚力的唯一来源。

流散：散布在各地，流离失所。

波斯人有多强大?

波斯人成为了美索布达米亚文化遗产的继承者。他们最初生活在今天的伊朗地区。在与米底人结成联盟之后，他们于公元前 7 世纪入侵米索不达米亚地区。

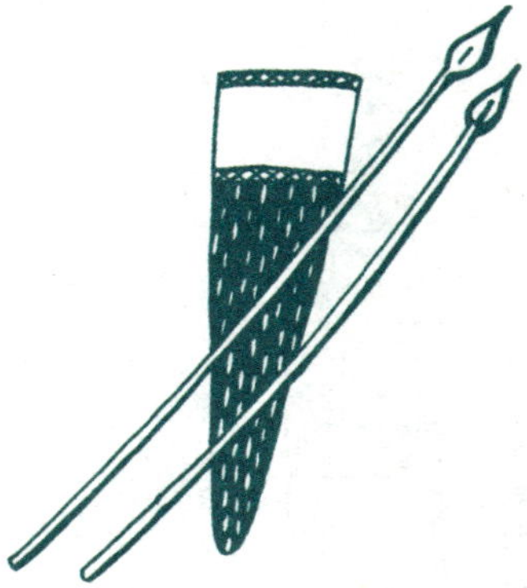

居鲁士二世，也被称作居鲁士大帝（前 559—前 529）终止了与米底人的共同统治，创立了波斯帝国，该帝国的疆域从印度河流域一直延伸到地中海地区。在冈比西斯二世治下，该帝国还成功征服了埃及。波斯帝国划分为 20 个省，修建完善的公路网覆盖了整个帝国。这一方面有利于快速调动军队，另一方面也使商业贸易从中获益。波斯也是第一个拥有国家邮政系统的帝国，国王的信使常常奔走在送信的路上。

波斯人认为世界上一直存在着善神阿胡拉·马兹达和恶神阿里曼之间的战斗。这是大约生活在公元前 600 年的一位先知琐罗亚斯德所提出的教义。波斯帝国对宗教的包容性较高，允许其他宗教信仰的存在（如犹太人信仰的宗教）。

波斯帝国的统治者自称为“王中之王”，王宫所在地为波斯波利斯，这里也是美索不达米亚苏萨地区的行政中心。波斯帝国国力强盛，与希腊进行了经年的战争。虽然大流士一世成功地征服了马其顿和色雷斯地区，并将希腊人赶出了小亚细亚，但他进军雅典（公元前 490 年）的行动却无功而返，同样失败的还有他的儿子薛西斯一世（公元前 480/479 年）。最终希腊人在亚历山大大帝的带领下（见第 23 页）消灭了波斯帝国（前 334—前 330）。

佛教是如何产生的?

印度河河谷肥沃的土地孕育了与古埃及和美索不达米亚地区相似的农耕文明，印度成为另一个世界性宗教的发源地。

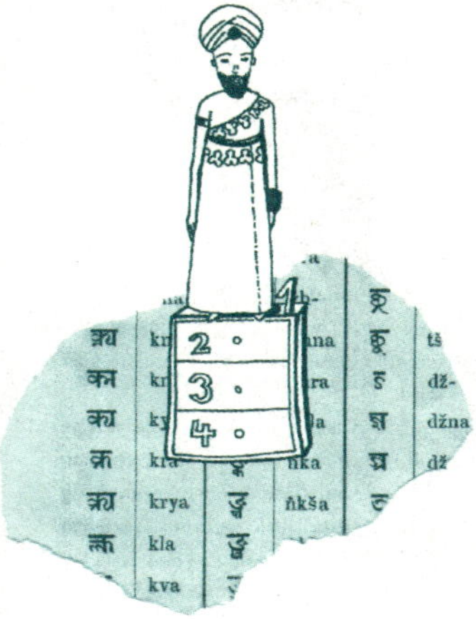

印度河流域哈拉帕和摩亨佐－达罗地区的考古发现证实，在大约公元前 2500 至前 1800 年间，北印度地区存在着古代人类文明。在这一地区不同的城市中大约居住着 3 万至 4 万居民，他们掌握了制铜与制陶的技术。

此后，来自中亚地区的游牧民族雅利安人迁入了这一以农耕文明为主的地区，随着时间的流逝，他们也定居下来，并主要以种植水稻为生。一种将社会划分成不同阶层的种姓制度也逐步发展起来：处于社会最顶层的是祭司（婆罗门），其后分别是战士（刹帝利）、农民和手工业者（吠舍）以及杂役（首陀罗）。在四个种姓之外还有被称为“不可接触者”的阶层（达利特）。

雅利安人的信仰被记录在《吠陀》中。吠陀文献主要包含一些诗歌，用来赞颂如太阳神、火神等一些自然之神，也包括对战争之神因陀罗的赞颂。吠陀宗教中包含很多崇拜魔法的因素，造成祭司阶层的权力越来越大。公元前 500 年前后，印度宗教中出现了一支新的力量，年轻的贵族乔达摩放弃了优越的种姓和奢侈的生活，斋戒打禅，以求开悟（梵语中的“佛”即取“悟”之意）。佛教教义认为，人们通过修行八正道可以达到涅槃的境界，即进入极乐世界。

打禅：静坐冥想。

埃及的尼罗河滋养着一方土地，而在中国，与尼罗河发挥相似作用的则是黄河，它使得在中国从事农耕成为可能。

中国的历史始于何时？

堤坝与水利设施是劳动人民智慧的结晶，也确保了黄河流域被充分开发和利用。黄河中游地区的考古发现证实，早在公元前 6000 年至公元前 3000 年间这一地区即存在早期文明，在这里生活的人们掌握了养蚕和制陶的技术，还学会了使用绳结记事。

中国有据可查的历史始于公元前 1500 年左右商朝的建立。商朝的皇帝也相当于最大的祭司，被称为“天子”，践行以天人合一为理念的“道”。商朝还产生了文字，这些文字中的一部分至今仍被使用。

古代中国产生了诸多哲学思想，最重要的思想家首推孔子（前 551—前 479）。儒家的道德学说中强调“五常”，即仁、义、礼、智、信。

儒家： 在公元前 2 世纪形成了系统的学说体系，此后的两千年中常被定义为中国的正统学说。

汉朝（前 206—220）中国的版图又有了进一步的扩大，朝鲜半岛、满洲、突厥斯坦及今天越南的一部分都被纳入中国的版图。纸在这一时期被发明出来，贸易的范围也不断扩大，中国的丝绸已经运抵罗马帝国。西安的考古发现让人们进一步了解了古代中国的强大：1974 年出土的全部为真人大小的兵马俑共包括 7000 名士兵，并配有全套战马和战车，是中国古代一位皇帝的殉葬品。

是否存在特洛伊战争？

古希腊孕育着两个文明：一个文明发源于克里特岛，这里的人们爱好和平，乐于享受生活；另一个文明则处于希腊腹地，壁垒森严的防御工事彰显着他们好战的本性。

公元前 2600 至公元前 1450 年的克里特岛是古代希腊文明的发源地之一，这里可以同时看到欧洲及东方国家的影响。这里也是诸多商路的枢纽，来自小亚细亚、塞浦路斯、埃及及地中海西部的商品都可以通过水路抵达这里。考古发现表明，这里并不存在防御工事，米诺斯人（一个古希腊民族的名称）只使用战船为自己提供必要的保护。开放式的宫殿和房屋为享受奢侈的生活而修建，壁画的主题主要为宫廷仪式、舞蹈表演及集体活动。对女神和大地之神的崇敬也表明这一时期的女性扮演着重要的角色。

在希腊内陆的迈锡尼王国则有着完全相反的面孔，其最终取代了米诺斯文明的地位（前 1650—前 1150）。文明的更替是通过战争实现的，保存至今的迈锡尼卫城雄伟的狮子门就是最好的见证。德国古代史研究者海因里希·施里曼认为迈锡尼国王阿伽门农就居住于此地，根据大诗人荷马在其所著史诗《伊利亚特》中的描述，阿伽门农组织了希腊联军，共同对抗特洛伊人。在公元前 13 世纪末期也许真的发生过特洛伊战争。特洛伊城邦的遗址地处黑海要道，具有重要战略意义，在古代，特洛伊也是迈锡尼的商业竞争对手。围绕特洛伊的战争旷日持久，该城邦也曾被数次破坏。

希腊人在海上寻找什么？

希腊多山，适宜定居的土地并不多。来自北方的移民、社会矛盾、探险和发现新事物的乐趣都促使希腊人出海航行。

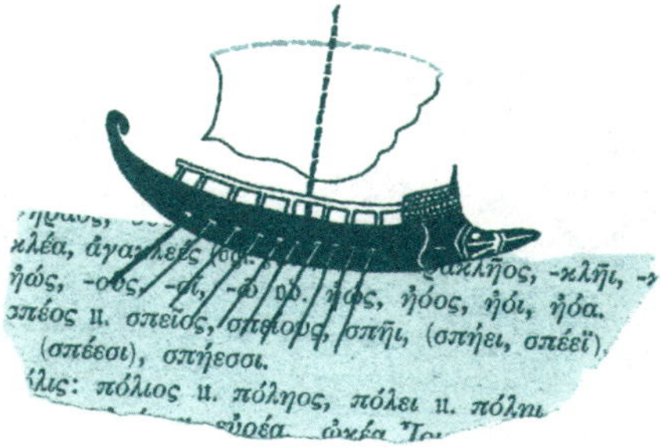

希腊人掌握了造船的技术，他们的造船厂中可以制造出适合远航、载重量大的船只。这些船都装有船帆，更重要的是它们可以以船桨作为动力，从而成功地避免了风对航行的影响。划桨手前后成排或上下成列坐入船中，以整齐划一的节奏滑动船桨。这些人与那些被锁链锁在一起的划桨奴隶没有关系，划桨奴隶是几个世纪之后才发生的事，这些划桨手是自由的。

人们用船来运载货物，比如来自伊比利亚半岛（现为西班牙）的铜和锡，来自北非的鸵鸟蛋（广受欢迎的美味），来自埃及的珠宝和纺织品，来自叙利亚的玻璃和树脂以及橄榄油、葡萄酒等一些本地产品。船舶还充当了运送士兵的交通工具及海上战斗的作战平台。

希腊海员在地中海沿岸建立了据点，并以此为基础与其他国家进行贸易。在这些所谓的“殖民地”中有许多希腊人定居，这与希腊越来越狭窄的生存空间有很大关系。这样一来，希腊的影响范围就远远超越了国界。在黑海、土耳其西海岸、西西里岛和意大利南部至今仍然可以发现希腊文化的踪迹，例如那不勒斯附近的帕埃斯图姆地区为海神波塞冬所建的神庙。

殖民地：古代史中指在被征服地区所建的定居点。

民主发源于何处?

城邦为古希腊人划定了生活的区间，城邦范围较小，界限分明。由于希腊人的定居区常被群山隔开，所以在古希腊出现了数量众多的城邦。

希腊人把他们的城邦称作“Polis”，这也是西方语言中“政治”一词的由来。与美索不达米亚城邦的情况不同，希腊城邦的统治权不是由神职人员及其指定的官僚机构行使，而是交由居民自己来管理。希腊最大、组织最完善的城邦是雅典。其政治体制虽然不具有完善的民主特征（如女性不能参与到政治体制当中），却在历史上第一次拥有了民主的形式。

民主政体的发展始于贵族剥夺了王权，此后，深受剥削、负债累累的农民又开始反抗贵族。公元前 594 年，一位名叫梭伦的贵族制定了宪法：公民根据其收入被分为四个阶层，每个阶层都拥有一定的权利和义务，尤其是在军事方面。

在梭伦制定的法律中，贵族和富人明显拥有更多的权力。公元前 510 年，在雅典政治家克里斯提尼所制定的宪法中，这一点才得以改变。此后，雅典及其周边地区的所有自由公民都得到了参与国民大会的权利。国民大会是城邦中最高的权力机构，拥有制定法律、决定战争与和平的权力，并控制着政府和军队。雅典的日常事务由十个选区所选出的代表组成的“五百人议事会”主持打理，司法事

民主：人民当家作主。

宪法：基本法。

雅典城邦的公民被划分成不同的等级：最高等级为大地主、大商人，最低等级为雇工。雇工没有政治权利，经常在战争中作为战船的划桨手或步兵被使用。

权力机构：由人组成、通过会议来做决定的团体。

务则由陪审员人数众多的民众法庭负责。虽然最高的官职仍然留给了富人，但在权力被滥用的情况下，人民则可以通过陶片放逐制度进行一定的干预：人们每年进行一次投票，如果政客不再为大家的共同利益而服务，他的名字就会被刻在陶片上，如果收集了超过 6000 个陶片，名字在陶片上出现次数最多的人就会被勒令离开城邦，长达 10 年之久。

公元前 490 年前后，当波斯人决定征服希腊时，所有民主的成就都受到了威胁。但最终雅典的军队打败了波斯人。10 年之后（公元前 480/479 年），波斯人卷土重来，但又一次遭遇了失败。波斯的军队撤走后，雅典迎来了空前的文化繁荣。饱受战争创伤的雅典被重建，位于雅典卫城的神庙直至今天仍令人叹为观止。画家和雕塑家创作了许多不朽的作品，索福克勒斯和欧里庇得斯根据希腊的传奇故事写出了影响深远的悲剧，希罗多德和修昔底德开历史学之先河，柏拉图和亚里士多德则创立了现代哲学。

希腊在马拉松平原战胜了波斯国王大流士一世之后，一位信使连续奔跑了 42 公里，将胜利的消息带回雅典。这一事件被看作是马拉松比赛的起源。

雅典卫城中的帕特农神庙。

为什么希腊无法实现和平？

希腊人先是联合起来打退了波斯人的进攻，在波斯人带来的威胁消失之后，希腊的各个城邦之间又重新爆发了战争，希腊土地上的战争持续了数十年之久。

雅典是海上的强国，它曾与大约 200 个大部分位于爱琴海岛屿上的城邦缔结了盟约，即提洛同盟。这一同盟不断触及斯巴达的利益。作为一个同样拥有众多盟友的城邦，位于伯罗奔尼撒半岛上的斯巴达因征战起家，战争一直是它存在的理由。斯巴达人在被他们占领的土地上成立了国家，作为统治阶级而生活。他们以军事化的方式养育他们的下一代，勇气、毅力和服从是他们眼中最大的美德。因此直到今天，人们仍然使用“斯巴达式的生活”来指涉以不断锻炼及挑战自我为主旨的生活方式。

斯巴达和雅典之间所谓的伯罗奔尼撒战争于公元前 404 年以雅典的失败而告终。但斯巴达人并没有从中得到好处，他们紧接着开始了针对底比斯的战争。希腊北部的马其顿民族最终从希腊内战中受益，马其顿的腓力二世国王于公元前 337 年迫使希腊诸多城邦加入了一个同盟，并服从他本人的领导。这样一来，他也为自己的儿子亚历山大大帝建立世界帝国奠定了基础（见下页）。

但是，有个惯例即使在内战期间也一直被希腊人很好地遵循：每隔四年，最出色的运动员都会聚集在用以祭拜宙斯的宗教中心奥林匹亚进行体育竞赛。在此期间，所有的武器都必须处于停火状态 。

亚历山大大帝是谁？

22 岁时，他挥师出征，开始了征服世界的计划；33 岁去世时，他曾一度怀疑自我，认为他所有的目标都没能实现。尽管如此，他所取得的成就仍可以说是前无古人的。

公元前 334 年，年轻的马其顿国王亚历山大开始了他人生中第一次征伐：他率领希腊联合军队越过博斯普鲁斯海峡进入小亚细亚（今土耳其），并取得了一系列光荣的胜利。他穿过叙利亚征服了埃及，在那里被誉为法老的继任者。在具有决定性的高加米拉战役（公元前 331 年）结束之后，波斯帝国宣告瓦解。但亚历山大仍想继续前进，到达世界的尽头，尽管没有人知道它位于何处。他的军队穿过今天的阿富汗进入印度，然而在那里，士兵发生了叛乱，迫使他不得不原路折返。在准备征伐阿拉伯地区的过程中，经历了一次痛饮之后，他在其巴比伦的住所英年早逝。

亚历山大大帝计划成立一个希腊 – 波斯大帝国。他曾为其士兵安排过庞大的集体婚礼来迎娶波斯人作为新娘，第一次引入银子作为货币，还曾试图在军队改革中让波斯和希腊军队结成平等的伙伴。他的继任者虽然将帝国分成了几个部分，但在亚历山大大帝创造的统一经济领域中，东西方交汇共融的“希腊化时代”文化的影响仍清晰可见。这一时期数学、天文学、地理学和医学等科学蓬勃发展，马其顿国王在埃及建立的亚历山大市中设有亚历山大图书馆，它在当时即为世界科学的中心。

希腊化时代：古希腊文明为主宰的时代。

罗马是如何建成的？

在意大利中部，位于台伯河下游七个丘陵之上的人类聚居地逐步发展成为另一个世界帝国。

这一地区公元前 8 世纪一直由拉丁人居住，他们是公元前 1200 年前后迁入这一地区的民族。后来，同样为迁入者的伊特鲁里亚人取得了这一地区的统治权。伊特鲁里亚文明不仅以高度发达的技术与文化著称，也在政治秩序的诸多方面，如元老院、公民大会、选举官员和市政官等，为后来的罗马帝国树立了榜样。

传说公元前 753 年，罗马由被母狼抚养长大的兄弟罗慕洛和雷莫建立起来。

文明：由进步所带来的生活条件的总和。

共和：通过定期的选举选出一些人，根据法律的规定分享权力的国家。

贵族式：属于贵族的。

在伊特鲁里亚人的影响下，公元前 600 年前后，台伯河流域的一些拉丁人的部落结成了同盟，“罗马”这一名称就来源于伊特鲁里亚一个家族的姓氏“卢马”。罗马地处台伯河出海口，地理位置优越，发展速度很快。摆脱伊特鲁里亚人的统治后，罗马于公元前 510/509 年建立了共和国。拥有最高权力的是两位执政官，每年选举一次，受到元老院的辅佐。此外由裁判官负责司法，财务官负责财政事务，监察官负责维护习俗和礼仪。

罗马共和国有浓郁的贵族式色彩，元老院成员与高级官员均拥有贵族身份。经过平民（包括中小农阶层、手工业者和商人）的不断抗争，最终成立了平民会议，有平民身份的成年男子被获准进入元老院，在其决议不服务于人民的利益时，他们可以对相关决议提出反对意见（“否决”）。

在对自身的严格要求方面，罗马人几乎可以媲美斯巴达人。但在征服战争中，罗马人却不那么具有掠夺性。

罗马如何扩大其权力？

斯巴达人剥夺了被征服者的所有权力，但对于那些逐步纳入罗马统治的意大利各民族而言，罗马却给予了他们一定的自治权，使其保有罗马的公民权利。斯巴达人热衷于军事战争，但罗马的很多士兵一直以来也是农民或手工业者。

在争夺意大利统治权的战争中，罗马也经历过失败——罗马曾不止一次地面临着覆灭的危险，公元前 387 年凯尔特人占领罗马就是一个例子。但罗马人每次都能从失败中顽强崛起。在征服希腊的殖民地塔兰托（公元前 272 年）之后，罗马就成为了整个亚平宁半岛上的霸主。

但同时罗马也遇到了它的下一个对手：布匿人。他们以突尼斯湾的迦太基为据点，控制着地中海上的贸易。两个强国在西西里岛的拥有权问题上发生了冲突，在经历了三场艰苦的战争之后，罗马人最终取得了胜利。

对位于台伯河畔的罗马共和国来说，最危险的时刻发生在迦太基军事统帅汉尼拔率军翻越阿尔卑斯山，直插意大利腹地之时。坎尼会战（公元前 216 年）汉尼拔大获全胜之后，罗马濒临覆亡。罗马人的坚韧避免了灾难的发生。他们迅速组建了一支新军队，转而采用疲劳战术，直至汉尼拔撤军。最终，迦太基在公元前 146 年被征服并灭亡。

亚平宁：几乎贯穿意大利全境的山脉。

罗马爆发了哪些社会矛盾？

走在世界霸权之路上的罗马也经历了一场社会危机。常年征战使得农民疏于农耕，人们只能从西西里岛及北非地区获取食物。

许多小农把他们的土地卖给了大地主，大地主们将土地变为牧场或驱使奴隶为其耕种。由于罗马打赢了数次战争，当时奴隶的数量相当庞大。

在罗马出现了许多既没有收入，也没有财产的农民和手工业者，他们手上唯一剩下的就是公民权利，可以参加公民大会，对国家事务进行表决。许多富有的政客充分利用这一情况，向这些人送礼行贿，以争取更多的选票。

为了改变公共生活中这些不正常的现象，提比略·格拉古和盖约·格拉古两兄弟推行了一场政治改革。他们在平民会议（见第 24 页）中被选为保民官，提出法案试图重建以前的自由农耕经济。提比略·格拉古说："意大利的动物或有巢穴，或有圈厩，或有其他栖身之处，而为意大利斗争和牺牲的人民却一无所有。"但最终，兄弟两人的改革方案遭遇失败：提比略·格拉古于公元前 132 年被他的政敌所杀害，他的兄弟盖约·格拉古在公元前 121 年的一次政变后自杀。

政变：以暴力的方式接管一国的政府。

与此同时，罗马的军队也经历着一场变革，逐步成为职业军人所组成的联盟。这些职业军人并不认为自己有为国家服务的义务，而是仅忠诚于他们的统帅。军队的统帅们开始涉足政治，依靠身后军队的支持来夺取权力。

在学校中学习拉丁语的学生一定曾经翻译过他的《高卢战争》——有关征服今天法国地区的原住民高卢人的一部著作。

尤利乌斯·恺撒是谁？

这本书的作者尤利乌斯·恺撒对于每个人来说都不陌生，德语中的“皇帝”一词就源于他的名字。恺撒的政治生涯始于征服高卢的战争，他由此获得了一支效忠于他的军队。借助这支军队，他也战胜了他的政治对手庞培，取得了罗马的统治权。在他成功地渡过位于高卢和意大利边界的卢比孔河时，曾发出“骰子已经掷下（木已成舟）”的感叹。

将土地分给一无所有的无产者，通过扩建都城来创造就业位置，治理台伯河，推行帝国改革以扩大公民权利，推行统一的纪年方法，所有这些都包含在恺撒雄心勃勃的计划之中。

无产者： 这里的意思是处于社会最底层的公民及其家人。

他暂时保留了罗马共和国宪法，即便不想将罗马改为君主制政体，但他追求终身统治权的意图却十分明确。他接受了人们对他的个人崇拜，这对于罗马来说还是从来没有过的情况。这使得共和政体的追随者有足够的理由鼓动人们策划反对他的阴谋。公元前44年3月15日，恺撒在元老院遇刺。

君主制： 国王的统治。

恺撒死后罗马爆发了内战，马克·安东尼与恺撒的甥外孙屋大维作为恺撒的继承者登上了政治舞台。公元前42年，他们联手在马其顿打败了恺撒的背叛者。此后，二者之间又发生了内斗，屋大维最终胜出。马克·安东尼和他埃及的妻子克利奥帕特拉一同自杀身亡。屋大维最终作为罗马帝国的皇帝进驻罗马，内战就此结束，但共和国也不复存在。

罗马的帝制始于何时?

从某种意义上说，恺撒孜孜以求，但由于其被杀害未能实现的愿望，在屋大维及其继任者身上得以实现：罗马事实上建立了帝制，只是在称谓上没有体现出来。

屋大维将其个人统治加以粉饰，巧妙地迎合了民众长久以来对国家政体的设想。在罗马，他的政府被称作“咨事内阁（Konsulat）”，在行省层面则被称作“总督府（Imperium）”。他自己则被称为“元首（princeps）”，新的国家体制相应地被称作“元首制”。公元前 27 年，屋大维获得了“奥古斯都”（意为“至尊”）这一称号，此后便以此称谓被载入史册。他的统治时期（前 29 年—公元 14 年）被同时代的人看作是罗马的“黄金时代”。他去世三年以后，即宣告进入“罗马治世”，意为世界和平。罗马成为了文明的保护者，影响力遍及整个地中海地区，西起西班牙，东至亚美尼亚。

罗马帝国存在的时间长达近 500 年。在所有的皇帝当中，既有如克劳狄（41—54）、维斯帕先（69—79）、戴克里先（284—305）等一些睿智的管理者，也有如图密善（公元 81 至 96 年）、图拉真（98—117）等一些伟大的征服者，还有如马可·奥勒留（161—180）等一些哲学家。当然，也存在一些有了权力就忘乎所以的疯狂的皇帝，比如卡利古拉（37—41），他自导自演了一出征战“异族”的闹剧（异族的士兵均由本国的士兵乔装扮演），还为自己取胜而大肆庆祝；还比如尼禄（54—68），他认为自己拥有世界上最动人的声音，利用一切机会伴着琴声嗬喉高歌；再比如康茂德（180—192），曾自己作为角斗士在斗兽场中参与角斗活动。

行省：罗马统治时期意大利领土范围之外被罗马攻占的地区。

在许多国家今天依然可以找到高架渠——一种石制的桥梁结构，可将水流引导至数十公里以外。这只是古罗马技术成就中的一个例子。

什么是古罗马文明的标志？

古罗马时代供车辆行驶的道路今天也仍然可以找到。同样可以探访的还包括室内市场、市政建筑、城市浴场以及当时“健身中心”（当代语，指有桑拿房和地暖的消闲场所）的墙基。罗马帝国各处都能保证充足的供水，并有洗浴的场所。在大城市甚至有垃圾运输和区域排水系统。车辆按照规则行驶，市场井井有条，罗马帝国的货币在各处均可使用。对于臣服于罗马帝国统治的各民族而言，按部就班的生活所带来的影响其实远大于武力所带来的影响。

罗马人从被征服的行省中找到技师和学者，让他们的技能和知识得以发挥。虽然这些人也是奴隶，但与其他从事农耕的奴隶相比，他们的待遇可以说是一流的，有些人甚至能成就辉煌的职业生涯。数百年来散布在希腊、埃及或美索不达米亚各地的知识通过这种方式来到了罗马。

罗马人最令人称道的，是他们把理论知识应用在实践中的能力。他们使用水泥建造房屋，使用带有滑轮组的起重设备，发明了用于葡萄酒压榨的螺旋压榨机和用于谷物粉碎的旋转磨。他们还在矿山中使用大型抽水设备，并把玻璃制造技术发展到前所未有的高度。

为什么基督徒遭到迫害？

罗马的宗教在很大程度上来源于希腊，也受到来自东方的一些不同信仰的影响。在公元1世纪，基督教作为一种全新的宗教开始出现。

公元33年，拿撒勒人耶稣被钉死在耶路撒冷。他的死却并不代表着围绕他建立起来的信仰共同体的终结。但假如没有来自塔尔苏斯、享有罗马公民权的犹太人保罗将这一信仰共同体发展为宗教，并致力于它的传播和建立以教堂为依托的宗教组织，它可能至今仍是局限在巴勒斯坦地区的一个教派。保罗曾在整个地中海地区传播基督教。

教派：较小的宗教共同体。

各基督教教区都会选出自己的主教。罗马教区主教的权威随着时间的推移而不断增长，他们自称为获得主教教座第一人（约公元65年）——使徒保罗的代言人。宗徒传承制度使得帝国首都罗马主教的地位相较于其他教区的主教越来越高。从4世纪起，罗马主教就被冠以了“教皇”的称号。

使徒：年轻的耶稣追随者。

基督教徒虽然并不是国家的敌人，但因为他们并不尊皇帝为最高的神，客观上削弱了人们对世俗皇权的崇拜。这引发了数次针对基督教的迫害浪潮，许多基督徒因此丧失了生命。一些基督徒被迫进入地下，生活在城市脚下的“地下墓穴”之中。所有这些苦难反而使基督徒变得愈发强大。公元4世纪初，已经有五分之一的民众信仰基督教。公元391年，基督教成为了罗马帝国的国教。

日耳曼人是谁？

对于罗马人而言，日耳曼人总给人一种神秘而恐惧的感觉。恐惧源于来自阿尔卑斯山北部“野蛮之地”的日耳曼民族似乎狂野而好战。但罗马人也钦佩日耳曼人的家庭观念以及习俗。

公元前 113 年，日耳曼人首次入侵罗马领土。入侵者包括辛布里人和条顿人的一些部族，他们都来自日德兰半岛，很可能是当地的风暴潮极大地限制了他们的生存空间。经过艰苦的战斗，罗马的将军马略在公元前 103 至前 102 年间于法国南部和意大利北部地区成功地战胜了日耳曼人。

公元 9 年发生了一场灾难：奥古斯都皇帝派将军奎因克提里乌斯·瓦卢斯带兵出征，意在打败日耳曼人，却被日耳曼人在条顿堡森林悉数歼灭。据说奥古斯都皇帝曾为此痛心呼喊：“瓦卢斯，瓦卢斯，把我的军团还给我！”

罗马人建造了边界墙，以阻止日耳曼人的进攻。这堵墙异常坚固，直至今天仍然可以看到它的遗迹。罗马人还与不同的日耳曼部落签约，提供罗马的土地供其居住，使其安居乐业。日耳曼人以雇佣军身份进入罗马军队，这些身材高大的士兵成为大受欢迎的侍卫。此外，双方的贸易关系也有所发展。日耳曼人购买罗马的手工业产品，将用于制造首饰的琥珀及制造假发套的女性头发卖给罗马人。罗马妇女的头发多为深色，对日耳曼妇女的金发十分羡慕。

雇佣军：服役时获取报酬的士兵。

西罗马帝国是如何灭亡的？

公元375年至公元568年，欧洲发生了民族大迁移，这一过程持续了将近200年。居住在今天俄罗斯南部地区的匈人进军欧洲，引发了巨大的动荡。

第一个受到影响的民族是居住在黑海附近及欧洲东南部的哥特人。为了躲避匈人的进攻，他们被迫向西部和南部迁移，并与其他民族产生了接触。随着时间的流逝，罗马帝国的边防部队瓦解了。日耳曼的各部族经过了数百甚至数千公里的漫长旅程，来到了罗马帝国的土地上并定居下来，建立了自己的国家：西哥特人在法国南部及西班牙地区建立了西哥特王国，汪达尔人在非洲北部建立了汪达尔王国，东哥特人和伦巴底人分别在意大利建立了东哥特王国和伦巴底王国，法兰克人在比利时和法国北部建立了法兰克王国。

这一时期罗马帝国分裂成为两个部分。自公元395年两个罗马分裂以来，一位皇帝位于东部，定都君士坦丁堡，另一位皇帝位于西部，起初定都于罗马，公元402年又把都城迁至拉文纳。东罗马最终在民族大迁移中站稳了脚跟，在其领土范围内，罗马的法律与行政机构、古希腊的传统以及基督教文明得以长久延续，而西罗马却很快衰微：公元410年和455年，西罗马先后被西哥特人和汪达尔人抢掠。大地主拒绝交税，货币失灵，强盗团伙在国内横行。公元476年，日耳曼公爵奥多亚塞在拉文纳废黜了西罗马最后一位皇帝，年仅17岁的罗慕路斯。当时的人们把他戏称为“奥古斯都路斯”，即小奥古斯都，借此讽刺他治下的罗马与奥古斯都大帝时期的罗马有天壤之别。

位于君士坦丁堡的帝国直到公元1453年才在土耳其人的入侵下灭亡。

3.

中世纪史

Das Mittelalter

法兰克人是谁？

民族大迁移时代日耳曼民族各部族建立的诸多王国中，只有法兰克王国得以长久存在。这可以归因于法兰克人继承了许多罗马帝国时期的成就。

在古罗马的史料中，有关法兰克人的最早记载出现在 3 世纪。据该记载，法兰克人是居住在威悉河流域和下莱茵地区的一个部族。在接下来的两个世纪中，法兰克人不断扩张他们的领土，先是进入今天的黑森州，经过莱茵河口，最后到达比利时和法国地区。他们占领了罗马帝国的许多行省，却没有破坏掉他们固有的设施。该地区原有的罗马文化和法兰克人自身的文化在这里交汇融合。特别值得一提的是，法兰克人放弃了自己原有的对神的信仰，转而成为基督教徒。500 年前后，他们的国王克洛维接受了洗礼，并命令其治下的民众同样照做。

史料：带给人们历史知识的文字或实物。

领地：由于忠诚和战功而得到的土地的使用权。

克洛维治下的法国开始崛起，成为一大强国。

法兰克的崛起伴随着流血。来自墨洛温王朝的统治者克洛维曾下令，成排地杀死他的挑战者。法兰克人还发展出了一种新的职业兵种——携带厚重的武装、身披铠甲的重骑兵。他们分得土地和农田，由他人代为耕种，这样一来他们就可以随时准备投入战斗。这也是骑士阶层与封建领地制度的起源。

7 世纪时，墨洛温王朝丧失了重要性，成为一个影子王朝。取而代之行使法兰克统治权的是加洛林王朝。加洛林王朝的一位统治者查理·马特（又称“铁锤查理”）于 732 年在图尔和普瓦捷地区成功阻止了来自西班牙的阿拉伯人的入侵，这也是世界历史上具有重大决定意义的战争之一。

加洛林王朝的统治者丕平三世于751年废黜了墨洛温王朝的末代国王希尔德里克三世，并经由教皇的支持成为了法兰克的国王。教权与皇权至此真正结盟。丕平三世许诺，教皇将获得意大利的大片土地（教皇国在此基础上产生），而教皇则授予这位法兰克国王宗教上的权威，称他为罗马的保护者，二者在此基础上共同实施对基督教世界的统治。这种政教合一的国家观在后来的几个世纪中都起着决定性的作用。

查理在他所处的时代即被称作“大帝”，一方面因为作为政治家，他是战争的英雄，另一方面也因为作为国民教育家，他是一位忠心而又充满关爱的父亲。查理大帝是在西方国家推行大规模教育改革的第一人。由于其本身没有接受过良好的教育（在他的时代，学习读写是非常困难的事），后代的教育对他来说高于一切。

真正把这一观念变成现实的是丕平三世的儿子查理大帝。800年圣诞，教皇里奥三世在罗马为这位法兰克国王加冕。在查理大帝统治期间（771—814），法兰克帝国的疆域不断扩大，涵盖了从布列塔尼至匈牙利、从德国北部至意大利中部的广大地区。尽管查理大帝的后继者没能阻止帝国的分裂，却造就了今天的德、法这两个活跃的大国。

查理大帝画像

伊斯兰教发源于何处?

在阿拉伯语中，伊斯兰意为“进入解脱状态”或“忠于最高的神”。该宗教是穆罕默德在7世纪创立的。他宣称安拉是唯一的神，并视自己为先知。

最初，伊斯兰教只是在麦加的一个地方性的、因憧憬末日审判而建立起来的宗教团体。在伊斯兰教受到迫害之后，穆罕默德与他的追随者于622年逃往麦地那，在那里建立了宗教秩序和一个由他领导的国家。伊斯兰教的教义自成体系，也受到了一些犹太教和基督教元素的影响。在穆罕默德去世之后，其教义被记录在《古兰经》中。

第一场与宗教及传教有关的战争是针对不信仰宗教的麦加的战争。该战争波及整个阿拉伯地区，影响力一直达到地中海附近。穆罕默德的继任者被称作哈里发，他们既是宗教上的领袖，也是世俗的最高统治者。在倭马亚王朝（661—750）及其后的阿拔斯王朝（750—1258）治下，伊斯兰阿拉伯帝国成为了一个世界帝国。1350年前后，伊斯兰教的信众遍及印度北部、阿富汗、俄罗斯南部、咸海、波斯、包括小亚细亚和阿拉伯在内的整个西亚地区、埃及，一直延伸到苏丹、北非以及西班牙南部的格拉纳达王国。

王朝：由一系列的统治者进行统治的特定时期。

阿拉伯的学者保留了很多古代世界的传统。希腊的哲学、地理及医学知识经由他们传播到西方世界。西方国家中的第一所大学，即11世纪在意大利南部建立的色兰诺医学院中很大一部分教学资料都是阿拉伯语文献。

西方国家在德语中也被称作**“晚上的国家”**，相反东方国家则被称为“早上的国家”。

维京人是谁？

北欧国家的球迷经常在球场上戴着维京人的牛角盔，按照维京船仿制的船只至今仍航行在世界各地，维京人的传统节日在很多地方都被人们庆祝。在博物馆里，人们也可以看到当时的北欧人是如何生活的。

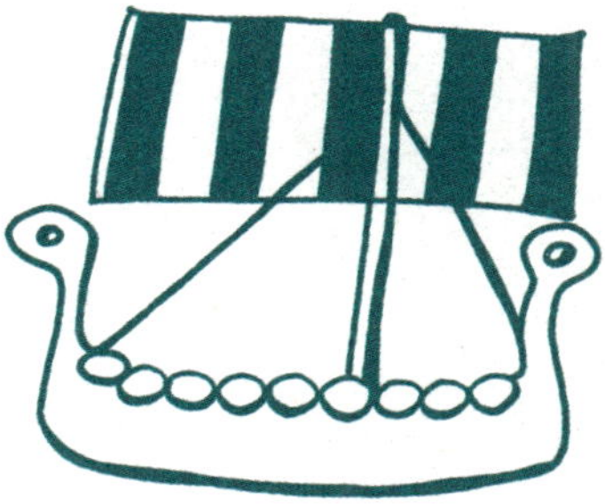

公元 793 年，一伙来自挪威南部的强盗团伙飘洋过海，袭击了位于英格兰北部的林迪斯法恩修道院。这一事件标志着维京时代的开始。这一时代一直持续了两个半世纪。维京人是卓越的航海家：他们制造的船只帆桨齐备，轻便而适宜远洋，维京人曾驾驶着他们的船只到达过很远的地方。

海员中代代相传的航海经验，使得维京人不借助地图和罗盘也能实现精准的导航。许多英国的岛屿以及法国的沿海地区都曾遭受过他们的侵扰。他们在冰岛和格陵兰岛建立定居点，在公元 1000 年前后，他们还发现了美洲，并将其命名为“葡萄酒之地”。他们还曾在波罗的海附近居住，并沿着俄罗斯境内的河流东行，到达黑海和里海地区。

但维京人绝不仅仅是海盗和掠夺者。通过对史料的仔细研究可以得知，来自北部地区的维京人也曾和平地从事贸易，并在他们的殖民地中从事农业和畜牧业生产。他们当中甚至生活着一些天才的艺术家。公元 911 年之后，在诺曼底地区定居下来的维京人建立了自己的国家。11 世纪征服了英格兰（见第 41 页）并建立了西西里王国的诺曼人就是维京人的后裔。

修道院有什么作用?

法兰克人在公元500年前后接受了基督教信仰。在此后的三个世纪当中，中欧地区的日耳曼其他部族也开始信仰基督教，其中一个重要的原因就是基督教的传教活动。

改信新的宗教常流于表面，旧宗教的习俗往往依然存在。对于法兰克王国的统治者而言，基督教是实现下层民众与统治者之间关联的最重要的纽带。因此，他们十分支持传教活动和教会组织的建立。

传教活动的中心即为修道院。除传教外，修道院还有着重要的经济和文化意义。修道院是农业发展的先驱者，修士把农业生产的新技术传授给农民，并负责在新的殖民地推进殖民化进程。修道院还是人们从事教育、研究及艺术创作的地方，修道院的艺术作坊创作了许多不朽的艺术作品，他们的图书馆也保存着历朝历代所获得的科学与文化成果。由于当时国家并不开办学校，修道院学校成为了当时唯一提供受教育机会的机构。

殖民化：（特别是在经济方面）推动殖民地的发展。

从6世纪到11世纪，占优势地位的修道院是本笃会修道院。之前信奉基督教的修士大多过着消极避世的生活，是努西亚的圣本笃（约480—547）教育他们要有所作为。“祈祷与工作”就是他的一句名言，意思是除了全心全意地信仰上帝，修士们也有义务进行实践。

机构：由国家或教会设立，服务于大众利益的组织。

查理大帝的大帝国被一分为二，东部地区直至 919 年才选出了一位皇帝，即萨克森公爵亨利一世。他本人与加洛林王朝没有任何血缘关系。

“德意志神圣罗马帝国”的称号起源于何时？

经过漫长而艰苦的征战，查理大帝最终攻克了萨克森。战争期间充斥着放逐与杀戮——782 年发生在阿勒尔河畔的费尔登大屠杀使大约 4500 名萨克森人失去了生命。但一个半世纪之后，萨克森的影响力却深入法兰克王国，在亨利一世治下成为了一大强国。

放逐： 使用暴力驱赶。

在亨利一世的眼中，抵御长驱直入攻至图林根的匈牙利人是最紧迫的任务。亨利一世与匈牙利人签订了一个长达 9 年的停火协议，他利用这段时间建造城堡以巩固边防，并建立了一支装甲骑兵部队。933 年，他在图林根的温斯特鲁特河畔击败了匈牙利人。他的儿子奥托一世继续加强防御，解除了匈牙利人对中欧的威胁。

955 年，奥托一世在奥格斯堡的第二次莱希菲尔德之战中取胜，这是针对匈牙利人的一次具有决定意义的胜利。

教皇曾一度受到罗马城内外敌对势力的威胁，961 至 962 年间，响应教皇的求助，奥托一世来到意大利。962 年 2 月 2 日，他在罗马被加冕为皇帝。他所推行的政策首次使德国的历史与意大利的教皇联系在一起，这种情况持续了数百年之久。德意志的国王认为他们负有继承“罗马帝国”传统的使命，因此从那时候起，就把他们的王国称作“德意志神圣罗马帝国”。

叙任权斗争为何发生？

教皇与皇帝共治符合中世纪人们的设想：教皇是耶稣在现实世界的代言人，而皇帝则是罗马帝国统治者的继承者；教皇代表宗教权力，而皇帝则代表世俗权力。

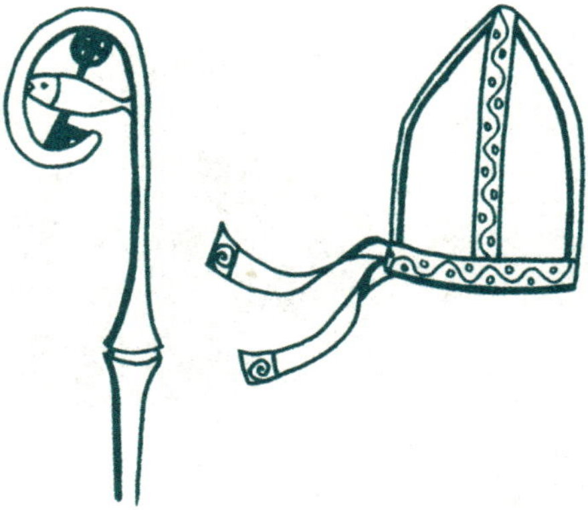

教皇哲拉旭一世（492—496）曾提出两个权力中心的学说，他还同时附带指出，由于教皇负责在最后的审判中对包括皇帝在内的所有人的行为进行汇报，因此教权有着更重要的地位。

但是，在同时存在多个教皇或者遇到无法解决的神学争论时，世俗的权力时常不得不承担起维持教廷秩序的责任。世俗权力的最高所有者曾召集教会会议并废黜教皇。在德国，由于主教同时也是各领地的领主，负有为国王打仗的义务，因此国王也就拥有了任命主教的权力。

神学：与宗教信仰相关的学科。

改革：重组，建立新的秩序。

在拉丁语中，任职被称作“Investitur”，译作叙任权。叙任权斗争即指皇帝与教皇之间的争执。

为反对这一点，11 世纪发起了一场改革运动。这场改革的策源地是索恩河畔的克吕尼修道院，因此这场改革也被称为克吕尼改革。改革要求重建教会的秩序和虔诚，特别是要求所有对神职人员的任命都应由教会自身决定。叙任权斗争的顶峰是亨利四世前去拜会教皇格列高利七世的卡洛莎之行（1077 年），这一争论以 1122 年签订的《沃尔姆斯宗教协定》告结，该协定限制了国王在选择主教方面的权力。

诺曼公国的公爵威廉在英吉利海峡静候了46天之后，终于等到了适宜航行至英格兰的风向。1066年9月27日，他带领诺曼人在英格兰登陆。

“征服者威廉”是谁？

登陆时间的推迟最终有利于威廉公爵，因为当时的英格兰国王哈罗德·戈德温森由于补给已经耗尽，在夏末解散了他的海军舰队。在诺曼人从英格兰南部登陆时，英格兰用以抵抗他们的只是仓促组织起来的一些地面部队。尽管如此，英格兰人在1066年10月14日的黑斯廷斯之战中还是几乎取得了胜利，不过战争最终以诺曼军队的胜利而告终。

这是世界历史上具有决定性意义的一次战斗。英格兰此前一直是北欧国家的组成部分，虽然盎格鲁－撒克逊人在此居住，但历代国王均具有斯堪的纳维亚血统。而诺曼民族则深受法国文化的影响。他们作为统治阶层在英格兰定居，仅在几代人之后就与本地的盎格鲁－撒克逊人有了很好的融合。对于法国和中欧天然的归属感流淌在他们的血液当中，这也使得英格兰逐渐从斯堪的纳维亚文化圈中脱离。

被称为“征服者威廉”的威廉公爵横渡英吉利海峡成为英格兰的国王以及黑斯廷斯之战的情况在著名的贝叶挂毯中有着详细的描绘。贝叶挂毯是11世纪末织就的壁画，高50厘米，长70米——这也许是世界上第一幅漫画作品。

对于历史学家而言，贝叶挂毯是珍贵的历史宝藏：中世纪中期的武器、用具以及服装都被清晰地描绘在画作之中。

“十字军东征”是怎么回事？

来自西方国家的骑士团队呼喊着“以上帝之名”的口号浩荡出征，目的是从穆斯林手中解救位于耶路撒冷的基督的圣墓。十字军战士坚信，他们所发动的是正义的战争。

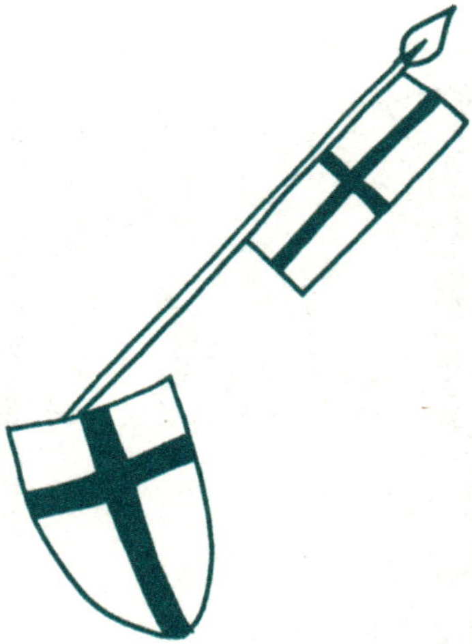

对于中世纪中期的教廷而言，通过战争手段来传播和捍卫信仰是一件值得考虑的事。将人们的仇恨引向外部，就能够更容易地维持内部的和平。除此之外还存在着对世界末日的恐惧：很多人害怕因自己犯下的罪行而遭受上帝的审判，谁以十字军的名义参加了针对异教徒的战争，就可以免受上帝的惩罚。掠夺的贪念也成为东征的理由之一：传说中东方有着无尽的宝藏，等待着人们去获取。所以，当信奉伊斯兰教的土耳其人以杀戮和强奸亵渎了位于巴勒斯坦的圣地这一消息传来，教皇乌尔巴诺二世在 1095 年 11 月号召教众武装朝觐时，一时应者云集。

朝觐：朝圣之旅。

士兵从欧洲各地蜂拥而至，组成数支队伍向东开进，其中甚至包含一支由农民和穷人组成的十字军队伍（这支队伍只前进至君士坦丁堡附近）。1099 年 7 月 15 日，十字军攻克了耶路撒冷，在巴勒斯坦建立了国家。在之后的两个世纪中，欧洲人不遗余力地希望将圣地纳入基督教的统治，因此在第一次十字军东征之后，还进行了数次东征。

1212 年，甚至有一支由青少年组成的儿童十字军向巴勒斯坦地区进发。

西方国家在圣地所获之物最终又一点一点地重新回到了穆斯林的手中。1291 年，基督教势力不得不从其最后一个据点阿卡撤出。

谁被称作“人间奇才”？

据说他可以讲9种语言，并掌握了其中7种语言的书写。来自全世界的学者都是他的门客。较之其他，观察自然是最令他感兴趣的事。也有人认为，他一定是与魔鬼做了交易。

腓特烈二世出身于霍亨斯陶芬家族，他的祖父是红胡子皇帝腓特烈一世，曾发起过长时间的战争攻打意大利北部的诸多城市，他的父亲是亨利六世，通过联姻最终成为由诺曼人统治的西西里王国和南意大利地区的统治者。腓特烈二世基本一直在意大利居住，极少经营他与德国的关系。

他自 1212 年成为国王，1220 年加冕为皇帝。他在继承下来的位于南方的土地上建立了一个官员起主导作用的现代国家。在那不勒斯，他成立了西方历史上的第一所国立大学，并在巴勒莫建立了豪华的皇宫。他与穆斯林艺术家与学者常有来往，并允许撒拉森人（即迁入的阿拉伯人）加入他的军队。他极不情愿地响应了教皇有关十字军东征的号召，在巴勒斯坦通过谈判手段换回了 1187 年基督教势力被迫放弃的圣地耶路撒冷。他写过一本有关猎鸟的书，在普利亚地区所建造的著名的八边形猎宫蒙特城堡直到今天还在彰显着这位皇帝出色的艺术感官。同时代的人崇敬地将他称作“人间奇才”。遗憾的是，他的子嗣们在他死后（1250 年）没能守住霍亨斯陶芬家族的遗产。1268 年，家族中的最后一位继承者，腓特烈二世的孙子康拉丁在那不勒斯被推上了断头台。

成吉思汗是谁？

他的本名叫铁木真，意为“铁匠”。“成吉思汗”是他成为蒙古帝国的皇帝之后得到的别号，意为“拥有海洋四方”。有预言称他将雄霸世界。

蒙古族是生活在西伯利亚贝加尔湖地区的一个游牧民族。成吉思汗铁木真最初只是诸多部族首领中的一位。1188 年起，他逐渐统一了蒙古各部，1206 年，在蒙古贵族的会议上确立了他作为唯一的大蒙古国统治者的地位，此后他建立了一支骁勇善战的军队。蒙古人从最早臣服于他们的维吾尔人处获得了负责记录和文字工作的专职人员。其治下的汉族人和阿拉伯人也教会了他们有关作战和攻守技术方面的一些重要知识。

以此为基础，成吉思汗开始了一场前无古人的征战。中国北部、波斯北部以及中亚西部的地区都被并入了蒙古帝国的版图。1227 年成吉思汗去世时，蒙古帝国的疆域已经从中国一直延伸至俄罗斯。他的后继者拔都和窝阔台继续推行成吉思汗的扩张政策，征服了整个中国后继续西进，占领了俄罗斯。1241 年，蒙古人攻克了匈牙利，并在西里西亚战胜了波兰和德意志的骑士联军，为进一步进攻中欧地区铺平了道路。但窝阔台大汗突然去世的消息使得蒙古人迅速撤回。后来开始的侵略战争的对象则是东方地区：1258 年蒙古军队攻占了巴格达。1260 年蒙古帝国的权力达到顶峰，此后开始逐渐回落。

对于被征服民族来说，成吉思汗所发起的征服战争在某种程度上带来了灾难性的结果：城市片瓦无存，农田毁坏殆尽，所到之处空无一人。由于蒙古人的征服战争，匈牙利的人口损失近半。

侵略：以武力方式入侵他国。

在中世纪的城市中人们是如何生活的？

一直到1000年前后，自然经济形态在欧洲依然十分普遍：那时还不存在货币，人们从事简单的物物交换。在经济相对发达的意大利北部地区，这一情况开始得以改变。

货币也进入了中欧地区，城市就是这方面的先行者。城市中积累着新时代的财富，一句广为流传的话说“城市的空气使人自由”。虽然最初在城市中也大量存在着将居民看成是自己的从属，也即私产的统治者，对待民众的方式与庄园主对待农奴毫无二致，但手工业和贸易的发展却使人们变得越来越独立。城市的统治者，大多数也是主教，对这种改变持支持态度，因为改变也为他们带来了更高的收入。在11至12世纪，市民推开统治者，开始自己管理自己的事务。

农村的居民也开始迁入城市。在城市中生活超过一年的人就获得了自由，可以选择成为手工业者或从事贸易。他们还需要加入相关行会，这是一个类似于职业协会的机构，负责颁布其成员必须遵守的工作和行为准则，保证同行之间不产生竞争。市民也自己组织了防卫共同体：每个人都有义务拿起手中的武器，为共同体而服务。

城市中实行自治，大多数城市中都有一个“议事会”，负责处理各行业组织提请处理的事务。议事会的成员常常是一些影响力较大或较有名望的家族的成员，议事会并不是由选举产生，而是由上一任议事会自己寻找并决定继任者的人选。

议事会：经过讨论并做出决定的一组人。

什么是黑死病？

这场名为黑死病的瘟疫是由跳蚤所携带的一种细菌引起，并借由其宿主老鼠进行传播。科学家在几百年之后才发现了这个复杂的事实。

1348 至 1350 年爆发的这场瘟疫的策源地很可能是在中亚地区，后来被海员经黑海携带至意大利的港口。瘟疫继续通过海路传播，影响遍及西班牙、法国、英格兰和斯堪的纳维亚等地。德意志帝国与俄罗斯也未能幸免。黑死病一共夺取了 2500 万人的生命，在个别城市中，多达一半的居民都被瘟疫夺去了生命，在农村地区，许多村庄已空无一人。

这场瘟疫的症状非常可怕：全身肿胀起包，并伴有黑色及蓝色的斑块，患者在几天内就会死亡。当时的医生对此束手无策，唯一可以采取的防止继续感染的措施就是隔离。病人会被人从他们生活的社区中清除。

由于缺乏有关传播途径的知识，当时的人们认为，这场瘟疫一定是上帝对这个世界犯下的罪行进行审判的结果。宗教狂热就此爆发，许多人用鞭子抽打自己，用自我惩罚的方式求得上帝的原谅。犹太人也被人们当成了替罪羊：人们怀疑他们在井水里下了毒。许多城市发生了集体迫害事件：犹太人被抓捕，他们的住所被烧毁，很多人被驱赶和杀害。

集体迫害：针对特定族群的挑拨和暴力行为。

德国的汉堡和不来梅至今仍被冠以“汉萨同盟城市”的名称。“汉萨”的意思是“一群人”，在这里是指一些商人结成的组织。起初这些商人只来自同一个城市，后来扩展到整个北德地区。

汉萨同盟想实现什么目标？

通过陆路及水路从事贸易活动的人必须考虑到遭遇袭击或抢劫，以及在法庭上无法争取到权利的风险。因此德国的商人结成组织，以便在处于危险时，能够得到其他人的帮助。德国的汉萨同盟成立不久便名扬欧洲。大约在 12 世纪中叶，科隆的商人在伦敦建立了第一个分支机构。汉堡和吕贝克的商人紧随其后，也在英国建立了他们的联络点。位于德国北部以及波罗的海沿岸许多以贸易著称的城市结成网络，它们都是汉萨同盟的成员。从挪威的卑尔根到法国的拉罗切利，贸易市场的链条一直延伸到大西洋海岸。

汉萨同盟不仅是一股经济力量，也是一股政治力量。这一点体现在其与丹麦国王瓦尔德玛四世的冲突当中。这位国王曾袭击了汉萨同盟的一个成员，哥特兰岛的维斯比市，并就此引发了一场战争。战争最终以汉萨同盟的舰队取胜而告终。在《施特拉尔松德条约》（1370 年签订）中，丹麦国王不得不确认德国商人享受的所有权利。汉萨同盟也曾战胜过海盗：克劳斯·斯托特贝克，北海上的一位可怕的海盗，1401 年在黑尔戈兰岛被汉堡人抓获，并与他的 70 名同伙一同被处死。

汉萨同盟最重要的贸易品包括来自俄罗斯的皮草、来自瑞典南部的鲱鱼以及来自佛兰德斯的布料。

谁是圣女贞德？

“请不要害怕”，她对男兵们说。也确实如此：在这位女孩挥舞着旗帜在男兵中出现时，士兵们不再害怕，勇敢地冲向敌人，直至将其战胜。

法兰西和英格兰之间自 1337 年开始爆发战争，战争的核心问题是英国王室是否同时具有法兰西王国的统治权。在这场战争中，法国在很长的一段时间里处于劣势。到了 1429 年，法国的劣势甚至更加明显。只有奥尔良要塞还在法国的手中，一旦失去奥尔良，法国就将面临失败。这时出现了一位名叫让娜·达尔克的来自洛林的农家少女，她声称自己听到了神和大天使的声音，他们委托她将法国从侵略者的手中解救出来，并在兰斯为王位继承者查理加冕。

她被派往奥尔良，起初人们并不信任她能够成功地完成使命。但她的出现确实引发了奇迹，攻城的英国军队节节败退，在一系列的胜利之后，法国军队真的进入了兰斯，让娜也得以为王位继承者加冕。

之后，政客又掌握了话语权。让娜希望乘胜追击，但国王却更愿意谈判。在让娜不幸身陷囹圄，由于被英格兰人指控为女巫而判处死刑时，国王仍对她不加理睬，没有采取任何措施营救她。1431 年 5 月 30 日，她被烧死在鲁昂的火刑柱上。1453 年战争结束以后，法庭重新审理此案，这位坚强少女的冤情才得以洗刷，并被宣布她不是女巫。

谁在西方发明了印刷术？

几百年以来，书籍都是用手抄写完成的。负责这项工作的是修道院里在书写作坊工作的修士。因此在那时，只有很小一部分人才能获取有关世界的知识。

15 世纪，一位来自美因茨、很有学问的金匠约翰·古腾堡完成了一项具有革命性的发明：活字印刷术。美因茨的古腾堡博物馆原样仿制了他当时的印刷车间。

活字： 用于印刷的可移动的字模。

当时已经出现了所谓的木版书，人们在木块表面刻好插图和文字，涂好颜色后，像使用印章一样把刻好的内容印制在普通纸或羊皮纸上。为了获得足够大的压力，还需要用到螺旋压力机。

古腾堡改进了印书的方法：他用金属铸成包含大小写字母和标点符号的字模，字模的数量足够组成一篇较长的文字。字模的高度相同，可以拼成不同的单词，进而组成句行和整个段落。在一页书印刷完毕之后，可将单个字模从版上拆下，用来拼装下一页文字。

1455 年，古腾堡采用这种方法印制成功了第一部书，这是一部厚 1282 页的拉丁文圣经，印数为 185 册。活字印刷术成功地传播至全世界。如果没有古腾堡的发明，接下来的几个世纪中出现的数次大的思想解放运动是不可想象的。

但古腾堡本人并不知道这一点，1468 年去世时，他曾负债累累，真正用他的发明来做生意的却另有其人。

东罗马帝国存在了多长时间？

在西罗马帝国灭亡之后，东罗马帝国，又称拜占庭帝国，继续存在了很长一段时间。东罗马帝国的皇帝定都在君士坦丁堡，也就是今天的伊斯坦布尔。他们把自己看作是西方国家抵御伊斯兰教的壁垒。

在君士坦丁堡生活的人们不讲拉丁语，而是讲希腊语。但这并不是东西罗马唯一的区别。在信仰上两个地区的人们差别也很大。虽然两个帝国都信仰基督教，但君士坦丁堡的宗主教从不承认罗马的教皇是他们最高的统治者。1054 年，两个教派正式宣布分裂。两个教廷的最高统治者恶语相向，从此开始了东西教会大分裂的时代。

宗主教： 东正教中对最高神职人员及大主教的称号。

尽管如此，拜占庭帝国的皇帝还是在 1095 年向教皇求援，希望他能协助对抗从东部威胁其帝国的土耳其人。正因为如此才有了后来的十字军东征（见第 42 页），但军队前进的方向——耶路撒冷，却让拜占庭人心存芥蒂。在第四次十字军东征的过程中（1202—1204），来自西方的军团甚至占领并掠夺了君士坦丁堡，将拜占庭帝国看成自己的私产长达数十年之久。1452 年，土耳其人来到君士坦丁堡并突破了城防。经过艰苦的战斗，苏丹穆罕默德二世于 1453 年 5 月 29 日以征服者的身份进入了这座城市。将圣索菲亚大教堂（6 世纪由皇帝查士丁尼建造）改造成一座清真寺，可以被看作是伊斯兰教胜利的标志，苏联时期人们不愿承认这一点，但近年来的考古发现证明，来自瑞典的维京人在俄罗斯建国的过程中发挥了作用：他们中的一些商人和殖民者在俄罗斯几大主要河流流经的区域定居下来。

俄罗斯帝国是怎样建立起来的？

今天，人们认为基辅罗斯是俄罗斯历史的发源之地。“罗斯”一词的含义很多，但所有的含义都指向斯堪的纳维亚。据信，一位名叫留里克的富有传奇色彩的维京人作为所有俄罗斯统治者的祖先，于 862 年在诺夫哥罗德附近建立了国家。事实上，9 世纪与 10 世纪，来自北欧民族的一些上层人士一直统治着芬兰湾、黑海和里海围成的三角形区域，他们很快便融入了当地民众的生活。

乌克兰的基辅构成了王国的中心。该王国在政治上独立，在文化和宗教上则深受拜占庭帝国的影响。1240 年在蒙古入侵欧洲时，该王国覆灭（见第 44 页）。位于俄罗斯地区的蒙古可汗国是金帐汗国。14 世纪，伊斯兰教被定为此处的官方宗教，但长久以来定居在这里的俄罗斯人还被允许继续信仰基督教。

1485 年金帐汗国灭亡，莫斯科公国成为俄罗斯帝国的前身。它与教廷的关系密切。在君士坦丁堡的宗主教体制结束之后（1453 年，见第 50 页），莫斯科公国将其自身看成是东罗马帝国的继承者，代表着真正的信仰，是所谓的“第三罗马”。大公伊凡三世（1462—1505）已经将自己称作“沙皇”，意为“皇帝”。

“金帐汗国”这一名称来自于当时用来装点统治者帐篷的金箔。

印度教与伊斯兰教是何时开始在印度出现的？

在欧洲中世纪之前很长一段时间，印度就已经发展出了繁荣的文化。在 320 至 535 年间的笈多王朝时代，印度地区就存在着享誉四方的舞蹈、戏剧、诗歌与科技。

笈多王朝的统治阶层对奢侈品与教育提出了很高的要求。这一点除了表现在人们重视化妆和穿着体面之外，也反映在美食、香水、音乐、绘画、诗歌与科学的成就上。印度的数学家发现了“零”以及十进制的方法，这样一来就可以做到用十个不同的数字来描述很大的数值，计算也变得简单了许多。

莫卧儿帝国时期出现了很多不朽的建筑艺术品，如阿格拉的泰姬陵（建造于 1632 至 1654 年）即为当时的皇帝沙贾汉为其早逝的妻子所建造。

700 年以后，印度教开始在印度传播。与佛教相反，印度教并非借助外力推广，而是在历史上自然而然发展起来的宗教。印度教保留了种姓制度（见第 16 页）、轮回转世、寻求救赎等内容，核心是认为存在一种主宰万事万物的秩序法则，任何一个生命体都可以在其中找到自己的位置，其中起决定作用的是他们之前所做的善行或恶行。

1200 年前后，伊斯兰教也传入了印度，在德里成立了苏丹国。伊斯兰教与印度教格格不入，这一点直到今天还在影响着印度的社会关系。德里苏丹国在蒙古人入侵欧洲（见第 44 页）及土耳其统治者帖木儿的征讨下覆灭。帖木儿的后代巴卑尔于 1526 年建立了莫卧儿帝国，一直存在至 1658 年。这一帝国的特征是宽容：在相当长的一段时期里，宗教上的敌对都被成功地限制在一个可以接受的范围内。

中国的长城是世界上规模最大的建筑之一，据说也是在太空唯一用肉眼可见的建筑物。它全长 6250 公里，从今天的哈萨克斯坦境内一直延伸到太平洋海岸。

谁建造了中国的长城？

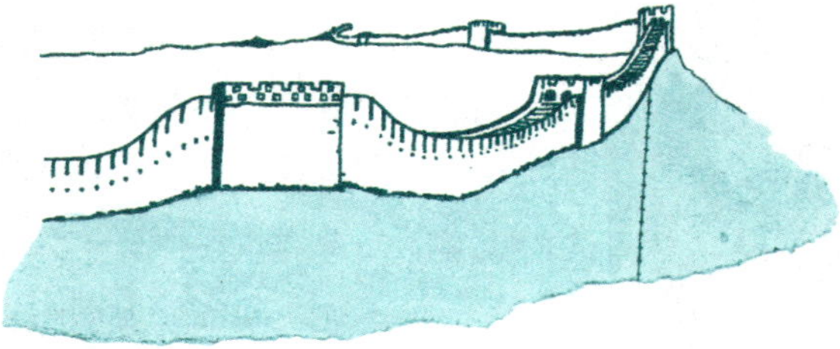

造长城的目的是使中国免受来自北方的威胁。长城的修建早在公元前 2 世纪就已经开始，最早只筑起了一些土墙，后来在部分地段又建起石砖墙。今天的长城具有烽火台和齿状墙冠的样子，则是在明朝皇帝治下（1368—1644）建成的。

中国人不仅建造了很多宏伟的建筑，比起受基督教影响的西方国家来，他们在技术上也遥遥领先。中国人发明了火药和炮仗，掌握了制瓷的技术，他们发明的用于印刷的胶泥活字，比起古腾堡发明的活字印刷术来（见第 49 页）还要早得多。

早在中世纪时期，中国和西方国家就存在着交通往来。许多货物在所谓的“丝绸之路”上集散。13 世纪，教皇所派出的传教士也开始在中国传教。

威尼斯人马可·波罗在他所著的游记中曾详细地记述了中国所取得的成就。1271 至 1275 年间，他曾陪伴他的父亲和叔叔到中国北部从事贸易，在皇宫中见到了蒙古帝国的统治者忽必烈。忽必烈曾委托他完成了一些不同的任务。1295 年，他又重新回到威尼斯。

古代美洲存在哪些文明？

人类文明不仅存在于欧洲和亚洲，在 16 世纪西班牙的探险者和殖民者进入印第安人的世界之前，中南美洲也有类似的文明存在。

在墨西哥南部和危地马拉就存在着古代印第安文明的中心。这一地区直至今天还可以找到托尔特克文明、奥尔梅克文明及玛雅文明中人们所建造的巨大庙城的遗迹。玛雅人以数学和天文学见长：他们不仅有精确的历法，而且还掌握了一种由图形和抽象符号构成的文字，在破解这些文字的过程中，直到今天还存在着一些不解之谜。13 世纪，最后一个在这一地区定居的民族是阿兹特克人，作为一个好战的民族，他们常以人为祭品来祭祀太阳神。

另一个古代文明的中心在今天的秘鲁，一直延伸至厄瓜多尔和智利北部。印加部落在这里留下了令人叹为观止的石制建筑，比如在印加帝国首都库斯科用巨大的石块建起的无灰浆石墙，又如在海拔极高的山脊上建造的马丘比丘古神庙。约 1200 年起，印加人就生活在一个组织相对严密的国家中，他们拥有完善的灌溉系统和高度发达的道路设施。

在哥伦布发现美洲大陆（1492 年，见第 58 页）、西班牙人开始探索中美洲沿海地区之后（1502 年以后），印第安文明逐渐消失。1519 至 1521 年间，阿兹特克帝国在埃尔南·科尔特斯的征讨下覆亡；1531 至 1536 年间，征服者弗朗西斯科·皮萨罗摧毁了印加帝国。

4.

近代史

Die Neuzeit

文艺复兴和人文主义在何处兴起？

中世纪的人们生活在一个死板的、由基督教信仰规制好的社会秩序之中。随着技术和经济的发展，这一社会秩序变得越来越脆弱。

意大利的情况是这一点最明显的体现。长期以来，德意志的皇帝一直试图在意大利加强其最高统治，但最终却不得不任由事态自行发展。许多城市纷纷宣布独立，成立了自治的小型共和国。人们建立了银行来管理金融事务，德语中今天仍存在的一些如账户（Konto）、转账（Giro）、净（netto）、毛（brutto）等词汇表达都在证明，这些经济方面的重要概念是意大利人最先开始使用的。

人们开始从独立的个体的角度重新认识自我。作为个体的人是自由的，有权做出关于自己的决定。个体的人未必要信仰其他人的信仰，也未必需要与其他人保持一致的想法。之前的艺术创作总是与宗教主题紧密相连，而此后的艺术创作则是为了赞颂人体之美：艺术家们创作出写实的肖像画与风景作品，并自觉地将自己的角色定义为创造者。

在意大利诸多共和国城邦中，谁具有足够的执行力，谁就可以取得成功。白手起家的、被称作是“雇佣兵队长”的带兵人，带领拥护自己的一众士兵东征西战，最终可以成为一国之君。佛罗伦萨人尼科洛·马基雅维利（1469—1529）还就此发展出一套合适的理论。自那以后，“马基雅维利主义”就成为无止境地追求权力和利益的政策的代名词。

以自由的个人为核心概念的启蒙运动在 15 至 16 世纪迅速波及整个欧洲，人们将其称作“复兴（rinascità）”。今天人们常用的“文艺复兴（Renaissance）”这一概念则来源于这个词的法语版本。人们想要复兴的是古代世界，即古希腊和古罗马的传统。在城市共和国中随处可见重建起来的希腊城邦（见第 20/21 页）的影子；文艺复兴时期的建筑艺术则遵循了罗马时期建筑师维特鲁威于 1 世纪提出的建筑理念；雕塑艺术也以古代城市遗迹中的大理石人像为蓝本。

古代阿波罗和维纳斯的雕像在文艺复兴时期被认为是非常具有价值的，但在此前的几个世纪中，它们都被贬损为“异教的邪恶雕像”。

古代流传下来的历史文献也被重新解读，这主要体现在人文主义者的著作中。人文主义者是指一些学者，他们致力于研究生活在古希腊与古罗马时代的作者，将其有关自由人的观点重新发掘出来。为了让他们的学生能够翻译这些著作，他们描述了这些已不再为人使用的语言的语法规则。这些语法至今仍然能够帮助我们理解现代语言的结构。这也是人文主义者所做出的贡献之一。有关语法规则的知识主要是通过研究雄辩家西塞罗的拉丁语著作而得到的。

关于世界的认知与关于人的认知同步发展。

尼古拉·哥白尼（1473—1543）的学说认为，地球是围绕太阳旋转的。与之前人们的设想不同，地球不再是宇宙的中心，而是太阳系许多行星中的一个。教廷否定了这一学说，哥白尼所著的介绍其研究结论的书籍也被禁止。经过了相当长的时间，教廷才接受了哥白尼对世界的认知。

谁是最早的发现者?

自君士坦丁堡被土耳其人占领（1453 年）以来，欧洲与东方的商路即被切断。欧洲人如何才能得到来自印度的名贵香料？唯一的办法只有通过海路。西班牙人和葡萄牙人开始了他们的探索。

1492 年，克里斯托弗·哥伦布率领着一支由三艘小船组成的船队从西班牙的帕洛斯港出发，向西南方向行进。他的目的地是印度，希望通过环球航行最终找到这片土地。在他所处的时代，天文学家和地理学家已经普遍认为地球是圆的，但普通民众对此还知之甚少。甚至哥伦布船队里的一些海员也在担心，他们有一天会到达圆盘状的地球边缘而坠下。

哥伦布并没有找到通往印度的海路，却发现了美洲。继他之后到达美洲的一些入侵者推翻了中南美洲原住民（见第 54 页）的王朝，建立起第一批殖民地。其目的首先在于抢夺金、银等矿产资源，为达到这一目的，他们强迫原住民为其劳动。

殖民地：被宗主国占有，对宗主国政治、经济具有依赖性的国家和地区。

领域：特定的范围。

在 1519 至 1522 年葡萄牙航海家斐迪南·麦哲伦（效力于西班牙政府）完成环球航行之后，地球的球形构造最终被证实。

葡萄牙人则选择了绕行非洲大陆的航海路线。1497 至 1498 年间，瓦斯科·达伽马到达了印度西部地区。由于香料贸易有利可图，它迅速成为葡萄牙人的一个贸易领域，葡萄牙人还在印度设立了贸易机构。至此世界暂时被划分为两个部分，根据教皇亚历山大六世在 1494 年作出的仲裁，西班牙和葡萄牙殖民地以西经 40 度作为分界线。在后来的一份相似的协定中，又将东经 130 度作为分界线写入。这样一来，巴西、非洲、印度为葡萄牙的势力范围，美洲的其他地区以及太平洋上的岛屿则属于西班牙的势力范围。

马丁·路德想做什么?

长久以来就存在着对宗教进行全面改革的呼声，马丁·路德的出现使这一切成为了现实。事件的起因是教廷为在罗马建设圣彼得大教堂而筹款这一不合理的举动。

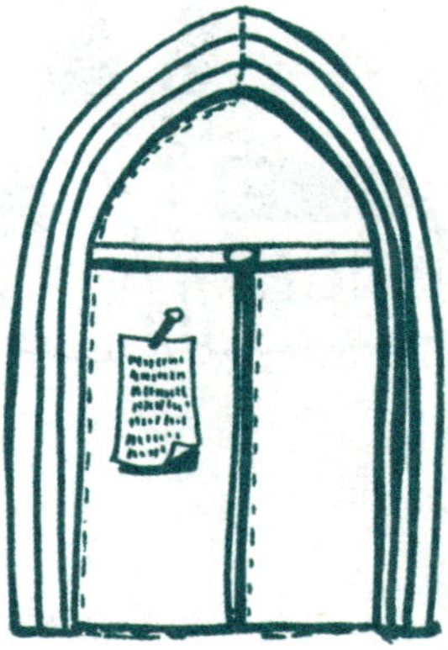

教皇的代表在德国各处兜售所谓的“赎罪券”，据说拥有了它，就可以免受地狱之火的折磨。

奥思定会修士、神学教授马丁·路德则认为，人们不应因其行为，而应单纯因其信仰、通过上帝的仁慈得到公平。由于“赎罪券”的交易与他本人的观点相悖，他发表了题为《九十五条论纲》的论战文章，并邀请维滕贝格大学的同行来参加讨论。该文章在路德朋友的协助下印刷出版并传遍了全德国，在各处都引起了共鸣。

由于担心“赎罪券”交易及教廷权威受到影响，教会要求路德收回他的主张。路德拒绝了这个要求，并提出教会需要从《圣经》中找到他错误的证据。没有人能做到这一点。1521 年，路德在沃尔姆斯的帝国国会上接受审判时，也依然保持了强硬的态度。之后，国会对路德颁布了帝国禁令（任何人发现路德，均可直接将其处死），但最终未能执行，原因是萨克森选帝侯把他送进了位于图林根的瓦特堡，保护了他的安全。在瓦特堡期间，路德翻译了圣经《新约》，他的主张也通过印刷品（见第 49 页）到处传播，被人们广为接受。

教会为什么会分裂？

革命并不是路德的目标。路德并不想成立自己的教会，而只是希望对现有的教会进行改革。但宗教改革最后的结果却走得更远，教会的一部分最终脱离了教皇所主导的罗马教廷。

路德并没有过激的想法，这一点在1525年爆发农民战争时就可以看出来。起义的农民宣称受到了来自维滕贝格神学家的启发，但路德则故意撇清其与农民起义军的关系。他告诉农民，每个人都是统治者的臣民。与很多支持他的人——如托马斯·闵采尔——的观点相悖，路德主张帝国的军队应对农民起义进行血腥的镇压。

秉承路德学说的教派被称作福音派（因其主张回到《福音书》原文）或新教教派，其基本原则被记载在1530年提出的《奥格斯堡信条》中。有些地区的统治者允许新教发展，在这些地区，新教也逐渐拥有了自己的教会组织。帝国的另一部分地区仍然掌控在教皇手中，教皇所领导的教会则被称作天主教会。新教和天主教双方曾在施马尔卡尔登战争中兵戎相见。站在天主教一方的皇帝查理五世在米尔贝格战役中获胜，但由于外敌的入侵，他并没有守住胜利的果实。在1555年签订的《奥格斯堡和约》中双方达成了妥协：新教获得了与天主教平等的地位，各地的统治者自行决定在辖区内信仰哪一个教派。

在所谓的反改革运动中，天主教的信徒试图重新建立旧的宗教秩序，查理五世（1519年成为皇帝）就是这一观点的追随者之一。

查理五世是哈布斯堡王朝的皇帝，哈布斯堡王朝在当时就被称为“日不落帝国”。查理五世试图步查理大帝的后尘，成为和平和信仰的捍卫者。

谁是查理五世？

查理五世是通过贿赂登上王位的。他曾向负责选择德国国王的选帝侯支付了大量钱财，这些钱来自奥格斯堡的富格尔商人家族，该家族被许诺可以得到商业上的好处。

查理在当选国王时年仅 19 岁，他在荷兰长大，德语并不好，对德意志帝国的情况也知之甚少。

他生活和思考的格局并不小。作为皇帝马克西米利安一世的孙子，他继承了西班牙、那不勒斯以及勃艮第王国荷兰地区的统治权，通过联姻争取到了葡萄牙，1530 年又加冕为博洛尼亚的皇帝。查理五世打赢了针对土耳其、法国及德国新教诸侯的战争，并在中南美洲建立起西班牙的第一块殖民地。一个大帝国的版图逐渐形成。

但查理五世复兴中世纪王国体制的设想却与新的时代格格不入，也无法对人文主义、文艺复兴（见第 56/57 页）、宗教改革（见第 59 页）等思想解放运动的要求作出回应。他生命的最后几年自觉交出了手中的权力，孤独地隐居在西班牙的一个修道院中，直至他 1558 年去世。

为什么会爆发三十年战争？

由于1555年签署了《奥格斯堡和约》，德国宗教对立的情况暂时得到了缓解。1617年来自奥地利的天主教徒斐迪南被选为波西米亚的国王之后，教会的对立又被重新引发。

斐迪南很快开始尝试将大片信仰新教的土地改成信仰天主教。1618年5月23日，新教徒发动起义，冲进布拉格城堡，将斐迪南的两位帝国大臣从窗口抛出。这一事件成为引发战争的导火索。这场战争在德国境内持续了三十年之久。起初，这只是一场宗教战争，很快一些政治利益也牵涉其中，战争的时间持续得越长，这种情况就越明显，因为被卷入战争的各方势力也越来越复杂。最终，半个欧洲都被卷入了这场位于德国土地上的战争。

在新教一方，丹麦国王克里斯蒂安四世于1625年参战；1630年，瑞典国王古斯塔夫·阿道夫的身影出现在战场上；1635年，法国军队也被卷入了战争；英国与荷兰还为战争提供了资金。天主教一方则得到了来自西班牙的支持。

许多军队中都有雇佣兵。他们并不是为打赢战争，而是为钱而战。正因为如此，军阀阿尔布雷希特·冯·华伦斯坦（1583—1634）才能组织起庞大的军队。

民众不得不承受战争的后果。三十年战争对于民众的依赖超过以往任何一次战争。军队以从老百姓手中抢来的东西为生，为了养活打仗的士兵，许多城市和村庄都被残酷掳掠。

这场战争没有赢家。1648年，战争各方在明斯特和奥斯纳布吕克签订了《威斯特伐利亚合约》。这一合约所确立的秩序在中欧持续了150年之久，此后在中欧地区再也没有发生过因宗教而起的战争。

谁是太阳王？

他让画师把他的肖像绘制成天神阿波罗的模样，驾驭着太阳战车前的骏马；宫廷舞会上，他穿着金光闪闪的盛装起舞，就像是正在升起的太阳——对于路易十四而言，太阳就是其统治的标志。

在路易十四 1661 年取得王位时，法国正处在一个辉煌的时代。三十年战争（见第 62 页）多少给法国带来了一些影响，这场 16 世纪的宗教战争（天主教与新教之间的战争，新教徒在法国被称为胡格诺派）所带来的创伤日渐平复。法国拥有自己的文官系统，有由国家掌控的、运行良好的经济体系，还有一支随时可以投入战斗的武装力量。

法国的整个国家结构都是围绕处于国家机器最顶端的国王量身设计的，这种政体形式也被叫做专制主义，而太阳王路易十四治下的法国，就是这种政体形式的典型代表。专制意为不受限制，君主面对其臣民时虽然拥有绝对的权力，但仍须受到道德和宗教法的约束。这一点使得专制主义有别于暴政或独裁。路易十四在位的时间很长（直到 1715 年），其间针对西班牙、荷兰、英国和德国发动了数次战争。战争的目的是加强法国的权力，但同时也使得国库捉襟见肘。最终让国家破产的，是花了半个世纪才建成的富丽堂皇的凡尔赛宫，以今天的货币单位计算，建设这个坐落在巴黎近郊的宫殿大概花费了 250 至 300 亿欧元。

人们认为“朕即国家”是路易十四的名言，但这是否是他亲口所说还存在争议。

英国议会为争取哪些权利而斗争？

在英国，皇帝的权力受到议会的限制。议会上院主要由高级贵族和高级神职人员代表组成，而下院则主要由级别较低的贵族和较富裕的资产阶级代表组成。

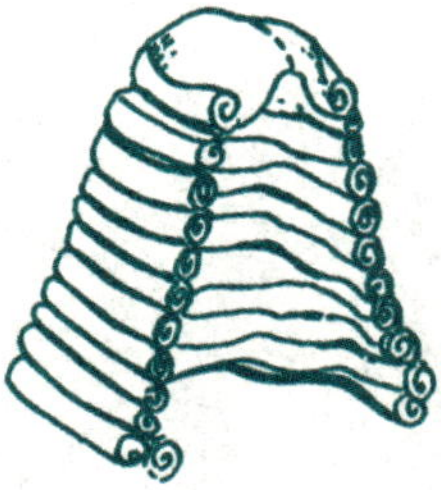

议会具有决定税收的权利。在这个问题上，议会中的议员常常与国王发生冲突。国王希望将钱用在皇室日常开销和战争上，但他的臣民恰对此持反对态度。在斯图亚特王朝国王查理一世治下，议会与国王甚至爆发了公开的冲突。国王带领士兵冲进了下议院，试图逮捕持反对意见的议员，由此引发了1642 年开始的英国内战。议会军在士绅出身的奥利弗·克伦威尔的领导下最终取得了胜利。查理一世接受了法庭的审判，并于 1649 年 1 月 30 日被斩首示众。这对于当时的欧洲而言是一件激动人心的大事。

之后克伦威尔建立了独裁政权，但随着他 1658 年逝世，政权也分崩离析。虽然 1660 年起英国又有了国王，起初仍来自斯图亚特家族，后来来自奥兰治家族，但议会的权限以及资产阶级自由权利却以书面形式被规定下来：在 1679 年颁布的《人身保护法》中就规定，没有法院的命令，警察不得关押任何人。1689 年颁布的《权利法案》则确认了议会所拥有的决定税收的权利，议会在其开会场所内的言论自由权得到了保障，此外还规定议会有权颁布法律，国王从议会手中获得象征王权的王冠。这就是君主立宪制的基础。

君主立宪制：存在国王，但国王必须遵循宪法的国家形式。

俄罗斯独裁政体是什么?

独裁作为一种统治风格，长期以来在俄罗斯一直存在。独裁意为一个人的统治，最著名的独裁者包括伊凡四世，又称伊凡雷帝，以及被称作彼得大帝的彼得一世。

伊凡四世在三岁时就被封为俄国的摄政王。1547 年成为沙皇后，在为他服务的贵族及侍卫的支持下，他开始对帝国进行改革，削弱世袭贵族的权力。他使用暴力镇压反抗，处死他的反对者，剥夺其财产或将其流放，有时甚至能达到消灭整城居民的程度。民众默默忍受了他的恐怖统治。无论沙皇如何残暴，他毕竟是经认定的统治者，这一点怎样都无法改变。

一项对于俄国历史来说有着重要意义的措施要归功于沙皇伊凡四世：1558 年，他授予了斯特罗加诺夫商业家族西伯利亚地区的土地所有权证。人类历史上最大的征服行动之一就此拉开序幕：乌拉尔山背后的广袤土地得到了开发。

同样充满改革热情的还有彼得大帝。1689 年继承皇位之后，他竭尽全力使落后的俄国建立与欧洲的联系。他把海外的专业人士请进国内，建立了新的都城圣彼得堡，并向包括胡型及民族服装样式在内的老俄罗斯传统宣战。遇到抵抗时，他同样以死刑作为武器，就连自己的家人也不放过：他的儿子阿列克谢就曾被他投入监狱饿死。

谁是“老弗里茨”？

普鲁士因其低产的土壤而被嘲笑为“德意志帝国的沙盒”。由于其明智且节约的经济生产方式，普鲁士王国在17与18世纪的地位节节攀升。

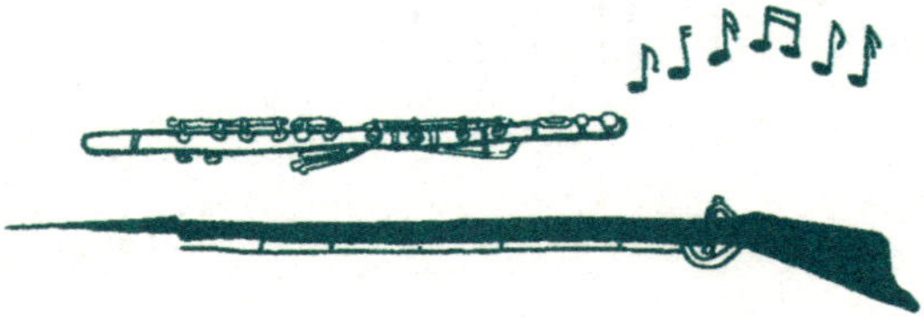

“我是国家的第一仆人”，他的父亲腓特烈·威廉一世这样说道。作为儿子，腓特烈二世对这句话身体力行。在他的父亲去世，由他继承了王位之后，他将所有的精力都放在了扩大普鲁士王国的版图上。他义无反顾地投入针对奥地利、法国和俄罗斯的战争，与他的军队共同经历过弹尽粮绝的痛苦，而且一度试图身先士卒进入混乱的战场杀敌，最终被人拦下。

后世的人们尊他为腓特烈大帝，但对他的下属而言，他却是“老弗里茨”。数量众多的轶闻趣事都在描述他接地气的，有时甚至十分“现代”的生活态度。比如他支持新闻自由（“报社的工作不允许被妨碍”）和宗教宽容（“在我的国家，每个人都可以以自己的方式信仰上帝”）。他还指示法官：“无论身份、老幼、贫富”都应该平等地适用法律，并率先垂范：在他的住处无忧宫附近有一个磨坊，里面发出的响动经常打扰到他。他向磨坊主提出要购买他的磨坊，并威胁说，如果不卖，就将他的磨坊没收。磨坊主回答说，在柏林有一个高等法院，可以保护他免受国王恣意妄为带来的损失。腓特烈二世最终放弃了他的想法，磨坊被保留下来。

早在 16 世纪，葡萄牙人和西班牙人就成为第一批出海远航、建立殖民地的殖民者。紧随其后的是英国人、法国人和荷兰人。欧洲征服了整个世界。

最早的殖民战争在何处爆发？

就算是最偏僻遥远的地区，也挡不住人们探索的脚步，比如美洲与格陵兰岛之间的海域（1585/1610 年）、北极地带（1648 年）及太平洋群岛中的水路。荷兰人阿贝尔·塔斯曼于 1642 至 1659 年间先后发现了毛里求斯岛、塔斯马尼亚、新西兰和新几内亚；英国人詹姆斯·库克进行了三次大航行，足迹遍及澳大利亚、新喀里多尼亚、新赫布里底和复活节岛海岸。特别是他还发现了夏威夷，1779 年，他在这里被当地人杀害。

人们成立了贸易公司，它们联合起来掠夺亚洲和美洲的财富，在这一过程中，各殖民者间的竞争很快出现。在印度，荷兰人首先将葡萄牙人赶出了自己的势力范围，这一地区随后又落入了英国人手中，英国人为保护自己的利益还曾对法国开战。在加勒比地区，这些贸易大国也存在着同样的竞争。法国人占领了北美大陆北起加拿大、南至密西西比（路易斯安那）的大片地区。英国人最初定居在东海岸，新英格兰地区因此应运而生，许多曾遭受欧洲宗教迫害的人都在这里居住。殖民势力的不断扩张使得殖民地列强之间的冲突在所难免。在 1754 至 1763 年的美国殖民战争中，英国最终战胜了法国。

詹姆斯·费尼莫尔·库柏的系列小说《皮袜子故事集》就是以殖民战争为背景写成的。

启蒙运动的目标是什么？

17与18世纪，欧洲人的精神生活终于摆脱了教廷的束缚。有关地球的科学研究蓬勃发展，可以探索新知识的领域看起来无穷无尽。启蒙运动的时代开始了。

启蒙意味着什么？德国的哲学家伊曼努尔·康德给出了他的解释：启蒙便是“人脱离他强加于自身的那种不成熟”。

简单地说，就是运用自己的理智，不再让他人决定思考什么和怎样思考，并与成见和迷信进行斗争。

这一理念的载体是市民阶级。

理想：追求的目标。
人文：与人性相关的。
教育：这里指教育学。

在技术革新与科学进步方面，市民阶级一马当先，贵族却日渐衰落。市民阶级拥有“理想（Ideale）”，理性、批判的勇气、思想自由、宗教宽容以及人文修养都是其题中之义。

启蒙思想家们关注的问题非常广泛，既包括教育和文学领域，也包括哲学、历史与自然科学，甚至宗教领域也没能挡住他们前进的脚步。

启蒙运动在经济与社会领域的影响主要表现在自由主义上，意即可以自由经营、自由贸易和自由竞争，不受国家的干涉。如果所有的人都追求利润，那么经济就会变得繁荣，所有人的福祉也会提高。人们提出的口号是“让他做，让他去”（Laissez faire，laissez passer）。

启蒙运动也是政治学发展的重要推动力量。英国思想家约翰·洛克与法国思想家夏尔·德·孟德斯鸠提出了有关人民主权、三权分立及反抗权的学说。对于英美的民主派来说，这些学说是具有决定意义的要素。

当然也有更加激进的观点。这一观点的提出者是日内瓦作家、教育家让 – 雅克 · 卢梭。他提出了社会契约论，认为所有的权力都属于人民，只是人民在一定的时间内达成契约，把权力让渡给了政府。卢梭提出了一个重要的区别：人民的意志并不是所有人个人意志的加和（众意），而是以公共利益为依归的“公意”。有时少数人也可以代表“公意”。这一观点使卢梭点燃了法国大革命（见第 72 页）的火种。在法国大革命中，哪怕是极小的政治派别也试图把革命推向前进，他们都声称自己代表“公意”，所做的是正确的事情，完全不顾大多数人是否愿意与之为伍。

荷兰人胡果 · 格劳秀斯认为国家产生于人类的社会性，即人类自愿组织起来结成国家。每个人都拥有生存、自由、财产等自然权利。格劳秀斯的学说对上帝对统治者的救赎及征服战争均持否定态度。

主权： 一个国家的统治权。

三权分立： 将国家的权力分为立法、司法、行政三部分。

让 – 雅克 · 卢梭（1712—1778）

为什么美国的殖民者反对他们的宗主国英国？

英国政府对其殖民地肆意压榨，这引发了北美殖民者的反抗，他们不想一直受到来自伦敦的剥削。

试图增加税收和关税的政策引发了殖民地与宗主国之间的矛盾。“如果没有人代表我们在英国国会上发声，我们就拒绝交税！”——这是美国东海岸弗吉尼亚、马萨诸塞及其他新英格兰各州的殖民者所喊出的响亮口号。对来自东印度公司的茶叶征收进口税成为了这次矛盾的焦点事件。1773 年，化装成印第安人的殖民者冲上了停在波士顿港口的一艘商船，将 342 箱茶叶投入水中。这件事作为“波士顿倾茶事件”被载入美国历史。三年之后，这些殖民地脱离了与宗主国的关系，宣布独立。他们在庄园主乔治·华盛顿的带领下展开了与英军的斗争。在法国的支持下，新英格兰地区的 13 个州取得了军事上的优势。1783 年，各方签订《巴黎条约》，英国放弃了在美国的殖民地，只保留了加拿大。1787 年，美国独立各州在之前组成的松散的邦联的基础上成立了美利坚合众国。作为一位成功的军队统帅，乔治·华盛顿被选为美国第一任总统。美国制定了宪法，其中确立的三权分立、互相制衡的原则，也成为现代民主国家建政的基本原则。

进口：从国外买入商品。

各殖民地宣称，其独立的基础是人人生而具有的生存、自由及追求幸福的权利。

奴隶制与奴隶贸易是何时结束的？

奴隶制在古代文明中就已经存在，最初的奴隶大多是战俘，他们被强制进行劳动。在罗马帝国时期，也有奴隶在从事农业生产。

驶入近代，欧洲本土的奴隶制已基本被废除，但殖民地的这一制度仍在延续，特别是在美洲，奴隶制甚至相当普遍。从 15 世纪末到 19 世纪初，奴隶贸易空前繁荣。

在西印度群岛以及今天美国南部地区的甘蔗、棉花、烟草种植园中，印第安人首当其冲被当作奴隶使用，这很快造成了整个印第安部落的消亡。一些头脑敏锐的商人萌发了从非洲运送劳动力的想法。

大约 1200 万奴隶通过海路被运送到美国，在路上成功地活下来并抵达美国的大约有 1000 万人。在奴隶市场上，无论男人、女人还是孩子，都像牲畜一样被出售。奴隶售出之后，就成为奴隶主的私有财产。如果奴隶过早死亡或因为劳动不够卖力而被奴隶主打死，没有人会追究奴隶主的责任。

由于启蒙运动（见第 68 页）的影响，英国政府于 1807 年首次采取措施抵制奴隶贸易。1815 年，欧洲国家达成一致，共同决定禁止奴隶贸易。但奴隶在几十年以后才得以重获自由。在美国，1865 年南北战争南方各州失败之后，奴隶制才得以废除。

法国大革命是怎样爆发的？

奢侈的宫廷生活与太阳王路易十四（见第63页）发动的数次战争使法国面临严重的财政危机，由于贵族和教士阶层不肯交出手中的特权，路易十四的继任者所推行的改革收效甚微。

市民阶层迫切要求从根本上改变现状。国王强加赋税促使三级会议于1789年6月在巴黎近郊的凡尔赛宫召开。由于贵族和教士阶层拒绝与市民共同投票，市民们便组成了国民议会，并发誓在法国通过新的宪法之前绝不解散。

在紧张的局势下又有谣言传出，指路易十六正在巴黎附近集结军队。听到这个消息后，首都巴黎爆发了起义，大量民众于1789年7月14日闯入一座中世纪的国家监狱，即巴士底狱。

攻占巴士底狱的日子后来成为了法国的国庆日，直到今天，人们还通过大型的游行活动来纪念这个日子。

以美国为榜样，8月26日法国也通过了《人权宣言》，1791年法国又有了新的宪法。虽然法国仍然是君主制国家，但走向共和已经成为不可阻挡的趋势。欧洲的其他国家也曾试图干涉，但其军队却被共和国的志愿军所打败。国王在试图出逃时被判处死刑，数以千计的革命派的反对者也遭受了同样的命运。最后，革命派内部也发生了分裂，互将对方送上断头台。在相对温和的力量于1795年成立了“督政府”之后，局势才渐渐归于平静。

5.

19世纪史

Das 19. Jahrhundert

拿破仑是如何起家的？

1789 年法国大革命爆发时，拿破仑还是一个小小的炮兵少尉；8 年之后，他即成为法国军队的统帅，所向披靡；又过了 8 年，他成了整个欧洲最有权力的人。

大革命时期为军队服务，可以很快成就自己的职业生涯。来自科西嘉岛的拿破仑·波拿巴就感受到了时代的召唤。继 1796 至 1797 年间在意大利北部战胜了奥地利人、1798 至 1799 年间成功远征埃及之后，他拥有了一支无条件忠诚于他的军队。1799 年 11 月 9 日，他在巴黎发动政变，后成为法兰西共和国第一执政。但他想要的还不止这些。1804 年，他自己为自己加冕，成为皇帝。

1805 年，他在奥斯特里茨打败了奥地利和俄国联军，1806 年，他又在耶拿和奥尔斯塔特战胜了普鲁士的军队。只有英国还能与之抗衡，它的海军舰队给拿破仑带来了几次惨痛的失败（1798 年阿布基尔湾海战；1805 年特拉法加海战）。拿破仑重新划分了中欧地区的国家版图，德意志神圣罗马帝国（见第 39 页）不复存在。他史无前例地将王位授予其家族的成员，甚至还为欧洲编纂了一部《拿破仑法典》（1804 年）。

拿破仑的征服战争一直在继续。1808 年，拿破仑进军西班牙，1812 年又进军俄国。物极必反，进军俄国的战争以惨败告终，拿破仑的撤退也引发了德国的独立战争。1813 年，法军在莱比锡战役中被击溃，也造成了拿破仑在欧洲统治的终结。

维也纳会议讨论了哪些问题？

拿破仑失败后离开了法国，被流放到地中海上的厄尔巴岛。欧洲各国的统治者齐聚维也纳开会，意在重新建立被拿破仑打乱的欧洲秩序。

并不是所有人都认为拿破仑的统治仅仅意味着压迫，法国军队也把大革命的理想带到了欧洲各地。1814 年 9 月在维也纳召开的会议，也承载着人们加强自由与民主的愿望。但政客们首先希望得到的是稳定与安全，因此许多公侯和国王又重新获得了王位。法国、英国、普鲁士、奥地利、俄国五大强国希望构建一种新的国家关系，在这种关系下它们之间能够达到权力的平衡。除此之外，它们无意处理其他事务。

因此，许多愿望都没有得到满足。希腊仍须忍受土耳其的统治，波兰分裂的状况没能得到改变，意大利的土地上继续存在着若干小国。德国也没能像市民所要求的那样成为一个统一的国家，而是仅仅成立了一个包含 41 个独立成员国的松散的德意志邦联。

开会期间即传来消息，说拿破仑已经到达法国南部，并重新开始招兵买马——又到了用武力说话的关头。但会议得以继续进行，未受影响。1815 年 6 月 9 日，会议决议得以签署。6 月 18 日，拿破仑在滑铁卢兵败，他的时代也宣告终结。

西蒙·玻利瓦尔想实现哪些目标？

法国大革命的影响也波及中、南美洲，葡萄牙和西班牙的殖民地摆脱了宗主国的统治。

巴西基本实现了政权的平稳过渡。事实上身份为葡萄牙政府官员的巴西总督佩德罗王储自觉发起了独立运动，1822 年作为佩德罗一世在巴西称帝。1826 年，葡萄牙承认它之前的殖民地巴西为独立的国家。

西班牙的情况就困难得多。它在自己的海外殖民地上建立了非常死板顽固的政权，殖民地本地居民，甚至包括白人殖民者在殖民地所生的后代（人们也把他们称为“克里奥人”）都不得担任国家公职及教会职务。殖民地不能利用自己生产的产品进行贸易，一切产品都需要运回西班牙。殖民地也只允许从西班牙进口商品。

政权：统治体系。

在国王费尔南多七世拒绝了殖民地提出的寻找自身利益代言人、开展自由贸易等要求之后，殖民地开始了争取独立的战争（1817—1824），战争以西班牙人撤出殖民地而宣告结束。殖民地之所以能取得胜利，美国的支持起了很关键的作用。美国为殖民地提供武器，并保证了殖民地免受外来武装的干涉。

西蒙·玻利瓦尔曾经希望，在争取独立自由的战争结束后，能够像美国一样建立起一个南美国家的联盟。但这些在西班牙、葡萄牙殖民帝国的废墟上建立起来的新国家却宁愿各走各的路。1830 年，玻利瓦尔失望地从秘鲁总统的职位上卸任并于同年去世。

德国的市民阶层长期以来远离政治权力，由于 1848 年法国二月革命的爆发，一切都有了很大的改变。

1848 年革命为何失败？

改变的原因是 1848 年 3 月德国同样爆发了革命。示威者随处可见，柏林和维也纳的示威者还在各处设置了路障，进行斗争。统治者们在愤怒的人民面前缩手缩脚，任由事态自由发展。

1848 年 5 月 18 日，来自德国境内不同邦国的 586 名议员聚集在法兰克福的圣保罗教堂开会，这也是德国的第一个议会，该议会于 1848 年 12 月通过了有关基本权利的一系列条款，其中包括法律面前一律平等，废除特权，保障个人自由，保护通信秘密，保护住宅不受侵犯，保障言论、信仰及思想自由，保障受教育权及学术自由等。

法兰克福议会开会的时间一直持续到 1849 年夏天，但最终还是没能实现建立一个统一德国的计划。政体问题（君主制还是共和制？）以及领土问题（是否包含奥地利？）均未能得到解决。在议会开会期间，旧统治者得以积聚力量，利用武力部分重建了旧秩序。

因此，法兰克福议会 1849 年 3 月所通过的宪法并没有起到什么实际的作用。但它也并没有被完全遗忘，特别是有关基本权利的一系列条款，不仅出现在 1919 年所颁布的魏玛宪法中（见第 95 页），在 1949 年联邦德国通过的基本法中（见第 110 页）也有所体现。

蒸汽机的发明带来了哪些影响？

18 与 19 世纪的发明创造使得技术飞速进步，又一场革命开始了——不是政治革命，而是工业革命。

蒸汽机：利用蒸汽产生的压力推动活塞在气缸内上下运动，再通过连杆将上下运动转变为旋转运动的机器。

工业革命是从蒸汽机的发明开始的。英国人詹姆斯·瓦特于 1769 年制造了第一台蒸汽机。这种新型的发动机极大地提高了纺棉、铸造、锻造等领域的生产力。在它被用于车辆、轨道列车和轮船中之后，交通业也有了迅猛的发展。

在电磁感应现象被发现之后（迈克尔·法拉第于 1831 年发现），电能又开始大行其道。纺纱机的发明使得棉花可以被批量加工，化肥（尤斯图斯·冯·李比希于 1840 年发明）极大地提高了农产品的产量，合成染料（威廉·珀金于 1856 年发现）推动了化工行业的发展。

此前只存在所谓的手工业，虽然许多人可以同时工作，但只是利用简单工具所进行的手工劳动。

机器的使用推动了工厂的出现。

工厂的出现促进了效率的提高：每个工人只需要在机器旁重复同样的动作。

以纺织业为例就可以清楚地看出这种转变。织工詹姆斯·哈格里夫斯在 1764 年发明了一种纺纱机，他将其命名为“珍妮纺纱机”，供人们在家中使用。几年以后一位企业家发现，珍妮纺纱机也可以用马或水作为动力。1790 年，埃德蒙·卡特赖特制造了第一个动力织机，纺织就变成了在大工厂中从事的工作。这样一来，靠手纺织与利用

维尔纳·冯·西门子 1866 年发明了发电机；托马斯·阿尔瓦·爱迪生 1879 年发明了电灯泡；卡尔·弗里德里希·高斯与威廉·爱德华·韦伯 1833 年发明了电报机。

蒸汽机作为动力纺织就发生了竞争。由于一部动力织机就可以完成40位手工纺织者的工作，因此很快在竞争中胜出。

不断上升的能源需求使得人们加速了对自然及矿产资源（木材、煤、矿石）的开采，而开采这些资源也需要借助于机器。采矿、炼铁等产业合在一起构成了重工业，同时雇佣上千人的大型企业也开始出现。

此前，大宗运输货物及旅客只能通过水路实现。有了铁路之后，陆路也得以发挥同样的作用。第一辆蒸汽机车由英国人乔治·史蒂芬逊在1814年发明；1835年，德国第一辆火车“神雕”（Adler）上路行驶，短短十多年之后，就形成了遍布欧洲的铁路网。1850年前后，中欧地区就只有阿尔卑斯山海拔较高的地方尚未修通铁路。

工业化的加速加剧了人们对大自然的改造，德国鲁尔区和英国中部变化巨大。

1829年，乔治·史蒂芬逊制造的“火箭”蒸汽机车赢得了雨山试车选拔赛的胜利。

工业革命带来了哪些后果？

工业化的完成离不开广大工人的牺牲。在最早的工厂中既没有防护措施，也没有安全守则，缺乏有关工作时间的规定，工资也是由工厂主自行决定。

由于工厂和农业生产机械化的发展，手工业者和农民纷纷破产。他们使得求职者的数量不断增加，对原本在工厂工作的工人产生了极大的负面影响：工厂只雇佣那些以最低的价格提供劳动的工人，其中不乏妇女，甚至还包括儿童。

工业区中贫困随处可见。19 世纪前半期的一些文章详细记述了工厂中工人的劳累、恶劣的生活环境、食物的缺乏、疾病的传播以及工人过早死亡的事实。

一些代表工人阶级利益的、政治上的激进要求也开始出现。1848 年，卡尔·马克思与弗里德里希·恩格斯共同发表了《共产党宣言》，并在其中指出：“共产党人公开宣布：他们的目的只有用暴力推翻全部现存的社会制度才能达到。”在马克思的著作中，特别是在他的《资本论》中，马克思为工人运动提供了理论支持，并描述了如何才能走向一个没有阶级的社会。

先后建立起来的一些工人组织，或多或少受到马克思主义影响。1851 年，英国成立了第一个工会，1864 年，国际工人协会（第一国际）成立，1875 年成立了德国社会主义工人党，该党为今天德国社会民主党的前身。

共产主义：一种政治理念，追求集中管理的经济秩序，比如企业应属于国家而不是私人。

马克思主义：由马克思和恩格斯创建的政治、经济、社会理论体系。

在 1814 至 1815 年召开的维也纳会议上，虽然建立一个意大利人自己的国家的愿望并没有实现，但意大利民族运动的热度却并未消退。一位名叫卡米洛·奔索·加富尔的英明政治家最终实现了意大利的统一。

意大利王国是如何建立起来的？

意大利的统一运动发源于意大利北部的撒丁王国，加富尔在该王国担任首相。他巧妙地利用了欧洲列强之间的矛盾，并毫无顾忌地借助激进的社会运动的力量，比如革命者朱塞佩·加里波第，来实现自己的目标，他在那不勒斯王国战胜了西班牙统治者的军队，这给予了加富尔很大的帮助。但在此之后，加富尔突然停止了对加里波第革命运动的支持。

加富尔的一大杰作是挑拨奥地利与法国的关系，致使两国爆发了战争。战争是在意大利北部爆发的，当时那里还属于奥地利的势力范围。1859 年，奥地利在索尔弗利诺战役中失败，签订了停火协议并交出了意大利的统治权。这为意大利王国的建立铺平了道路。1861 年，撒丁王国的国王维克多·伊曼纽二世成为了意大利王国第一任皇帝。

血腥的索尔弗利诺战役还引发了另一个事件：瑞士商人亨利·杜南碰巧路过战场，在目睹了战争的惨状之后，决定成立一个组织来救助战争牺牲者。1863 年，“伤兵救护国际委员会”的成立使这一工作得以开展。他们最先使用了与瑞士国徽颜色相反的红十字作为委员会的标志，而今，红十字委员会已被全世界所熟知。

美国的领土是如何得到扩张的？

北美 13 个原属英国的殖民地于 1776 年宣布了独立，但其面积仅占北美大陆的一小部分，北美大陆的大片地区还处于未经开发的状态。

在战胜了英国殖民者（1783 年）并从拿破仑手中购买了路易斯安那（1803 年，共花费 1500 万美元）之后，美国开始了“西进运动”，即征服西部的广大地区并向那里移民。数以百万计的欧洲移民涌入这片“拥有无限机会的土地”。但与许多人的想象不同，这片土地并非无人居住。大多以游牧为生的印第安人就生活在这片土地上，他们在辽阔的北美大草原喂养了规模浩大的牛群。

移民的快速涌入给这一地区的原住民造成了灾难性的后果。白人不仅带来了疾病，还毁灭牛群，建起篱墙、开垦农田，并在整个地区修建了公路和铁路。他们还常常不遵守政府与印第安人签署的协议。印第安人一旦对他们的掠夺行为进行反抗，美国马上就会派出骑兵队平叛。1880 年左右印第安战争（更确切地说是歼灭印第安人的战争）结束以后，这些残存的印第安原住民就只能在为数不多的几个被规定好的区域（所谓的保留地）生活了。

骑兵队：由骑兵组成的军队。

与此同时，工业也开始在美国迅猛发展。但这只局限在北部地区，南部地区依然承袭了以前的经济方式，即强迫数以百万计的黑奴在种植园中劳动（见第 71 页）。南北的经济对立一直在加剧，直到南北战争（1861—1865）打响后，武装力量较强的北方才占据了上风。

只能通过“血与铁”的手段，也就是通过战争，才能解决这个时代的问题。这是普鲁士首相奥托·冯·俾斯麦于1862年在一次议会演说中所表达的观点。

1871年凡尔赛宫镜厅发生了什么事？

俾斯麦有一个目标，即在普鲁士的领导下重建德意志帝国。作为普鲁士的首相，他成功地顶住了议会的反对，提高了军事开支，普鲁士由此建成了一支现代化且有战斗力的军队。俾斯麦运用其政治智慧，打赢了三场重要的战争：1864年与丹麦的战争、1866年与奥地利的战争以及1870至1871年间联合德国其他盟友进行的与法国的战争。这些战争为帝国的成立准备了条件。

帝国宪法规定国家采用联邦制，由22个君主国和3个自由城市组成，普鲁士的国王作为德意志帝国的皇帝享有最高权力，各州政府派出代表进入联邦议会，负责通过法律。此外还存在民众的代表机构帝国议会，但其权利有限。

俾斯麦巧妙地规划着一切，但德意志帝国成立仪式的地点选择却是一个重大的外交失误。庆典选在凡尔赛宫的镜厅举办，当时与法国的战争尚未完全结束。1871年1月18日，在太阳王所建造的华丽宫殿中爆发出阵阵欢呼，普鲁士国王威廉一世在众多公侯和高级军事将领的见证下成为德意志帝国的皇帝。这一庆典对于法国人的民族自豪感而言无疑是巨大的打击。可以想见，此后德国与其邻国法国的和平关系不是那么容易就能够实现的。

什么是维多利亚时代?

在她的 9 个孩子结婚以后，英国女王维多利亚几乎与欧洲所有的王室都有了亲戚关系。她也因此被称作“欧洲的祖母”。德意志帝国的皇帝威廉二世就是她的外孙。

维多利亚女王长期在位的时代（1837—1901）也是大英帝国的鼎盛时代，帝国的版图横跨四分之一个世界，这也是人类历史上最大的世界帝国。位于塞浦路斯、新加坡、亚丁及香港的据点以及苏伊士运河这条新商路使英国与其在非洲东岸、印度以及南太平洋地区殖民地的联系更加安全和紧密。后来，加拿大等一些个别的殖民地开始寻求自治，这引发了多米诺骨牌效应，最终造成了“英联邦”的成立。

作为英国殖民地的印度有着特殊的重要性。在私立机构东印度公司的权力被排挤掉之后，1857 年成立了所谓的英属印度，维多利亚女王于 1877 年同时就任印度女王。在开发印度这片广袤土地的过程中，原有的经济结构被悉数破坏，印度降格成为一个原料供给国。印度的民族独立运动就此兴起，圣雄甘地就是该运动的先驱者。

就内政方面而言，维多利亚时代是市民阶级的鼎盛时代。勤奋、自律和固守道德等市民的美德已经成为了普遍的信条。“维多利亚式”这种说法，后来也用来借指以谈性色变或提倡禁欲为特征的社会。

工业革命与机器时代引发了批量生产和资本积累。为了寻求原料产地和销售市场，工业国开始了在全球扩张的脚步。

帝国主义会带来哪些危险？

欧洲国家，也包括美国和日本，曾认为其具有种族上的优越性，因此有资格实施对其他国家的统治。这就是帝国主义。与之相伴而生的是欧洲内部的民族主义思想，在这种思想的驱使下，政客们不再满足于之前划定的民族国家的界限。

1899 年与 1907 年，一些有远见的政治家两次在海牙召开会议，试图建立和平的世界秩序，但其所提供的可能性还远远不够。工人组织在这方面所作的努力（1912 年第二国际召开的反战会议）也收效甚微。

帝国主义国家围绕尚未被瓜分的殖民地展开了一场疯狂的竞争。在 19 世纪的最后 20 年中，非洲的大片地区被英国和法国占领，除此之外比利时和意大利也在非洲建立了殖民地。印度周边的小国成了英国的势力范围，中南半岛则成为法国的领地。美国控制了巴拿马运河一带，作为后起之秀的德意志帝国则得到了德属西南非洲（今纳米比亚）、多哥、喀麦隆、德属东非（今坦桑尼亚）等地区及南太平洋上的诸多岛屿。

在狂热追求海外殖民地的过程中伴随着一些严重的国际危机，如 1898 年英美在苏丹爆发的法绍达冲突。

日本是怎样走出中世纪的？

一直到 19 世纪中期，日本还维持着中世纪时的状态。武士阶层是日本的统治阶层，外人很难接近这个封闭的国家。

1853 年，一支美国舰队出现在日本的江户湾，结束了日本以占有土地为唯一统治基础的封建时代。美国人强迫日本打开国门，进行贸易。这使得日本从一个此前完全按照传统模式进行生活和生产的共同体在几十年的时间内迅速转变为一个现代化的工业强国。武士阶层的特权被剥夺，他们也必须像所有人一样纳税。军队、司法及行政机构按照欧洲的模式进行了改组，海外专家被请进国门的同时，也有一些年轻的日本学生被派往美国或欧洲留学。但日本并没有实施全面的民主化，议会的作用乏善可陈，权力仍然掌握在天皇和他的幕僚手中。日本向外扩张的力度很大，1894 与 1895 年间与中国开战（见第 87 页），后占领了朝鲜与台湾；1904 至 1905 年日俄战争爆发，日本海军舰队的实力得到了检验：在对马海峡海战（1905 年 5 月 27 日）中，日本舰队使对手溃不成军。日俄战争结束后签署的和平协议表明，日本作为一个新的强国已经登上了世界舞台。

中国曾一度在中亚、东亚地区占据统治地位，但进入 19 世纪后，其重要性逐步丧失。面对这片古老而广阔的土地，帝国主义列强几乎可以为所欲为。

中国的帝制是何时结束的？

1839 至 1942 年爆发的鸦片战争向世界表明了清政府可悲的状况。尽管听起来有些不可思议，但这场战争确实是围绕着一种叫鸦片的烟草展开的。这种烟草在英国管理的孟加拉地区种植，在清政府腐败官员的配合下被走私到中国。清政府试图遏制这种非法交易，颁布了禁止向中国出售鸦片的命令。为了让其商品能够进入中国，英国的战舰对中国的沿海地区进行了轰炸。清政府没有有效的手段可以进行反抗，英国最终取得了香港作为其殖民地，并得以继续从事鸦片贸易。

中日甲午战争（1894—1895）失败以后，清政府日益走向衰落。社会上形成了反对洋人的秘密组织，即所谓的义和团。他们抗议外国列强在中国土地上的所作所为，并对外国人发起袭击。1900 至 1901 年间，欧洲列强与日本组成八国联军长驱直入，以镇压义和团运动，最终以占领首都北京告结。

此后，清政府终于意识到了改革的必要性。但 1911 年即爆发了由医生孙中山所领导的辛亥革命，一年之后，末代皇帝溥仪退位，中国建立了共和国。

俾斯麦为何退出政坛?

考虑到自己以及自己与德意志帝国皇帝威廉一世的良好关系，帝国宰相奥托·冯·俾斯麦量身打造了一部《德意志帝国宪法》。威廉一世于 1888 年与世长辞。他的孙子威廉二世即位后，一切都发生了改变。

对于威廉二世而言，仅具有代表意义的名义上的君主是不够的。他希望由自己来左右政治，而且是世界政治。他的想法得到了一些具有影响力的人物的支持。“人们有了钱，变得强大了，就渴望向世界展示这一切”，生活在威廉二世时代的瓦尔特·拉特瑙这样来描述当时主流的社会心态。但俾斯麦却告诫人们要谦虚：德国的角色应该是国际矛盾的调解者，而不是制造者。他极不情愿地加入了抢夺殖民地的竞争，皇帝威廉二世喜好的舰队，他也认为并不重要。俾斯麦与威廉二世之间分道扬镳，始于如何看待社会民主的问题。俾斯麦希望采取严厉的措施，延长 1878 年颁布的《社会党人法》，但威廉二世却希望废除该法律。1890 年 3 月，俾斯麦正式下野，后长期居住在汉堡附近萨克森瓦尔德地区的庄园中。他的继任者做了威廉二世要求做的事情，但德国却因此变得不受欢迎。俾斯麦曾经建立的联系，比如同俄国的联系，就此中断。德国周边的国家结成了同盟，却没有把德意志帝国包含在内。由于舰队的扩张，英国最终也变成了德国的对手。德国希望得到一片“阳光下的地盘”（语出帝国议会 1897 年的一次会议中），但事实却是越来越陷入黑暗。

社会民主：国家对公民的社会关怀居于中心地位的一种政治理念。

6.

20 世纪及当代史

Das 20. Jahrhundert
und die Gegenwart

萨拉热窝事件造成了什么影响?

奥匈帝国建立时，民族主义所扮演的角色还并不重要。20 世纪初，民族主义开始在多民族国家内部酝酿。

巴尔干半岛被称作欧洲的火药桶。南斯拉夫人民寻求民族自决权，塞尔维亚先声夺人，于 1878 年获得了独立，克罗地亚与波斯尼亚则或本属于奥匈帝国治下，或后来加入了奥匈帝国。

1914 年 6 月 28 日，奥地利王储弗朗茨・斐迪南大公与其妻子苏菲在波斯尼亚的首府萨拉热窝被一名波斯尼亚学生刺杀身亡。维也纳的政客马上意识到，是塞尔维亚人策划了这起谋杀。在他们采取措施报复邻国塞尔维亚之前，首先从其盟国德国获取了支持。德国皇帝威廉二世鼓励奥地利攻打塞尔维亚，并从柏林发出明确的信号:“必须收拾塞尔维亚人，而且要尽快！”

整个 7 月都充斥着外交斡旋活动，但最终未能阻止发生一系列致命的连锁反应。塞尔维亚得到了俄国的支持，俄国是法国的盟国，而法国又与英国结成了同盟。到处都是军事力量在推动着事态的发展，人们给出的理由是：战争无论如何都会到来，起决定作用的是是否能比对手更快。

因此，在奥地利进军塞尔维亚之后，各国都做出了迅速的反应，于 1914 年 8 月 1 日之后纷纷宣战。用英国外相格雷的话说:“欧洲的明灯熄灭了。”

第一次世界大战的经过是什么样的？

一群年轻人在 1914 年 8 月高兴地走上战场。战争不会持续太长时间，“在树叶落下之前，你们就能回家了”，皇帝威廉二世这样向他的军队承诺。

德国统治者相信，他有一个万无一失的计划：经过长途奔袭，取道比利时到达巴黎后方，对法军及其英国的盟军形成合围之势，然后再集中力量攻打俄罗斯。但西线的进攻在六周之后就进入了胶着状态，部队挖开战壕，随后就开始了阵地战。战争持续了多年，没有一方可以取得胜利，却有数以十万计的人在战争中丧生。

战争后来有了进一步的扩大。同盟国一方除了德、奥之外，又有土耳其与保加利亚的加入；而协约国一方除了英、法、俄，又有意大利和罗马尼亚加盟。新的战场不断出现，比如东部的广大地区、巴尔干半岛、巴勒斯坦及美索不达米亚，阿尔卑斯山脊以及阿拉伯地区的沙漠，甚至海外的殖民地也成为了战场。包括飞机、机枪、战车、核潜艇在内的许多新式武器得到了应用。对弹药及其他材料的消耗量之大也超出了所有人的预计，各国必须动员所有的力量，才能勉强维持下去。

协约国：盟国的一种说法。

1917 年俄国退出了战争，美国却出现在了战场上。美国投入的军队和武器装备使得战争的结果有了分晓。1918 年秋天，同盟国纷纷请求停战，最后一个停战的是德意志帝国（11 月 11 日）。

哪一场革命是从一次铁路旅行开始的?

在第一次世界大战当中，所有能冲出敌国包围圈的办法，德国政府都认为是可以采用的。因此，德国与当时最危险、也最有行动力的革命家——弗拉基米尔·伊里奇·列宁结成了联盟。

与许多接受了共产主义思想的革命者类似，列宁也曾为了躲避俄国警察而前往国外。他在瑞士的苏黎世生活，1916 年 3 月，他在那里得到了一条消息：俄国的军队发生了叛乱，沙皇已经退位，资产阶级政府掌握了政权。这为列宁的返回俄国扫清了道路：在资产阶级掌握政权之后继续推进共产主义革命的可能性看起来已经有了。为了成功抵达俄国，列宁必须横穿德意志帝国，德国对共产主义革命者没有任何好感。但因为德国政府欢迎任何能够为其敌国俄罗斯带来不安定因素的力量，列宁被允许过境。

几经周折，列宁与他的追随者于 1917 年 4 月乘坐一班特别预订的火车抵达了圣彼得堡——当时俄罗斯帝国的首都。圣彼得堡和莫斯科都已经建立了工人与士兵组织，其表现也越来越自信。与这些组织一道，列宁和他的布尔什维克党开始为夺取政权做准备。根据列宁的理论，夺取政权只需要一小部分精英就足够了，前提是他们具备足够的决心。

布尔什维克： 指多数人的统治，原俄国社会民主政体中的多数派。

夺权的行动发生在 1917 年 11 月 7 日。一群革命者冲进位于圣彼得堡冬宫的政府所在地，列宁以人民委员会主席的身份接管了政权。他所做的第一件事是宣布俄罗斯从“一战”中退出，之后又结束了资产阶级民主制，虽然资产阶级民主基本没有在俄罗斯得到发展。资产阶级政党占多数的立宪会议被强行解散，俄罗斯成立了苏维埃共和国（“苏维埃”意为代表会议）。秘密警察机构全俄肃反委员会（简称“契卡”）开始逮捕并杀害反革命分子。

新政权的反对者很多，主要集中在军队、贵族及资产阶级当中。忠于沙皇俄国的将领在国外势力的支持下开始组织军队，后来内战（1918—1920）爆发，布尔什维克政权几次濒临垮台的边缘，最终革命武装红军还是取得了胜利。

俄国革命的领袖列宁于 1924 年 1 月 21 日去世，约瑟夫·斯大林继承了他的领导权。

推翻俄国现有政府、成立布尔什维克政权的革命也被叫做十月革命，原因是按照当时俄罗斯的纪年法，革命发生在 1917 年 10 月 25 日。

1918 年 7 月，在俄罗斯布尔什维克主义革命的过程中，沙皇尼古拉二世及其家人被谋杀。

农业集体化：农民把土地交给公社，土地成为公有财产。

列宁纪念碑

《凡尔赛条约》希望达成什么目标？

“一战”结束以后，巴黎和会在巴黎市近郊召开。为了讨论德国的问题，特意把地点定在了凡尔赛宫。

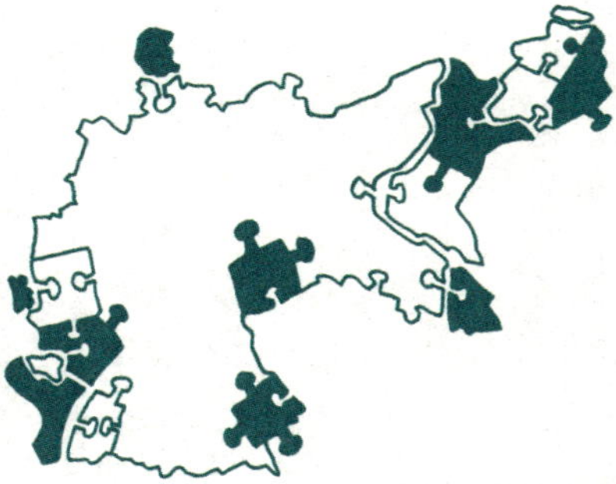

1871 年，在这座路易十四建造的宫殿中曾举办了德意志帝国的成立仪式；1919 年，德国的谈判代表也是在这里接受战胜国的诉求。由于战争带来的过于强烈的民族情绪尚未完全平复，所以达成的协议其实并不公平。战争的受害者首推法国——法国在协约国中受到的损失最大，因此要求赔偿并希望确保德国再也不会成为法国的威胁。

根据《凡尔赛条约》，包括阿尔萨斯－洛林、但泽、梅梅尔领地、“波兰走廊”及上西里西亚东部地区在内的大片领土将从德意志帝国分割出去，此外，德国也需要支付战争赔款，缩小其军队和海军舰队的规模，并彻底放弃战斗机和重型武器。尤其是德国还必须承认其负有发动战争的全部责任。

这一“丧权辱国”的条约在德国引起了人们的极大愤慨，特别是德国负有战争全部责任这一谎言刺激了很多人。由于战胜国以继续战争并占领德国全境作为威胁，德国除了在条约上签字外别无选择。这一条约为 1919 年建立的魏玛共和国带来了沉重的负担。许多激进的政党，其中首先是借共和政权式微的机会逐步强大起来的希特勒的国家社会主义德国工人党，均向民众承诺将扭转《凡尔赛条约》所造成的局面，因此也得到了许多德国民众的支持。

魏玛共和国有哪些负担？

1919 年 7 月 31 日，德国成立了有史以来第一个共和国。由于帝国的首都柏林太不安定，国民议会在小城魏玛举行。

会议地点的选择还有另外一层更深的含义：柏林所代表的是旧的、普鲁士领导下的德意志帝国，以崇尚军国主义与追求世界霸权为特征；而新的共和国则追求民用与和平。魏玛是歌德和席勒的城市，有着深厚久远的人文主义传统，正好与共和国的特质相契合。

民用： 用于民事的，与军事化相反。

但摆在新兴的共和国面前的，却是一条异常艰难的道路：新的共和国是战争失败的产物，皇帝逃脱了，制造了战争的将领和政客也退出了政治舞台。1919 年以后当选的每个帝国政府都面临着如何应对战争后果、巨大的债务负担和经济困难等问题。由于战胜国，尤其是法国坚持要求德国履行《凡尔赛条约》规定的义务，德国政治空间变得异常狭窄。

更糟糕的是，大多数的德国民众根本不想要共和国。他们看不起议会的运作，把帝国国会看成是一个只说不做的场所。民众不愿意接受德国在世界大战中战败的事实，相信那是由于背叛和阴谋造成的，所以后来当政治投机者宣称他们掌握了重建德国权力和疆域的不二法门时，很多人都成了他们的牺牲品。

而对社会主义者和共产主义者来说，魏玛共和国还远远不够“社会主义”。

汽车的发明带来了什么？

今天，世界上共有大约 7 亿辆汽车，仅在德国就有约 5400 万辆。而 120 年前，汽车的数量用手指就可以数清楚。

1886 年 2 月 28 日，一位来自曼海姆的工程师卡尔·本茨发明的一种三轮的“发动机汽车”获得了专利权。同年，戈特利布·戴姆勒在斯图加特市附近的康斯达特将威廉·迈巴赫发明的一种 1.1 马力发动机加装在一辆木制的马车上。这些冒着浓烟且发出呛人气味的车辆引发了一场重大的运动。今天，汽车改变了世界的面貌。

汽车制造业是现代工业领域的一个重要分支。它的推广有赖于 1913 年美国企业家亨利·福特进行的一项创造。他在芝加哥的一家大型屠宰场中研究了半扇牛肉是如何挂在挂钩上被传送到每个工人面前的，工人只需要在很短的时间内重复同样的切割行为。

福特将这种经验搬到自己的工厂，用于汽车的装配。汽车的组装不再集中于某个地方，而是要经过一个相当长的、精心设计好的过程，在工厂车间绕场一周。位于流水线上的产品经过每一位工人，工人们只需要完成特定的操作或安装特定的零部件。这有效地避免了非生产性工作和机器空转，特别是节省了没有必要的寻找与取用工具及其他材料的时间。这样以来，生产一辆汽车仅仅需要很短的时间就可以完成。如果是单个汽车装配，需要的时间就要长得多。流水线原理很快应用于其他商品的批量生产。

1929 年 10 月 25 日作为“黑色星期五”被载入世界经济史。纽约华尔街股市的股指一泻千里。

1929 年股市崩盘的影响有多远？

住在美国的人们早就习惯了依靠贷款生活。“一战”以后美国的经济飞速发展，城市中的摩天大楼拔地而起，购买汽车、冰箱、收音机，包括看电影，都变得不再遥不可及。但经济并不会永远保持繁荣，很少有人注意到高端消费品的销售量一直在下降。相反，每个人都被鼓励去购买股票，认为股票可以带来可观的财富。甚至那些原本买不起股票的人也在买股票，他们购买股票的资金来自银行的贷款。

股票： 一家公司基础资本的占有凭证。

1929 年秋天，股市的泡沫终于破灭了。仅仅是极小幅度的下跌，也造成了大面积的恐慌。突然之间，所有的人都开始争相抛售股票，没有任何买家愿意买入。股市狂跌，个别股票的跌幅甚至超过 90%。之前还认为自己手中拥有财富的人们，下一刻就变得两手空空。银行纷纷破产，由于工厂缺乏资金，工业生产也大幅度缩水。

不仅包括美国，这场危机几乎给所有的工业国家都带来了影响。在欧洲，也有许多银行被迫关闭，公司被迫破产，甚至出现了从未有过的不可思议的情况：为了保持价格水平，大量的农产品被销毁。数以百万计接受过良好教育的人处于失业的状态。

法西斯主义是什么?

意大利虽是“一战”的战胜国之一，但其经济在战争中却遭到了破坏。在分享战争胜利的果实这件事上，许多意大利人都感到自己受到了欺骗。

贝尼托·墨索里尼，一位教师和曾经的社会主义运动活跃分子，成为了他们的代言人。1919 年 3 月，他成立了名为“法西斯战斗团”的战斗组织。“法西斯”一词的来源是拉丁语“fasces”，意为束棒，在古罗马时代象征着国家权力。后来，“法西斯主义”一词作为一个政治运动的代名词为世人所熟知并效仿使用。极有公开发表演说天赋的墨索里尼主张建立一个强国家。他严厉地指责《凡尔赛条约》极少考虑到意大利的利益，并为企业家和大地主提供帮助，反对社会主义者提出的没收财产的要求。这使得他在统治阶层中赢得了声望。

墨索里尼的力量不断增长，1922 年，他率领身着黑色制服的追随者“向罗马进军”，发动了一场不流血的政变。政府被迫下台，墨索里尼成为意大利总理。几年之后，他就将自己的政权变成了一个独裁政权。“相信、服从、战斗”成为了他在群众集会中多次呼喊的口号。他占领了地中海和非洲部分地区（阿尔巴尼亚、利比亚、埃塞俄比亚），希望借此把意大利变成下一个罗马帝国。

游击队：地下斗争组织。

与德国的独裁者希特勒结盟为墨索里尼带来了灾祸。第二次世界大战中，由于德国的战败，作为盟友的意大利也成了战败国。1945 年 4 月 29 日，他被游击队杀死。

希特勒是怎样掌权的？

阿道夫·希特勒是德国的墨索里尼。他起家的过程与这位意大利的独裁者非常相似。面对缺乏确定感的民众，他也将自己描述成能带领人们走出危机的救星。

从“一战”的战场回家之后，希特勒在慕尼黑的帝国军队中找到了一份不起眼的工作，成为了一名调查局的工作人员。工作期间，他与一个名叫“德国工人党”的小型组织建立了联系，并成为党内宣传工作的负责人。由于他在演讲方面的才能，这个小型的组织很快被大家所熟知。后来，该组织改名为“国家社会主义德国工人党”，并很快发展为一个大党。

为与其政治上的对手进行斗争，国家社会主义德国工人党建立了私人武装组织“冲锋队”以及希特勒的保镖组织“党卫队”。

1923 年 11 月，希特勒试图发动政变，但惨遭失败。16 名他的追随者失去了生命，他自己也在法庭上接受了审判，但坐牢的时间并不长。他利用在狱中的时间将他本人的政治理念写成了一本书，书名是《我的奋斗》。反犹太斗争、征服他国以为德国人民争取“生存空间”是书中的主要内容。

出狱之后，希特勒改变了他的策略。他不再使用暴力，而是希望利用选票来赢得政权。1929 年爆发的世界经济危机（见第 97 页）为他提供了帮助。经济危机使得处于贫困中的广大民众不再寄希望于魏玛共和国，而是渴望拥有一个强有力的领导人。1930 至 1932 年，国家社会主义德国工人党在选举中取得了压倒性的胜利。1933 年 1 月 30 日，德国总统冯·兴登堡批准建立新政府，希特勒正式就任总理。

“注册”（Erfassung）在德意志第三帝国中意味着什么？

帮助希特勒上台的市民阶级中的精英分子一度以为，他们也可以随时摆脱希特勒的统治。但这位被其追随者称作“领袖”的领导人很快带给了他们一个沉痛的教训。

所谓的“注册”从10岁就已经开始：孩子们首先会加入希特勒青年团，接下来等待他们的是国家劳役团、军队和政党组织等一系列机构。

国家社会主义者不仅取缔了工人运动组织，还紧随其后结束了议会制。政党、各级政府、职业协会、青少年组织、文化机构等均按照统一的标准建立起来，人们把这种做法叫做“一体化”。

庞大的强制执行机构也应运而生。集中营很快建立起来，用于关押体制的反对者。秘密国家警察（盖世太保）在整个国家范围内铺开了监视网，所有的居民都被纳入监视，即被“注册”。

除此之外，纳粹体制也进行福利分配。得益于经济普遍复苏的状况，政府实施了大规模的就业计划。在战胜国的默许下，希特勒开始建设军队，军工产业就此发展起来，创造了大量的就业机会。国家还为新婚的年轻夫妇提供贷款，并为孩子较多的家庭提供资助。名为“力量来自欢乐”的休假组织举办各种文化活动，提供价格低廉的度假旅行机会和大众“甲壳虫”汽车。纳粹体制在社会政策方面的成就不容否认。因此也就可以理解为什么德国人当时愿意接受希特勒政权。人们有意地忽视了体制的阴暗面，当时没有人意识到，所有这些都是为了让德国民众为之后的武装侵略战争做好准备。

希特勒总是谴责《凡尔赛条约》强加给德国的不公正待遇。渐渐地，战胜国也同意不再让德国继续接受惩罚。

希特勒的外交政策追求哪些目标？

在民主体制盛行的欧洲，政治家们对希特勒的独裁政权并不存在好感，但他们更不希望德国变成一个共产主义国家。只要希特勒政权能保证这一点，对他们来说就足够了。英国首先提出了绥靖政策，任由希特勒做自己想做的事。因此，在希特勒 1935 至 1938 年间追求让德国回到《凡尔赛条约》之前的状态时，几乎没有受到任何阻力。他重新引入了义务兵役制，通过一次全民公决不动声色地将萨尔地区重新收归帝国版图，在非军事化的莱茵地区重新驻军。他还强迫奥地利政府下台，与奥地利完成了合并，并在 1938 年的慕尼黑会议上，让捷克斯洛伐克放弃了苏台德地区。

1939 年 3 月，德国军队开始进军布拉格。这已经与《凡尔赛条约》没有任何联系，德国开始占领本就不属于德国的地区。其背后是希特勒在东部地区争取生存空间的计划。他此前在他的著作《我的奋斗》中就提过这一点，但几乎没有引起任何人的注意。他的下一个目标是波兰。至此，欧洲政坛才开始逐渐觉醒。英法曾承诺在德国进攻波兰时，给予波兰安全保证。希特勒对此毫不理会，仍然向军队下达了进军的命令。1939 年 9 月 1 日早晨，入侵波兰的战争开始了。

第二次世界大战的经过是什么样的？

希特勒不认为他突袭波兰时会遇到任何阻力，在他的眼中，西方民主国家一定会袖手旁观，斯大林甚至已经与他结成了联盟。

但英国和法国没有袖手旁观。它们于 1939 年 9 月 3 日向德国宣战，但除了封锁海路以外，并没有其他的动作，也没有对德国提出的“和平条件”作出回应。因此，希特勒开始按照自己对欧洲和平秩序的设想来强制改变欧洲。在攻打波兰之后，他又发动了攻打挪威、丹麦、法国、南斯拉夫和希腊的“闪电战”。

德国的第一次失败是在与英国进行的空战中。德国的空军未能战胜英国，对英国各城市的轰炸也未能动摇英国民众的士气。在这种情况下，希特勒放弃了登陆英国本土作战的计划，转而进攻苏联。对希特勒而言，进攻苏联谋划已久，与斯大林结盟只是一个权宜之计。他在东进的列车中感受到了他一生中的“神圣使命”。

为了支持其盟友墨索里尼进军埃及，德军还开辟了北非战场。

希特勒打算让德国的农民在苏联定居，将原本生活在那里的斯拉夫民族驱赶至西伯利亚地区。

300 万士兵、3850 辆战车与 1945 架飞机参与了 1941 年进攻苏联的军事行动。

1941 年 6 月，战争兵力的投入达到了最大的规模。冬天，德国的军队逼近莫斯科后停下了脚步，此后在这条战线上再也没能继续前进。尽管德军多次尝试突围，继而向高加索山脉进军，但最终没有成功。1941 年 12 月，美国宣布参战。一场原本局限在欧洲范围内的冲突正式成为一次世界大战。日本对美国开战并没有为德国提供什么帮助，美国在大范围内动员了陆、海、空三军，其实力远远超过交战对手。

如果说 1942 年时德国与其盟友基本控制了整个欧洲，此后几年就是德国逐渐撤回的时间段。1943 年德国撤出了北非地区，1944 年盟军在诺曼底登陆，当年秋天第一支军队就已经开进了德国本土。许多德国城市都经历了炮弹的洗礼。民众接到了坚守的命令，被要求为脚下的每一寸土地而抗争。到了战争的最后阶段，老人与未成年的孩子都被动员起来阻止盟军的进攻，如有反抗，就会受到司法部门的严惩。与此同时，约瑟夫·戈培尔领导下的第三帝国的宣传机构还在不厌其烦地宣称战争的转折点马上就要到来，并对已精疲力尽的国人谎称，很快便会采用一种从未使用过的新式武器。

1945 年 4 月 30 日，在被苏联军队团团围住的、已遭炸毁的柏林，希特勒以自杀的方式结束了自己的生命。他的下属于 5 月 7 日和 8 日签署了投降书。

宣传：为特定的政治目标做广告。

1945 年 4 月遭轰炸后的柏林街道

什么是犹太人大屠杀?

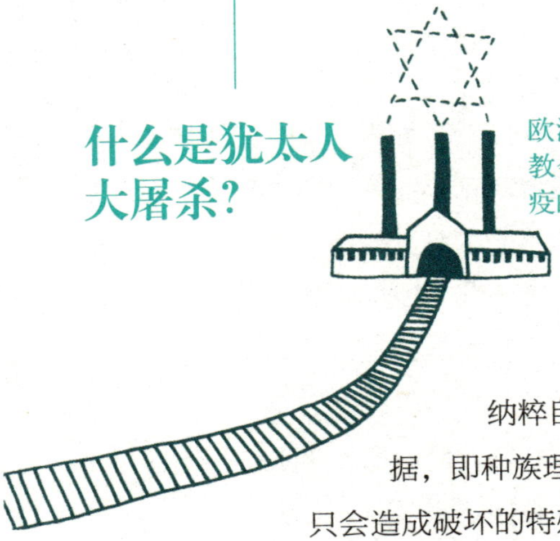

欧洲很早就有反对犹太人的声音。根据教会的说法，是犹太人杀死了耶稣。瘟疫的责任也被强加在犹太人身上。

纳粹自称对犹太人的敌视有着科学的依据，即种族理论。对他们而言，犹太人是一个只会造成破坏的特殊种族。这自然是一种胡思乱想，但它的发展却带来了灾难性的后果。

在希特勒 1933 年 1 月夺取政权之后，很快就采取了反对犹太人的措施。犹太人不仅被剥夺了工作，还失去了土地，作为丧失权利和备受歧视的一群人生活在社会的边缘。战争的爆发使得他们的处境更加艰难。犹太人被指控唆使西方列强向德国宣战。德国侵占东部大片领土为执行大规模的种族灭绝政策——犹太人大屠杀创造了机会。纳粹把这场民族大屠杀轻描淡写地称作“犹太问题的最终解决”。

所谓的党卫队工作小组紧跟在侵略苏联的军队之后，对居住在俄罗斯的犹太人进行了抓捕，共有约 90 万犹太人被击毙。在被德军占领的波兰地区建起了集中营（其中规模最大的为奥斯威辛集中营），关押了来自德国及德国占领区的大量犹太人，大多被带往毒气室杀死。据估计，大约有 600 万犹太人成为了纳粹种族灭绝政策的牺牲品。

1945年5月8日欧洲的战火已经熄灭时，远东地区的战争仍在继续。日本依然不愿承认它的失败。

原子弹在何处被首次使用？

1941年12月7日，日本偷袭了美国海军基地珍珠港，并就此加入第二次世界大战。此后，日本又将东南亚的广大地区及太平洋上的部分岛屿置于其控制之下。但在中途岛海战（1942年6月4日）遭遇失败之后，日本的力量开始逐步削弱。

美国开始在整个太平洋地区对对手日本穷追猛打，美国军队把这些血腥的战斗称作“跳岛”。战争愈逼近日本本土，就变得愈加血腥。1945年春，在攻打距离日本主要岛屿九州岛近600公里的小岛冲绳岛时，共有超过7600名美军士兵丧生，超过3万人受伤。如果在日本强行登陆，恐怕会造成更大的伤亡。因此美国军方希望使用一种新的武器，使其能够避免进一步的陆上作战，这种武器就是原子弹。从1942年起，美国即加大力度完成该项目，总计投入资金高达25亿美金。1945年7月16日，第一颗原子弹在新墨西哥州的阿拉莫戈多完成试爆，紧接着美国就在广岛（8月6日，死亡计9万人）和长崎（8月9日，死亡计3.5万人）各投放了一枚原子弹。由于这一新武器的巨大威力，日本统治者放弃了战争。1945年9月2日，第二次世界大战也在太平洋战场宣告结束。

《波茨坦协定》规定了什么？

德国将何去何从？1945 年的德国处在一片废墟之中，没有自己的政府，可能暂时也不会有。人们甚至都不确定，德国是否还会以一个国家的形式继续存在下去。

1945 年 7 月 17 日至 8 月 2 日，苏联（斯大林）、美国（罗斯福）与英国（先为丘吉尔，后为艾德礼）的政府首脑在波茨坦开会，讨论在欧洲建立临时秩序的问题。在那里通过的《波茨坦协定》并不是一个和平协议，而是规定了以下事项：战胜国一致决定解除德国全部武装，惩罚战犯，从公务员体制中清除所有纳粹党党员，对民众进行民主再教育。德国应仅限于发展农业，交出其工业的一大部分（“拆除”），并为其对他国造成的战争损失支付赔偿。

《波茨坦协定》虽然以临时性为特征，但是“三巨头”定下的规则几十年来都未见变更。

德国的领土范围也大幅度缩小，希特勒所攻占的土地基本被悉数还回。东欧国家还被允许对德国人进行强制迁徙，最终，计 1200 万德国人被驱逐出波兰、捷克斯洛伐克和匈牙利等国家。

德国被划分成四个占领区，苏联、美国、英国和法国各占一区。但德国还应被看成是一个统一的经济体，进行统一的管理。由于西方国家与苏联的矛盾日益发展，这种统一性很快便不复存在（见第 109 页）。

首都柏林也被分成了四个占领区。

中国于 1911 年建立了共和国，但共和国的根基并不稳固。各地的“军阀”都试图守住自己的领地。

中国是如何建立起共产主义体制的？

国民党花费了很大的气力才结束了军阀混战的局面。但在其内部却发展出另一支势力，拥有着不同的目标定位。这支势力就是共产主义者。1921 年，中国共产党在上海成立，共产党员以个人的身份加入国民党，以期逐步完成对国民党的改造。两方的矛盾不久即公开爆发。1927 年，国民党主席蒋介石在上海和南京对共产党人进行了血腥屠杀，共产党人从城市转移至农村，退守江西。但在那里，他们依然受到蒋介石军队的威胁，1934 至 1935 年，共产党人被迫进行了著名的“长征”，辗转 2 万 5 千里，最终到达北部省份陕西。长征期间，毛泽东取得了党的绝对领导权。

从 1937 至 1945 年，国共两党暂时搁置了争议，原因是日本侵华战争爆发，两党需要联手抗日。但 1945 年之后，国共两党的内战随即开始。尽管蒋介石得到了美国的支持，但毛泽东却在中国人民中受到了更广泛的爱戴。共产党最终取得了胜利，中华人民共和国于 1949 年 10 月 1 日成立。

长征开始时，共产党约有 9 万人，长征结束后，仅剩 7000 人左右。

殖民主义是怎样终结的？

早在“一战”时殖民地就曾作为战场出现。除此之外，许多殖民地的士兵都被送往欧洲，为其宗主国效力。

在第二次世界大战中也发生了类似的情况：印度、南非、阿尔及利亚与其他许多国家都组织了军队，与英军或法军并肩战斗。在东南亚，由于日本的扩张，法国、荷兰及英国的殖民地均沦为战场。

所有这些都为民族解放运动提供了动力，殖民地各处都是要求结束殖民主义的呼声。对于一部分殖民地而言，殖民国家和平完成了政权移交，比如英国以前的殖民地“黄金海岸”，今天西非地区的加纳就是一个很好的例子。经过完善的准备，加纳在1957年赢得了独立。在其他一些地区，殖民地的独立则是以暴力方式进行的，殖民国家参与了开销巨大且充满流血牺牲的游击战，比如荷兰在印度尼西亚（1942—1948）、英国在马来西亚（1948—1954）与肯尼亚（1952—1954）、法国在中南半岛（1946—1954）与阿尔及利亚（1954—1958）、葡萄牙在安哥拉（1961—1975）。战争的结果无一不是欧洲人撤出，殖民地成立独立的国家。

游击战：与殖民地本地武装组织进行的战争。

新兴的独立国家需要解决很多殖民时代遗留下来的问题。白人殖民者在划定边界线时，只考虑对自己是否有利、有用，而没有顾及原住民的部族归属和宗教信仰。因此在这些前殖民地国家经常发生不同民族和不同宗教之间的战争。

"铁幕"是什么?

在第二次世界大战中，苏联的势力已经抵达易北河流域，整个东欧地区都在苏联红军的控制之下，但苏联领导人斯大林并没有撤军的想法。

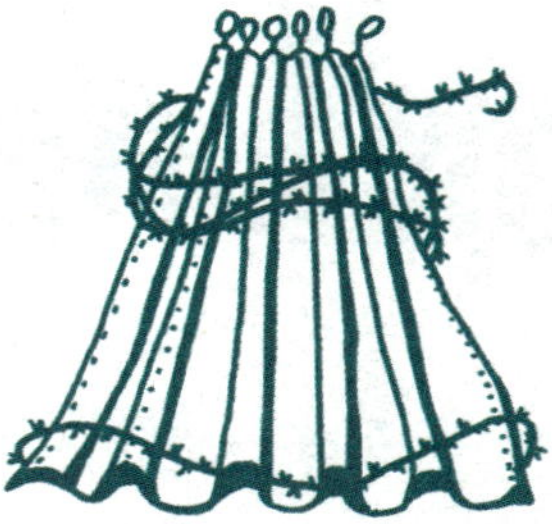

1945年以后，在苏联的帮助下，波兰、匈牙利、罗马尼亚及其他一些东欧和南欧国家中的共产党人掌握了政权，在德国的苏占区也是如此。这些国家的共产党政府基本完全按照苏联模式来建设自己的经济、政治及文化体系。这一发展趋势还有可能继续下去，意大利和希腊或许也会发生共产党夺权的情况。

西方列强，尤其是美国，无法容忍这类事件的发生。1949年，为实现共同防卫，它们成立了北大西洋公约组织。作为回应，社会主义阵营的国家在1955年成立了华沙条约组织。一块横亘在东西方国家之间的"铁幕"已经落下。

德国的"铁幕"在东西德的分界线上即有所体现，两国的边界遍布铁丝网和地雷阵。

东西方两大阵营的对立不仅在欧洲存在，在世界其他地方也有所表现。比如苏联曾经支持了部分殖民地国家反对其宗主国的民族解放运动，以期之后在这些国家中能够建立起共产主义体制。人们把这一时代称作"冷战"时代，但在冷战时代中，也多次面临着"热战"，甚至是新的世界大战的威胁，比如1950至1953年间的朝鲜战争，1956年英法联军进军埃及以及1961年的古巴导弹危机。

东西德的分裂是如何造成的？

在盟国管制理事会中，美国、英国、法国和苏联希望共同管理被其占领的德国，但最终徒劳无功。

在苏占区内，私有土地被没收，社会民主党人不得不与共产党人联合组成德国统一社会党，忠诚于组织路线的共产党员占据了警察机构的最高职位。与之相反，在另三个西方国家的占领区，人们则尝试按照英美模式在德国建立起自由经济和民主制度。这使得西方国家各占领区迅速团结在一起，与东部苏占区形成了尖锐的对立。盟国管理理事会中列强之间的合作就此终结。

1948 年，在西部三个占区单方面进行货币改革，引入西德马克时，德国分裂的趋势就已经相当明显了。

1949 年，西方国家占领区联合起来，成立了德意志联邦共和国，而苏占区则成立了德意志民主共和国。

经济部长路德维希·艾哈德提出了社会市场经济的概念，这为联邦德国带来了史无前例的经济繁荣，也被称之为“经济奇迹”。

在联邦德国，总理阿登纳与“宿敌”法国达成了和解，并将国家进一步整合到西方国家的安全体系中去。但这样做也进一步加剧了德国的分裂。

民主德国则在德国统一社会党总书记瓦尔特·乌布利希的领导下成为了苏联最忠实的盟友。国家实行了计划经济：农业上开展了强制集体化，工业上则推行了国家所有制。1953 年 6 月 17 日，因反对政府确定的工作定额而发起的工人运动遭到了苏联的镇压；为了防止难民外逃至西德从而威胁东德的安全，1961 年又筑起了柏林墙。

欧洲绝不能再有战争——这是人们从欧洲的历史中，特别是从两次世界大战的历史中得到的教训。但怎么做才能实现这一点呢？

欧洲一体化是以何种方式实现的？

建立一个政治上统一的欧洲或许非常困难，因为太多的不信任和国家的利己主义仍然在发挥作用。但达成经济上的统一似乎容易一些，如果经济上的统一得以巩固，政治上的统一也许就能水到渠成。

在 1949 年欧洲委员会成立之后，就开始致力于开放边界，消除这个为发展经济共同体带来阻碍的因素。1951 年，法国、比利时、荷兰、卢森堡、意大利和联邦德国共同成立了“欧洲煤钢共同体”。这一组织运作顺利，后来甚至创建了一个统一的市场来销售这六个国家的产品。1957 年，“欧洲经济共同体”在罗马宣告成立，它消除了欧洲国家内部关税壁垒，简化了各国人员、服务及资本方面的交流，并推行了共同的农业政策。

对于其他的欧洲国家来说，欧洲经济共同体就像一块磁石，引发了许多国家的纷纷加入。1986 年，该组织共有 12 个成员国，并在非洲及其他海外地区拥有多个联系国。于 1994 年成立的、至今已有 25 个成员国的欧洲联盟则不再仅仅是一个经济联盟，它拥有包括欧洲议会、欧洲法院及欧洲联盟委员会在内的诸多机构，这使得它具有了一定的“政府”性质，体现了它的政治特征。

电脑是基于什么产生的？

我们每天都在自然而然地与电脑打交道。第一部台式机的发明距今才刚刚几十年。但它的发明却走过了漫长的道路。

在古代，罗马人曾发明过算盘，它是由木质外框和算珠构成，能够使运算变得更简单。法国人帕斯卡和德国人莱布尼茨曾借助齿轮于 17 世纪分别制造了计算器。

1800 年前后，法国人雅卡尔发明的打孔卡具有重大的意义。它使用了一种所谓的二进制代码：有孔 = 是 =1，无孔 = 否 =0。德裔美籍发明家赫尔曼·何乐礼将打孔卡用在计数与分类机器上。1890 年美国的人口普查中，打孔卡首次被使用。相应的编码技术还可以用于处理文字，即将文字符号转换为数字符号。

二进制： 以 2 为基数的记数系统。

所有上文提到的机器都是基于机械原理制造的，德国发明家康拉德·楚泽于 1941 年设计的程控计算机“Z3”也不例外。几年之后才慢慢发展出机电及电子元件。1948 年，晶体管被首次装入计算机当中，之前成吨重的柜状计算机机身得以变小，同时计算的速度也变得更快了。1963 年，Bell Punch 公司设计生产了第一部台式计算机。20 世纪 70 年代中期，人们开始使用芯片——一种包含大量微型组件的微型硅晶片，这为计算机技术带来了突破性的进展。

美国的“多米诺理论”认为，如果在东南亚地区有一个国家建立起共产主义体制，那周边国家就会像推倒多米诺骨牌所引发的连锁效应那样，纷纷建立起共产主义体制。

美国为什么要参加越南战争？

因此，只要法国还在为保护它的殖民政权而战斗，或者在其失败并撤退后仍愿继续以武力抵制共产主义，美国就会在越南对法国给予支持。共产主义政权已经在越南北部得以建立，在胡志明的领导下，北越的游击队在 1960 年之后加强了对南部地区的渗透。南部独裁政权的领导人是吴廷琰。他的政权腐败且暴力，但美国仍对他进行了支持，在他 1963 年被谋杀后，美国还继续支持他的继任者。美国的空中力量将战争引向北越，通过地毯式的轰炸，北越已经千疮百孔，但共产党人还是没有放弃。

战争持续的时间越长，在美国就越不受欢迎。这使得美军在打击游击队中犯下的战争罪行得以暴露，例如美莱村屠杀，很多妇女和儿童遭到了美军的杀害。在欧洲也出现了反对美国的声音。人们公开支持勇敢的越南人民，面对美国这一军事力量强大的“帝国主义者”仍然能够成功地保全自己。胡志明也成为学生运动所崇拜的偶像。

腐败：可贿赂的。

共有约 50 万美国士兵参与了越南战争。

1969 年之后，美国开始逐步从越南撤军，南越政府解体，在北越政府的领导下，越南的统一得以实现。5.5 万美国人在这场毫无意义的战争中失去了生命。

太空竞赛是如何开始的?

今天看来，卫星并不算什么新鲜事物。数以百计的卫星被运载火箭送入太空，围绕着特定的轨道运行，将收集到的数据传回地球，并使得现代化的通信和电视信号接收成为可能。

但当第一个从太空发出的信号传来时，还是引起了极大的轰动。1957 年 10 月 5 日，无线电爱好者第一次通过手中的仪器接收到了发自一颗卫星的蜂鸣信号。更难以置信的是，发射这颗卫星的并不是其他各领域技术遥遥领先的美国，而是苏联。这颗名为“斯普特尼克”的卫星是一颗直径约半米长的球状物，并拥有四根长长的发射天线。为了让这场胜仗打得更加漂亮，苏联在一个月之后发射了第一颗载有生命体的卫星，所运载的是一只名叫“莱卡”的狗，它在进入太空约一周后死亡。

对于美国人而言，这意味着一种羞辱。广岛原子弹爆炸仅 4 年后的 1949 年，苏联就成功引爆了第一颗原子弹，这已经很难让美国人接受了。在航天技术领域，这次苏联人甚至领先了一步。

太空竞赛就此展开，由于美国不加限制的资金投入，其很快又夺回了领头羊的位置。1958 年，美国发射了第一颗人造卫星，11 年之后，阿波罗 11 号成功完成了登月任务。美国宇航员尼尔·阿姆斯特朗 1969 年 7 月 21 日成为踏上月球表面的第一人，他说出了一句至今仍被人称道的名言:“对一个人来说，这只是小小的一步；但对全人类来说，这却是巨大的飞跃。”

如果随后几年经济与社会方面面临的挑战越来越多，大国苏联就亟需一种“激进的疗法”。20 世纪 80 年代中期，这一点变得愈发明显。

米哈伊尔·戈尔巴乔夫想做什么？

此前苏联的领导人大多年事已高、身体抱恙，依靠他们来进行革新是不现实的。转折出现在 1985 年：年仅 54 岁的米哈伊尔·戈尔巴乔夫出任苏联共产党总书记。1988 年，他又担任苏联最高苏维埃主席团主席，成为由 15 个加盟共和国所构成的苏联的国家元首。

他曾用两个概念来描述他的改革方案:“开放”与“重建”。“开放”是就批评和思想多元化而言，而“重建”则是就革新僵化的国家机构而言。两个方案都是为了进一步释放改革的力量，促进苏联经济的健康发展。共产党放弃了它的领导权，计划经济被抛弃，国外的公司也被允许与苏联公司建立合作关系。莫斯科的权力被削弱，包括匈牙利、捷克斯洛伐克、波兰在内的一些“社会主义兄弟国”纷纷借机要求摆脱对苏联的依赖。

华沙条约组织于 1990 年解体。

此后，波罗的海诸国也纷纷要求独立，戈尔巴乔夫无法阻止这一切的发生。1991 年，军方与克格勃发起反对戈尔巴乔夫的政变，虽然政变很快失败，但戈尔巴乔夫并没有从中得到任何益处：俄罗斯联邦总统鲍里斯·叶利钦获得了领导权。俄罗斯作为苏联最大的加盟共和国，成为了苏联的继承者。

德国的统一是如何实现的？

民主德国的领导人一直以为其统治十分稳固。1989 年 10 月，他们还在以阅兵的方式庆祝“德国第一个工农政权”建立 40 周年。早有迹象表明，暴风骤雨即将来临。

自 1989 年夏天起，许多东德人就纷纷逃往华沙和布拉格，在那里向西德大使馆寻求庇护。许多东德城市都爆发了集会游行，人们向当权者呼喊：“我们才是人民！”东方阵营的解体（见第 115 页）并未因东德的存在而止步不前，米哈伊尔・戈尔巴乔夫曾对东德发出警告：“迟到者将会受到生活的惩罚。”但国务委员会主席昂纳克和他的追随者却充耳不闻。

两德的统一是以一种任何人都意想不到的方式完成的。11 月 9 日，德国统一社会党政治局委员君特・沙博夫斯基在一次采访中作出了一个表述，该表述可以被理解为东德开放了进出西德的边界。此后，东柏林大量的群众涌向柏林墙，政府在开放边界的问题上已别无选择。接下来的几天内，数以百万计的东德居民进入西德。

《2+4 条约》：该条约的名称来自于缔约国，意指两个德国和美、英、法、俄四个占领国。

德国统一社会党政权走向末路，两德的统一在一年内即告完成。1990 年 3 月 18 日，东德地区首次完成大选；7 月 1 日，有关两德建立货币、经济和社会联盟的条约生效；9 月 12 日，两德与“二战”战胜国签订了《2+4 条约》；10 月 3 日，梅克伦堡—前波莫瑞、勃兰登堡、萨克森－安哈尔特、图林根与萨克森等以新联邦州的身份加入联邦德国，德国统一完成。

东方阵营的解体对于巴尔干半岛而言无异于一场灾祸。一些旧有的矛盾重新爆发，巴尔干半岛迎来了一个血腥的时代。

巴尔干半岛上的内战是如何打响的？

共产主义者、以前的“南斯拉夫人民解放军和游击队”总司令铁托 1980 年去世前，一直在南斯拉夫实施铁腕统治。他的继任者难以将之前的状况成功维持下去，1991 年，其加盟共和国斯洛文尼亚、克罗地亚、波斯尼亚和黑塞哥维纳宣布独立。与之相反，塞尔维亚则坚决反对独立，一方面为在名义上维护南斯拉夫的统一，另一方面也是为了保护生活在克罗地亚和波斯尼亚的塞尔维亚少数族裔。当时的情况十分复杂：南斯拉夫不仅是一个多民族国家，而且民族的分布还异常凌乱，各民族居住地的分布情况画在图上，就像一块打满了补丁的地毯。

后来就爆发了内战。战争中充斥着屠杀和所谓的“种族清洗”，即将不受欢迎的民族驱离所在的土地。“二战”中留下的旧账开始被清算。1995 年美国干预之后，屠杀才被制止。根据《代顿协议》的规定，塞尔维亚不得不承认其邻国的独立地位。

巴尔干半岛上的第二次战争因科索沃而起。科索沃本是属于塞尔维亚的一个省，但绝大部分地区由阿尔巴尼亚人居住。塞尔维亚不愿意给予科索沃自治权。1999 年，北约的空袭迫使塞尔维亚从科索沃撤军，该地区后由联合国托管。

2001 年 9 月 11 日发生了什么事？

劫机事件时有发生。上个世纪 70 年代，巴勒斯坦人曾利用这一手段就以色列侵占其领土的问题引起国际社会的关注。

劫机者将飞机上的乘客作为人质。他们认为，乘客的生命对于一个国家而言是有一定价值的，因此可以借此向该国施加压力。但 2001 年 9 月 11 日的劫机者却有着完全不同的想法。他们劫持了四架美国飞机，目的仅仅是想把飞机当作飞弹使用。一架飞机没有完成它的使命，落地坠毁；一架飞机撞击了美国国防部；另两架飞机则撞击了纽约世界贸易中心大楼并致其倒塌。

在 2001 年 9 月 11 日的恐怖袭击中，共有超过 3000 人丧生。

这种自杀式袭击为国际政治带来了极为深远的影响。美国开始向恐怖主义宣战。劫机者来自伊斯兰教基地组织，其头目为沙特阿拉伯人奥萨马・本・拉登，在阿富汗拥有多处训练基地。美国要求统治阿富汗的塔利班独裁政权引渡本・拉登，遭到拒绝后，美国与当地武装力量合作占领了阿富汗，但没有找到本・拉登。

在经过漫长的等待后，2005 年 1 月，阿富汗终于进行了第一次民主选举。

后来，伊拉克的独裁者萨达姆・侯赛因进入了美国的视线。他被指控与基地组织存在联系，制造大规模杀伤性武器。2003 年 3 月，英美两国联合开展了针对伊拉克的军事行动，同年 4 月，军事行动以伊拉克的投降而告终。独裁者萨达姆・侯赛因于 2003 年底被捕。

在相当长的一段时间里，人们似乎都在对地球进行肆无忌惮的掠夺。好像将所有的资源为我所用，也不会带来什么灾难性的后果。

谁来保护受到威胁的环境？

最近几十年，人们才开始批判性地审视放任人类社会的进步所带来的后果。1972 年，一个科学与工业界的智囊组织“罗马俱乐部”发表了一份以研究人类处境为内容的，题为《增长的极限》的报告，其传递的信息主要是地球上自然资源的储备总有一天会消耗殆尽，不能永远被人类不加限制地开发和利用。人类为地球带来的伤害，极有可能是致命的。

在工业国家中，这一观点首先在环保组织——如绿色和平组织中得到了共鸣。以“生态”作为主要目标的政党也开始纷纷成立，比如德国 1980 年就成立了绿党。同时，包括切尔诺贝利核事故（1986 年）在内许多灾难性事件也表明，人类在利用资源，特别是利用核能时面临着多大的风险，甚至未来几代人都会为此付出代价。

从那以后，世界上就一直存在着对环境破坏发出的警告。现在，人们已经不再把环境保护问题单纯看成是“随处乱扔垃圾”等一些公民的个体行为，而是认为国家和政府也应起到相应的作用。一些大型国际会议的召开和国际协定的签署就是这一点的极好体现。1997 年，《京都议定书》签订，该文件规定工业国家有义务减少对环境有害的温室气体的排放。环境保护任重而道远，仍需不断努力。

大事记
Zeittafel

前 3000 年—前 4000 年

苏美尔人进入美索不达米亚地区

约前 2500 年

吉萨金字塔

前 1729 年—前 1686 年

古巴比伦汉谟拉比时期

前 1600 年—前 1200 年

希腊迈锡尼文明

约前 850 年

伊特鲁里亚人进入意大利

前 587 年

尼布甲尼撒二世摧毁耶路撒冷；犹太人的“巴比伦之囚”

前 500 年

罗马共和国建立

前 480/479 年

波斯对希腊的进攻被打退

前 431 年—前 404 年

伯罗奔尼撒战争

前 323 年

亚历山大大帝去世；继业者之战开始

前 216 年

汉尼拔在坎尼会战中大获全胜

前 146 年

迦太基被摧毁

前 44 年

恺撒成为独裁者后不久被杀害

前 31 年

屋大维在亚克兴战役中战胜马克 · 安东尼

33 年

耶稣被钉死在耶路撒冷

98 年—117 年

图拉真治下罗马帝国的版图达到极盛

375 年

匈人越过伏尔加河和多瑙河向西挺进；哥特王朝覆灭；民族大迁移开始

391 年

基督教成为罗马帝国国教

451 年

匈人在沙隆战役中失败

476 年

西罗马帝国最后一位皇帝罗慕路斯退位

529 年

圣本笃建立蒙特卡西诺修道院

622 年

穆罕默德逃出麦加；伊斯兰教纪年开始

732 年

查理 · 马特在图尔和普瓦捷地区成功阻止了阿拉伯人的入侵

800 年

查理大帝在罗马加冕

919 年

萨克森公爵亨利一世成为皇帝，德意志神圣罗马帝国建立

988 年

基辅大公弗拉基米尔接受东正教

自 1006 年

穆斯林进占印度西北部

1066 年

诺曼人占领英格兰

1099 年

十字军攻克耶路撒冷

1184 年

美因茨宫廷节；霍亨斯陶芬王朝进入鼎盛时期

自 1206 年

蒙古人在成吉思汗带领下开始征服战争

1215 年

英国贵族从国王处争取到自由权利（《大宪章》）

1241 年

蒙古军队进行列格尼卡战役

1291 年

《永久同盟誓约》签署，瑞士联邦成立

1337 年—1453 年

英法百年战争

1348 年—1350 年

欧洲爆发瘟疫

1370 年

《施特拉尔松德条约》签订；汉萨同盟的权力达到顶峰

1414 年—1418 年

康士坦斯大公会议

1453 年

土耳其人占领君士坦丁堡，东罗马帝国灭亡

约 1480 年

莫斯科的伊凡三世拜托蒙古人的统治

1492 年

克里斯托弗 · 哥伦布发现美洲新大陆

1517 年

马丁 · 路德在维滕贝格提出《九十五条论纲》

1545 年—1536 年

特利腾大公会议

1555 年

新教与天主教签订《奥格斯堡和约》

1588 年

西班牙舰队失败，英国开始夺取海上霸权

1618 年—1648 年

三十年战争

1776 年

美国宣布独立

1789 年

法国大革命开始

1806 年

神圣罗马帝国末代皇帝弗朗茨二世退位

1814/1815 年

维也纳会议

1848 年

法兰克福圣保罗教堂召开国民议会

1869 年

苏伊士运河建成

1904/1905 年

日俄战争

1912 年

中华民国成立

1914 年—1918 年

第一次世界大战

1917 年

俄国十月革命

1924 年

斯大林成为苏联最高领导人

1933 年

希特勒掌权，成为帝国总理

1939 年—1945 年

第二次世界大战

1945 年

《波茨坦协定》签署；美国向广岛、长崎发射原子弹

1949 年

德意志联邦共和国和德意志民主共和国成立；共产主义在中国取得胜利

1957 年

《罗马条约》签署，欧洲经济共同体成立

1989 年—1991 年

东方阵营瓦解

1990 年

民主德国加入联邦德国，两德统一

1997 年

《京都议定书》签署，限制温室气体排放

2001 年

基地组织恐怖主义者袭击纽约世贸中心

写给青少年的人文通识书

经济学

Nachgefragt
Wirtschaft

【德】克里斯蒂娜·奥伯尔曼（Christiane Oppermann）著
【德】安娜贝拉·冯·施佩尔贝尔（Annabelle von Sperber）插图绘制
缪雨露 译

上海社会科学院出版社
SHANGHAI ACADEMY OF SOCIAL SCIENCES PRESS

图书在版编目（CIP）数据

写给青少年的人文通识书．3，经济学 /（德）克里斯蒂娜·奥伯尔曼著；（德）安娜贝拉·冯·施佩尔贝尔插图绘制；缪雨露译．—上海：上海社会科学院出版社，2021

ISBN 978-7-5520-3450-9

Ⅰ．①写… Ⅱ．①克… ②安… ③缪… Ⅲ．①人文科学—青少年读物 ②经济学—青少年读物 Ⅳ．① C49 ② F0-49

中国版本图书馆 CIP 数据核字（2021）第 054142 号

写给青少年的人文通识书·经济学

著　　者：（德）克里斯蒂娜·奥伯尔曼
绘　　者：（德）安娜贝拉·冯·施佩尔贝尔
译　　者：缪雨露
责任编辑：周　霈
特约编辑：黄珊珊
封面设计：知行兆远
出版发行：上海社会科学院出版社
上海市顺昌路 622 号　邮编 200025
电话总机 021-63315947　销售热线 021-53063735
http: //www. sassp. cn　E-mail: sassp@sassp. cn
印　　刷：北京彩眸彩色印刷有限公司
开　　本：889 毫米 × 1194 毫米　1/32
印　　张：4.5
字　　数：70 千字
版　　次：2021 年 6 月第 1 版　　2021 年 6 月第 1 次印刷

ISBN 978-7-5520-3450-9/C·204　　定价：118.00 元（全 3 册）

前言
Einleitung

企业经济、国民经济、市场经济、经济危机、经济增长、经济政策……这些概念都包含“经济”这个字眼，这已经让很多人头脑发晕了。此外，“经济”这个词在德语中还有“酒馆、酒吧或者饭馆”的意思。当然“酒馆、酒吧或者饭馆”也属于经济的范畴，而且体现经济中轻松的一面。

的确，我们在生活中处处都会遇到经济：电视机不会长在树上，可乐不会像下雨一样从天上掉下来，手机也不会由母鸡生出来——它们都是企业的产品。不过企业不是经济中唯一重要的主体，其他重要的经济主体还有消费者和国家。

经济在我们的日常生活中起着怎样的作用，这是个让人头疼的问题。在全世界范围内，经济关系无时无刻不在决定着我们的生活，没有人能够躲过经济。

它无处不在，它想要这个、索取那个，悲叹、到处诉苦、闲聊。人人都把经济挂在嘴上，不断讨论。不过很多人在谈论经济的时候，其实并不了解他们指的究竟是什么。

竞争怎样发挥作用？市场是什么？商品和服务的分配是怎样组织的？银行的作用是什么？交易所到底在发生着什么？经济的方方面面就是这本书所要涉及的内容，因为经济和我们每个人都直接相关。

目录

1. 支出和购物 Ausgeben und Einkaufen

2. 工作与收入 Arbeiten und Verdienen

4. 经济政策和世界经济 Wirtschaftspolitik und Weltwirtschaft

1.

支出和购物

Ausgeben und Einkaufen

经济到底是什么？

经济是一切的中心。经济增长、经济停滞、经济繁荣、经济萎缩、经济景气、经济虚脱……经济到底是什么？

经济有很多方面，它的根本意义是对紧缺物资进行最佳分配。这听上去很难懂。紧缺物资指的是为满足人们基本需求、数量有限或者不是时时都有的物品，例如食品和水、地球寒冷地区的衣物和安全的睡觉的地方。

没有人能够自己生产自己所需的所有物品，因此要通过经济活动——交易和交换——来满足自己的需求。

以拥有八千万人口的德国为例，仅仅为了满足人们的基本需求就需要大量不同的商品和服务，而且必须将它们在正确的时间送达正确的地点，这样人们才能有足够的食品、衣物和一个温暖的住处，才能活动、学习、工作和休息，才能在年老或者生病的时候也衣食无忧。

经济过程的成果是摆放在超市货架上的食品，是人们在需要的时候能够买到的油、气和煤，还包括电影院、电视机和收音机，以及小汽车、公共汽车和飞机，当然还有足够的燃料。

国民经济指的是一个国家经济设施和经济活动的总体。

人们所需要的商品由企业制造。

以汽车企业的老板为例，他要购买生产汽车所必需的配件，组织生产，即安排一定数量人和机器将配件制造成汽车，并决定汽车的销售价格，这就是企业经济。

经济中也存在小型经济。每个家庭就是一个独立的经济企业，它也得计划、购买、准备和组织，这样餐桌上才有早饭。此外一个家庭还需要买衣服，洗衣服，打扫整理房间，做饭。所有的家务都需要加以协调，按照一定的顺序完成，这样一切才会井然有序，不会因为乱七八糟而遭人埋怨。

谁给混乱的经济建立秩序？

只要有人去认真思考他每天所需的商品和服务从何而来，他很快就会一头雾水，感到茫然。

就从早上把我们从睡梦中拽出来的闹钟说起吧：这只闹钟是爷爷送的圣诞礼物，是他从商场里买来的。接下来的问题是：商场里谁给爷爷提供了服务？收款的是谁，负责包装的又是谁？商场又是从哪里订货的？闹钟上写着“中国台湾制造”——那么生产闹钟的人是谁？又是谁将它销往德国……越往下想，我们越会觉得，这些物品能够来到我们身边简直是个奇迹，或者说是一个庞大计划的成果。

过去人们的确进行了不断的尝试，试图将经济置于一个“庞大的计划”之下，像前东德和前苏联这些社会主义国家，都曾长时间推行严格的计划经济。这些国家的政府详细地规定每年每人所需粮食或者土豆的数量，决定为此所需的国家土地、耕地和工人的数量。在其他经济领域的企业里，关于产品类型、数量、生产费用以及工人和机器的数量也同样有规定。国民经济的所有生产过程都被加以详细的计划和规定。

社会主义追求所有物资为全体人民所共有的社会制度，最著名的社会主义理论源于卡尔·马克思和弗里德里希·恩格斯。

为什么计划经济不能有效运行？

一个人制订计划，随之一切都会顺利运转，就像一台正常运转的自动售货机：从上面投入货币，可乐就从下面掉出来了。这听上去很棒，但计划经济没有这么简单。

事实上计划经济体系从来没有顺利运行过。其首要原因是在现实生活中难以计划谁在什么时候需要多少物资，此外还常常出现缺少生产工业制品必需的原料或者机器的情况。计划经济的常见结果是物资短缺和供给不足。

出于这个原因，大多数国家放弃了纯粹的计划经济，至少在某些经济领域引入了竞争，朝鲜是唯一的例外。

计划经济体系崩溃的另外一个重要原因在于土地、机器和原料不属于单个的企业，而是属于人民。这听上去很好，遗憾的是这实际上意味着没有人会真正地对设备、商品和原材料的质量负责任，这导致了工厂衰败、产品劣质和顾客不满。不过，经济完全没有计划也不行，因为紧缺物资的合理分配不能仅仅依赖公众和企业主之间的协调作用，比如国家必须规定竞争的框架条件，不让任何一方吃亏。

20 世纪末东欧社会主义国家的社会主义体系瓦解。

苹果还是香蕉——市场经济怎样运行？

与计划经济相反，市场经济没有中央计划和指令，而是自由竞争。

这是个简单的准则，却又让人质疑：如果每个人都能自行决定生产什么、生产多少以及以什么价格出售，经济还能顺利运行吗？这听上去就非常混乱，完全不像是一个有效的经济制度。

资本主义市场经济的核心是自由竞争和生产资料私有制，社会市场经济力求将社会公平和自由市场的原则协调一致。

为了能够理解市场经济体系，我们可以去周末的集市看一看。集市上有十个商贩在卖苹果，他们卖的苹果的品种和大小没有差别，每个苹果看上去都是一样的。不过，一个商贩每公斤要价 1.5 欧元，有三个卖 1.45 欧元，四个卖 1.4 欧元，两个卖 1.38 欧元。这是合乎逻辑的:售价 1.38 欧元的两个商贩是最早在集市上卖苹果的人。只有当每公斤 1.38 欧元的苹果卖完以后，顾客才会去与这个价格最相近的摊位买苹果。几小时后，六个商贩的苹果卖完了，四个要价最高的商贩的苹果还没有卖完。这时候这四个人面临一个选择：是继续等待呢，还是降价将苹果卖出。他们也想挣钱，所以就把苹果的价格也降到 1.4 欧元，甚至 1.38 欧元。

第二天市场上又有十个卖苹果的商贩，他们的要价都是每公斤 1.38 欧元。但这时却出现了一个新的卖香蕉的商贩，每公斤香蕉卖 2 欧元。尽管香蕉比苹果贵，但是顾客不想再吃苹果了，所以大家都去买香蕉，香蕉一转眼就卖光了。卖苹果的商贩感到很沮丧，虽然他们的卖价相同，苹果却没有卖出去，最后为了吸引顾客他们把价格降到 1

欧元。这十个人挣的钱都比前一天少，有四个人很快就决定第二天买香蕉，而且价格和今天香蕉的价格一样。不过他们高估了顾客对香蕉的喜爱，第二天市场上愿意以一公斤 2 欧元的价格买香蕉的人并没有达到前一天买香蕉的顾客数量的五倍，所以他们只能降价才能找到足够多的人来买香蕉。

这个故事说明两个问题：第一，如果有多个商家都卖同样的商品并且商品数量充足的话，价格会下降到对顾客更有利的水平，同时商家也还能从中赚取少量利润。

第二，卖主能够自由决定的话，他们就会引入新产品来扩大供应从而增加利润。当某种新商品的利润足够大的时候，其他卖主会受到吸引也销售这种产品，这样就产生了竞争。

利润是一个企业扣除所有税款后剩余的盈利。

客户可以从竞争中获得更多的选择和更有利的价格。

商家提供的全部商品被称为“供给”，顾客购买商品的意愿被称为“需求”。苏格兰学者亚当·斯密（1723–1790）是最早研究供求关系的学者之一，他把自由竞争的作用称为“看不见的手”，这只手会调节供给和需求的关系，从而使客户和商家双方都能获得最大利润。

国家如何支持供给和需求？

谁决定市场上的供需关系？这个问题不仅是经济学者们思考的内容，也与国家如何对经济施加影响有关。

市场不是单行道。公众不仅仅依赖企业的供给，同时也通过他们的购买行为参与决定生产什么以及以多少价格出售，因为他们只购买他们喜欢的并且认为性价比好的商品。

不过不仅仅只有消费者才会做出购买决定，国家、政府、行政机关和一些团体也在购买。他们开办学校、幼儿园，修建游泳池、街道，他们需要计算机、电话、地铁和垃圾车。这一切都由他们用税收收入来支付，用这种购买方式为企业创造订单。国家增加支出的同时降低消费者和家庭的税额，这是一种以需求为导向的经济政策。国家可以在经济不景气时期利用这种经济政策来刺激经济发展。

此外还有一种国家影响经济的可能性：如果企业的纳税额减少，那么企业就有更多的资金来生产商品、购买新机器和雇佣劳动力。这种加强供给的经济政策就是以供给为导向的经济政策。哪一种经济政策更好，大家对此意见不一，今天大多数国家都是将两者加以结合使用。

在前文周末市场的例子里，竞争能让各方获利，但事实上将一切都交给供求关系来调节的市场潜藏着巨大的风险。

竞争的界限：竞争在哪里会失去作用？

竞争在有些领域会引发犯罪行为，进而导致产品质量下降和对人的剥削。过度竞争不仅不能推动创新、研发和新产品生产，反而会成为阻碍。

只有大家都具备相同的起始条件并且公平竞争，才可能有前文例子中苹果商贩和香蕉商贩那种不受损害的环境。不过，在真实的经济生活中并不总是这样。因此国家必须在某些领域颁布法律来限制竞争，以保护消费者免受供求关系相互作用的负面影响。

这些领域之一是医疗行业：医生在独立为病人看病以前必须通过考试并且具备实践经验，一种药品在获得医疗机构的许可，允许出售给病人以前必须通过足够的检测。

食品生产的相关规定的目的是保证食品的纯净。

虽然我们可以认为，劣质产品会随着时间的流逝被竞争淘汰而在市场上消失，但是首先这些劣质产品要被曝光在消费群体中。即使是在互联网和手机的时代这也需要时间，可能很多人在问题解决以前就已经遭受了损失。

既然能用两只羊换一头奶牛，为什么还需要货币？

想买一样东西就必须用另外一样东西去交换，而充当这种交换物的大多数时候都是货币，不管是欧元，还是美元、英镑或者瑞士法郎。

超市、商场、服装专卖店、饭店、发廊或者干洗店出售的商品或者提供的服务都是有价的，这个价格用金额来表示，不过也并非总是如此，就算在今天也还存在例外的情况。

货币究竟是什么？如果我们仔细看看欧元，就会发现欧元硬币是由铜、镍或者铬制成的合金，而纸币则是一种经过特殊工艺处理、印有彩色图案、打上了水印和含有金属线的纸张。一张纸币是否值 200 欧元，这绝非取决于这张纸币材质的价值，而是取决于它的面值。200 欧元的纸币可以兑换成价值 200 欧元的黄金、钻石或者钢铁，只是这些材料的重量不等。

面值是印制在货币上的价值。

当然我们也可以试着用碎金去面包房买面包，但是这非常麻烦。首先我们要和面包师讨价还价来决定这点碎金能买多少面包，其次面包师还不一定会接收碎金，因为他没有接收黄金的义务。但是 5 欧元的纸币他就必须接收，因为本身并不值钱的纸币却是官方的支付手段。

不过，以前也并非一直如此。过去很多生意是通过商品交换直接进行的：家里有羊、但想有一头奶牛的人首先得找到一个想卖牛买羊的人，然后两人还得在价格上达成一致，即一头奶牛能换几只羊。

显而易见，在以物易物的时代买和卖都不容易。

因此小亚细亚吕底亚王国在公元前7世纪的时候引进货币作为交易手段，古希腊人和古罗马人也使用金币和银币。有了货币，交易就变得简单了，卖牛的商人只需找到一个想用钱买牛的人就行了，然后他可以带着硬币去卖羊的商人那里买羊。

不过即使在货币引入以后，以物易物的交易在有些地区还是存在了很长时间，就是今天也还有以物易物的交易，比如在一些城市里有用商品交换商品或者服务的交换市场。这些市场有一个特点：商品和服务的价值被折算成一种“货币”，这种“货币”在有些交换市场被称为“泰伦特”。有人要理发的话，需要支付3个泰伦特给理发师。当这个理发师想找一个保姆的时候，他就也可以使用泰伦特。泰伦特其实是一种货币替代物，只有在得到所有人的承认的地方才有效。

货币只能是限量的，否则就失去价值了。如果硬币和纸币都不限量的话，货币的价值就会下降，人们在购买商品的时候必须支付越来越多的货币。支付手段贬值即为通货膨胀。

酸奶的长途旅行：商品从何而来？

购物？好啊！街角的超市里有冷冻匹萨和酸奶，商场的二层有牛仔裤，隔三条街的音乐商店里有 CD，一切都近在咫尺，不用千里奔波。

但是匹萨、可乐、牛仔裤、还有体操鞋这些商品又是从哪里来的呢？其实在我们把很多商品从货架取下来以前，它们已经完成了一次环球旅行。以草莓酸奶为例，让我们去看看它的旅程。酸奶的所有配料在被调和在一起以前，就经历了千里跋涉。我们想象一下吧：草莓来自石勒苏益格－荷尔斯泰因州，在亚琛被加工成果酱；牛奶来自东弗里斯兰地区；糖来自不伦瑞克；用于凝固牛奶的菌种来自明斯特兰地区；装酸奶的塑料杯来自亚琛地区；金属盖则是在奥斯纳布吕克附近生产的——当一瓶酸奶从汉诺威的牛奶加工厂的传送带滚落下来的时候，它已经完成了 1500 公里的旅程。然后它又被运送到大型连锁商店的商品集散中心，从那里被运往各个超市。当我们最终从冷冻货架取下酸奶的时候，它已经经历了整整 2000 公里的长途之旅。

长途跋涉的不仅只有酸奶。来自北海的螃蟹离开了库克斯港的渔轮后，被运往波兰甚至墨西哥，在墨西哥被暂时从货车或者货船上卸下来进行清洗，然后又被装上货车或者货船送回原来的地方。帕尔玛火腿虽然途经意大利帕尔玛省——被专程运往意大利进行风干和包装——但是用来制作火腿的猪肉却来自荷兰或者比利时，猪在那里被喂肥并宰杀。在我们把含有帕尔玛火腿的冷冻匹萨放进家里的微波炉加热并食用之前，如果我们去想一想这张匹萨完成了多远的旅行，很有可能会感到头晕。

但是对于现代的商品生产来说，这些长途旅行完全不是障碍，就算像螃蟹这样容易腐坏变质的商品，在借助冷冻、烘干、罐装等技术之后，即使经过长途运输也仍然能够保鲜。

对于生产商而言，长途运输是完全值得的，因为和分散在多个地方进行少量的分批生产相比，集中大批量生产的成本要低得多。

一家企业只需要一家工厂或者一台机器就足够了，而且大批量生产能够更好地发挥工厂或者机器的生产能力，生产成本会下降，相比之下运输的费用就微不足道了。

如果一车载重量为 30 吨的货车装满酸奶，一杯酸奶的运输费平均下来还不到一芬尼。

生产畅销的有机匹萨？企业怎样决定生产哪种产品？

人们之所以会开商店、开餐馆、建车间、开办工厂，都是为了赚钱。一般来说，没有人会仅仅为了获得乐趣而创立一家企业。

在创立一家企业之前，人们首先要估计是否有顾客对自己的商品或者服务感兴趣，并愿意为此支付金钱；其次还要尽可能地去收集关于潜在顾客、竞争者和未来企业周围环境的信息。

像有些人就只是问问朋友和熟人是否愿意购买使用本地配料加工的冷冻有机匹萨，而另一些企业则会委托一家市场调研公司进行详细的调查。市场调研公司的专业人士会采访购物中心的行人、邀请他们到办公室进行深入的询问。还有些企业会在实验室测试新产品，和同类产品进行比较。

投资以及投入到机器、设备和厂房的费用越高，企业就会越发小心地去了解使用者和顾客的愿望，从而尽可能将商品无人问津的风险降到最低。

企业在决定了生产哪种产品后，还得为自己寻找工厂地点。这样喜欢吃匹萨的人在半年以后就可以品尝到这种新的匹萨了。

为什么不是只有一种手机、一种冰淇淋或者一种冷冻匹萨？

在超市买匹萨的时候，我们常常面临这样的困难：面对至少十种以上不同涂层不同大小的匹萨，不知该怎样选择。冰淇淋冰柜前面的情况也差不多。

对一个没有经验的顾客来说，买手机就是一场折磨：他原本买手机只是为了方便打电话，但在购买以前他却不得不去了解关于手机的所有信息、手机不同的使用功能，不得不去研究复杂的购买合同和话费标准。面对如此庞杂的市场，他该怎样做出决定？

有些消费者可能希望事情能够简单一些：为什么所有类型的商品不能只有一种？这应该也能够完全满足人的需求吧。当然，他期待的冰淇淋类型是他喜欢的黄瓜味冰淇淋，匹萨是含洋葱的匹萨，所有手机的话费合同都只为在夜里打电话的人准备……

但这对于那些不喜欢黄瓜味冰淇淋的消费者、不喜欢匹萨上有洋葱的消费者、希望在晚上十点以前打电话也能有便宜话费的消费者而言，就相当不公平。

另外，这种平均主义也可能对市场经济带来严重后果。如果剥夺了消费者的选择自由，那么市场就没有空间留给新的、不同的或许更好的商品。如果没有新产品被研发出来，自然也不会有新的企业和工作岗位。这样的话就不会有人去生产新的冷冻有机匹萨了。

购买大众产品还是名牌商品？购买正品还是盗版产品？

商品市场第一眼看上去令人眼花缭乱。但如果我们再仔细看的话，就能发现其中的细微差别，比如匹萨的区别在于包装、配料、大小和价格，当然最贵的匹萨不见得比便宜的更好吃、更新鲜、更厚、更多汁。

消费者愿意为一件商品支付多少钱，是买耐克、拉夫劳伦、普拉达还是买打折品商店里大众品牌的牛仔裤，这个决定取决于他可支配的钱有多少。只有细看，我们才能辨别这是一条名牌牛仔裤还是大众品牌的牛仔裤。如果消费者购买与名品相似、却又明显不同的大众商品，这种做法无可厚非，这显示了消费者的精明。

但是那些可疑的后院工厂生产出来的廉价产品又怎么样呢，比如用简单配件制成的如假包换的劳力士和大量的盗版唱片？不仅是生产盗版的厂家，还有购买盗版的消费者都要受到惩罚。因为大量的盗版商品是在国外生产，然后贱卖给旅游者，所以德国海关官员会搜查旅游回国的人的行李，看是否携带了盗版的畅销奢侈品。

采取这种严厉做法的原因是盗版伤害了所有权和保护法，具体而言涉及到知识产权、版权和商标权。

和手提包、钱包和其他实物财产一样，版权和商标权同样受到国家的保护。

除此以外，盗版会损害奢侈品生产商的形象，从而造成巨大经济损失。如果奢侈品不再是仅限于少数人才能购买，而是以原价的一小部分价格到处都能买到的话，那么奢侈品就会失去它的吸引力。人们不再理解为什么还要花费这么多的金钱去购买正品，奢侈品的销量会因此下降。

手机、巧克力酱或者牛仔裤的价格是怎样决定的？

企业的价格政策对于很多消费者而言好像一本天书，我们怎样才能认识到哪些商人或者生产厂家是在欺骗消费者，而哪些商品是真的货真价实呢？

只有很少的产品是直接从生产厂家到达消费者手中的，除了生产厂家，商人也要从机器生产或加工的商品中挣钱。

从根本上说，供应商不可以以低于成本价的价格出售商品，这意味着价格必须高到足够支付为生产所付出的支出。生产的支出包括材料、人工、机器、水电以及分摊到商品上的管理、营销、销售、纳税等费用。除了成本以外还要加上生产厂家的盈利。

商人以批发价买入商品后，在批发价的基础上把商店租金、水电、人工费用和广告费用分摊到商品上。商人赚取的差价除了取决于商品的性质以外，还取决于商品在商店滞留的时间。在超市停留时间很短的食品加价很低，而在高档专卖店出售的设计师的品牌价格昂贵，不会很快售出，因而加价较高。在汽车行业，商人赚取的差价在 15% 到 20% 之间。经过费用核算后得出的价格就是产品的销售价。在商人赚取的差价之外，商人还得算上交给国家的增值税。

商人赚取的差价是商人的购买价和销售价之间的差额。

如果有多个供应商出售同样的商品，就会产生激烈的竞争，在竞争中没有人的要价能够比他的竞争者更高。但有些企业却能做到这点，他的售价高于他人的价格。

可口可乐、保时捷、儿童巧克力：品牌是怎样建立起来的？

这种情况一般是因为这些企业使他们的产品含有一种附加价值，这种附加价值是其他供应商的产品所不具备的，这种与众不同使这种商品格外抢手，顾客甚至愿意为此支付更高的价格。

产品之间的这种区别是由市场营销创造出来的。市场营销包括市场调研、产品设计、广告和销售。市场调研必须查明未来顾客的需要；产品设计确定匹萨、可乐、运动鞋等商品的口味、外观和包装；广告的任务是让顾客了解新产品或者让他们想起已经上市的产品；销售负责把商品分发到各个商店。这所有的一切是一个多层次的过程，必须协调一致，这样才能使一个创意最终成为一个畅销品。可口可乐这种含糖的汽水成为了一个独特的世界知名品牌，这就是商品营销的杰出成就。

名牌产品必须具有一些特征，例如稳定的高水平质量、容易辨识的包装和不易混淆的形象。

对于消费者而言，品牌还有一个好处：它能给消费者一种安全感，确保这次买的商品和上次买的相同。

广告的作用是什么？

可口可乐、巨无霸、妮维雅、得宝、保时捷……提起这些词，大多数生活在西方工业国家的人都知道是什么。这些产品的知名度要归功于成功的电视广告、杂志广告和宣传活动。

很多名牌产品甚至成为了一类商品的代表。想要得宝的人，常常只是需要一张纸巾。想要可乐的人，或许真的想喝可乐，不过如果没有可乐的话，人们就会问他是否愿意喝其他同类饮料。孩子笔下画出来的汽车大多是保时捷 911 的轮廓。

为建立品牌所付出的花费巨大，德国的广告费就达到几十亿欧元。仅德国的牛奶加工行业 2001 年所支付的广告费就为 2700 万欧元，其中 1560 万欧元用于酸奶、奶酪等奶制品的电视广告。为了维护和提高品牌形象，宣传活动每年也要花费好几十亿欧元。

从广告中受益的不仅仅是广告公司，还有媒体。如果名牌产品的公司不在报纸、杂志、电视和广播发送广告、音频、视频的话，纸媒和电子媒体可能就无法生存。

没有免费的午餐，哪有免费的广告？

广告可能会令人讨厌：超市里没完没了播放的广告、精彩故事片里插播的广告视频、城市里刺眼的灯光广告……没人能免受广告的影响。只要想想投放广告的巨大花费，有人就会非常生气。

广告的账单很大一部分由购买广告产品的消费者和顾客来买单。如果不愿意放弃某种尖端产品，如果一定要使用碧浪的洗涤剂，如果一定要喝阿波利纳里斯矿泉水，这样的人会比不那么讲究的人花费更多金钱。

有时商品因为广告而加价的幅度会很大。汽车行业是大笔投资广告和市场的企业之一，为了让顾客关注新的汽车系列或者改良系列，投资到广告宣传的费用高达一千万欧元。如果顾客直接从生产厂家那里提货，或者企业集团放弃昂贵的形象宣传、装饰时尚的汽车专卖店和给顾客的（包括修理在内的）免费服务的话，汽车的售价可以降低 20% 到 30%。假如未来大家都通过互联网下单的话，企业集团就可以大大节省投入到市场上的费用，而这些节省下来的钱会通过更低的售价回馈给客户。

“物美价廉”有限公司：为什么有没有品牌的商品？

将广告费用转嫁到商品价格上的做法早就遭到了抗议，对价格敏感的消费者越来越认为广告令人心烦，从而不再愿意支付广告的费用。

为了让不同生活处境中的人都能找到一款适合自己的品牌，销售装在软包装里的浓缩汤和卫生纸的商家也为广告投入了大量的金钱，面对这样的情况，对价格敏感的消费者是否还有其他选择呢？

这个问题的答案当然是肯定的。除了名牌商品以外，早就存在另外一种选择。几乎所有连锁商店都开发了价格低廉的日用商品：秉承“物美价廉”的原则，连锁超市的货架上除了价格昂贵的名牌商品之外，还摆放着价格低廉的整套系列商品。这些商品和那些做了大量广告的商品相比价格便宜很多。

那么它们的质量是不是也差一些呢？完全没有。和大品牌产品相比，一些价格低廉的商品只是缺少大品牌产品那些画龙点睛的工艺，而且这种情况也比较少见。很多消费者所不知道的是，大多数的无名品牌和那些高冷的大品牌都有亲缘关系，它们都源于同一家集团公司或者生产厂家。

为了充分发挥设备的生产能力，生产厂家既生产尖端商品，也生产物美价廉的无名商品。如果仅仅生产名牌商品不能充分发挥企业的生产能力的话，企业就会非常乐意生产平价商品来填补空缺。

或许每个人都遇到过这样的情况：两个月前绿色的牛仔裤和露脐T恤还很时髦，可是很多人还没来得及买，它们就已经过时了，再无人问津。

时尚的或者过时的，热销的或者滞销的：为什么会有特价商品和折扣？

就算是对时尚不敏感的人也会有几件过季商品。很少有人在夏天购买冬天的大衣、羊毛帽子和厚靴子，也很少有人在冬天买防晒霜和比基尼。单放机、DVD 播放机和电视机销量最好的时候是 11 月和 12 月——那时大家都冲进商店购买圣诞礼物。

对价格敏感的消费者可以很好地利用这些购物习惯。如果不是一定要追随最新的时尚潮流，在商店季节大甩卖的时候就可以下手了。德国商店一年有两次大甩卖：一次是 1 月末的冬季大甩卖，一次是 7 月末的夏季大甩卖。在这之后，零售商为给新的商品腾地方还会清仓大甩卖，30% 到 70% 的折扣都不罕见。

不过，喜欢买便宜货的人早在商店甩卖之前就已经下手了：恰恰是那些昂贵的设计师服装专卖店，它们在其他商店甩卖前几周就开始打折了，因为它们的折扣幅度低，无法在与普通商店的价格战中胜出。

那些精于讨价还价的人在不是甩卖季节的时候也能拿到折扣。

因缺乏竞争而价格昂贵：如果没有竞争，会发生什么？

只有多个生产商和商家都提供同样的商品，只有在竞争压力很大的市场，人们才能讨价还价，才能拿到商品折扣。如果只有一个供货商，那么这个市场会是什么样子呢？

经济学者把这种情况称为“垄断”。垄断背离了市场经济自由竞争的原则，垄断者可能会为了谋取利润而利用自己强大的市场权力来欺骗贸易伙伴，因而垄断被视为一种原罪。

垄断指市场上只有唯一一个供应商（即卖方垄断）或者只有唯一一个需求者（即买方垄断）的情况。

如果有人想从慕尼黑乘坐火车去汉堡，他别无选择，只能乘坐德国铁路的火车。至今为止，地方上只有少量的路段是由私人建筑公司修建的，这些建筑公司给德国铁路造成的竞争微乎其微。一些小地方常常只有一家商店而且商品有限，那里的居民如果不驾车去附近的城市购物的话，就只能去那家商店买东西。这些都是典型的垄断，市场上唯一的供应商可以统治市场操纵价格。

缺乏竞争对手会导致垄断者利用自己的垄断地位，索取比在竞争压力下更高的价格。

产生垄断的原因可以是市场上存在一个强大的供应商，但也可能是因为买方是大型贸易机构。比如德国阿尔迪连锁超市（Aldi）的订货量相当于一个中型企业的产量，这样作为客户的阿尔迪就成了垄断者，能够操纵供货商的批发价，它会一直尽可能地压低批发价。生产商则别无选择，只能向买主低头，否则他的产品就没有销售市场，而买主则会以食品行业竞争激烈为借口为他的剥削行为辩护。

只要能够牢牢地抓住客户，垄断者就能维持他的垄断地位。如果他再也找不到愿意接受他的卖价和买价的客户的时候，那么他的剥削就到头了。

在这个问题上，国有企业是个例外，那些唯一接受地方委托提供某种服务的企业也是例外，例如垃圾清理公司。

垃圾焚烧处理现场。很多地方的垃圾清理费在过去几年都上涨了不少，普通家庭无法逃避这种被操纵的价格上涨，因为地方市场上只有唯一一家垃圾清理公司，即垄断者。

为什么卡特尔在哪里都不受欢迎？

在研究市场经济的学者看来，竞争是有益的。如果市场上有多个供应者和需求者的话，所有市场参与者的利益都能够得到最好的平衡。商家不能漫天要价，买家也不能落地还钱。

为了获取额外利润，人人都想逃避竞争，也确实存在多条避免竞争的途径，其中之一是竞争者为了更高的售价共同约定产品、服务的价格或者数量，这种约定被称为“卡特尔”。

卡特尔组织是企业为了提高市场上的售价、通过彼此约定而结成的联合体。

世界上最大的卡特尔组织之一是石油输出国组织，简称“欧佩克”（OPEC）。该组织的成员国是世界上最重要的石油输出国家，它们决定着石油的价格和向工业国家出口石油的数量。

欧佩克成立之初的宗旨是为了反对不加控制的榨取石油，但该组织很快就变成了具有强大势力的卡特尔组织，引起了西方世界两次石油危机（1973 年和 1981 年）。后来西方国家开发了其他石油来源和能源，欧佩克的势力因此减弱了。

由于卡特尔阻碍竞争，卡特尔以及企业间的价格协商在欧盟和大多数西方国家都是被禁止的。

当只有极少数供应商分割一个市场的时候，市场就会面临危险。最糟糕的情况是市场上只有两家企业，在这种情形下要么竞争激烈，要么两家企业共同发展。

在只有少数供应商的市场上，竞争怎样运行？

企业的广告会给我们这样的印象：在只有少数供应商的市场上，例如石油市场，竞争很激烈。但是我们在加油站又会获得不一样的印象：埃索（Esso）、壳牌（Shell）、英国石油（BP）、亚拉（Aral）以及DEA的汽油价格浮动基本上总是同步的。只要有一两家的汽油涨价，其他几家几天后也会随之跟上。这种一致的行为背后的原因与原油的价格有关，所有的石油公司以及每个消费者都能获知原油价格的变化。只要原油价格上涨，汽油的价格就会同步上涨。

只有两家企业的市场被称为双寡头垄断市场，存在同一行业少数企业的市场被称为寡头垄断市场。

联邦卡特尔局的任务是监督竞争和阻止妨碍竞争的行为，石油公司的这种行为多次促使该部门想采取行动，但是它却无法证明石油集团之间进行了价格协商。

市场上只存在两个竞争者的另外一个例子是国际航空飞机制造业。商业航空的供货商只有两家企业，一家是欧洲的空中汽车，另一个是美国的波音，它们之间存在激烈的价格竞争。

巨无霸太咸了：顾客有哪些权利？

我们总会有那么几天，做什么都不顺利，就连期待已久的购物之行最终也让人失望：合适的东西没有看到，买到的东西回到家一看不过是一堆破烂，裤子太紧，毛衣上有个洞。烧水壶烧开的不是水，而是我的怒火。

在怒发冲冠以前，我们要明白，作为消费者的我们也是有权利和要求的。毕竟毛衣是我们用真金实银买回来的，我们当然期待那是一件没有残缺的商品。有洞的毛衣显然是件残缺的商品，我们唯一能做的就是回到商店退换它。

如果售货员坚持说商品离开商店的时候是完好无损的，该怎么办呢？那么顾客必须证明自己的说法是正确的，而这常常有些困难，自认为有理和别人认为你有理有时不是同一件事情。不过，大声清楚地说出自己的要求或者要求见经理，这常常也是有帮助的，尤其是在顾客很多的专卖店这样的争执对销售不利。顾客会得到退款还是换货，或者收到代金券，不同商店的解决办法是不同的。

假如有人周五或者周六买了一件昂贵的晚装，周一或者周二就去退货，而且没有说明理由，这种情况下退换商品的难度要大一些。如果商家要仔细检查衣物以确认衣物是否已经被穿过，顾客对此也不要心存不满，因为没有哪家商店有义务收回已经被穿过的衣物。

一般来说，如果商家在售出有明显残缺商品之前没有把情况告知顾客，商家必须收回这些商品。

这一条也同样适用于那些售货小票上注明“不能退还”的甩卖商品。即使是打折商品，顾客也有权获得没有残缺的商品。重要的是，如果出现这种情况，顾客要尽快退还商品。比如邮购商店有明确的退货期限，如果客户不喜欢的话，可以在 14 天以内退货。就算是在家门口的销售代理的游说下购买的吸尘器，14 天以内同样可以退货并得到退款。

如果顾客在餐厅里吃饭觉得有道菜太咸或者腐坏了的话，他必须立即投诉，不能等到盘子里的饭都吃光了才投诉。投诉的结果取决于餐厅服务员是否友好。在大多数餐厅，顾客不用为那道被投诉的菜买单，餐厅也可能会端来重做的菜。

顾客因店主不明事理而与其发生争执的话，那就只有求助消费者咨询中心了。假如觉得这太麻烦，那就只能吃亏，记住以后再也不要去那家店了。

2.

工作与收入

Arbeiten und
Verdienen

工作到底是什么？

做保姆照看小孩、在流水线上工作、在国家队踢球、在南太平洋度假地工作、修理汽车、建造房屋、卖奶酪、种植玫瑰……从国民经济的角度来看，到底什么才是工作？

如果我们查阅工具书的话，会发现《布洛克豪斯百科全书》对“工作”的定义是“人类为了保障生存和满足个人需求而完成的有意识、有目标的行为；同时也是生活的重要因素”。

如果是这样的话，那么学校的作业和割草就不算工作。不管是体力上还是智力上的工作，工作的一个重要特征是要达到一个经济上的目标，即获得工资或者报酬。此外，《布洛克豪斯百科全书》对工作的定义还强调了工作给人类的生活赋予了意义。

经济要素不是直接满足人类需求的物资，而是用来生产其他物资的经济物资。

在关于“工作”的其他定义里，工作可分为独立从事的工作（即自负盈亏的工作）和受雇佣的工作（即由雇主支付报酬的工作）。

在经济学中，人类的工作与资本和土地一起被视为物资生产的三大生产要素。

我们在以下章节中说到的“工作”都是指包括各种形式的、人们用来赚取收入维持生活的劳动。

剥削还是额外收入——什么时候可以工作？

“童工”这个词立刻让人想到第三世界被剥削的孩子、不足以糊口的工资和可怕的工作条件，不过大多数人所不知道的是：在德国也有越来越多的青少年开始在放学后打工。

据德国儿童保护联盟估计，在德国大约有 70 万青少年打工挣钱，也就是说在八到十年级的学生中有一半的学生或多或少地在打工。这背后的原因是青少年的物质需求在增加，而父母不能或者不愿意为这些需求买单。青少年课余时间打工是好还是坏，大家对此意见不一。

青少年劳动保护法原则上禁止雇用 14 岁以下的青少年，但戏剧、音乐会、电影拍摄、广播剧或者广告拍摄作为特殊情况可以得到雇用 3 岁以上儿童的许可。14 岁以上学龄青少年除了周末每天可以工作两小时，从事所谓的“轻松工作”，比如送报纸、做保姆照看小孩子或者做课外辅导老师。

不再有接受教育义务的青少年被允许接受职业培训，此外还可以每天工作 7 小时，每周工作 35 小时。

过劳死——人们必须工作多少时间？

很多办公室职员一天的工作是从八九点开始，到下午四五点结束，中午有半小时休息时间。不过，也有很多例外。

在工厂和手工业工场，工人们大都从七点开始工作。不少生产企业为了让昂贵的设备一天 24 小时不停歇地运转而引入了分班制。

在老的联邦州的大多数行业人们平均每周工作 38.5 小时，在新联邦州一般每周工作 40 小时。如果需要值班或者受季节性因素影响，每天或者每周的工作时间也会延长。不过，加班后职员可以在工作不忙的时候补休。如果职员周末、周日或者节假日加班的话，企业也可以支付额外的报酬。

在德国，年假的天数取决于员工年龄和劳资协定中的相关规定，一般在 25 天和 30 天之间。

工作时间灵活化增强了工作时间安排的适应性。

自从有了工作时间灵活化，以前常见的固定工作时间现在越来越少，现在已经有了一百多种工作时间模式。比方说，人们可以通过时间账户累积加班时间，然后补休。

是念大学还是做学徒？在理想的情况下，这个决定应该取决于职业愿望和个人兴趣，而不是取决于父母的收入。不过现实情况往往不一样。

只有有钱人才能念大学？谁支付职业培训的费用？

念大学不花家里的钱？这当然是可以的。在德国，如果父母有足够的钱，那么他们就有义务资助孩子的首个职业培训或者大学学习。这是孩子们的权利，他们甚至可以为此提出诉讼。如果父母没有足够的钱，那么国家会给接受培训者提供帮助。为此国家制定了《联邦教育促进法》。

国家提供的帮助叫做“联邦教育促进奖学金”，简称 Bafög。这种奖学金的获得者不仅仅有大学生，也有九年制普通中学、实用中学和文理科中学十年级以上的中学生，以及职业专科学校的学生、参加职业预备课程并获得毕业证书的学生，还有高等职业学校、高级专科中学以及夜校的学生，前提条件是申请者的年龄不超过 30 岁。对于那些学习时间较长的学生或者在海外学习的情况，政府提供一种“教育贷款”。

除了政府的资助以外，政党或者教会的基金会也为大学生提供资助。得到这些基金会的资助不是容易的事情，申请者除了成绩优秀以外，还需要积极参加政治或者社会活动。

如果文中提到的情况都不适用或者年龄超过了 30 岁，那么就只有去社会救济管理局申请生活补贴了。

为别人打工还是为自己工作：怎样才能成为自己的老板？

想创建公司的人在拥有钱和商业创意之前首先需要的是一份商业计划书。在商业计划书里，他需要详细地列出自己要做什么事情、怎样做、为什么做、用什么资金以及将面对的风险和成功的概率。

一名年轻的企业家首先应该清楚地知道他是否符合创业的前提条件：他至少要年满 18 岁，需要掌握会计和人事管理的知识，还要了解他所要开展的新业务是否需要特殊的许可或者考试。在这些问题都弄清楚之后就可以开始做商业计划了。

商业计划书的核心部分是详细阐述如何将一个创意转化为现实。需要回答的问题有：生产什么样的产品或者提供什么样的服务？定价为多少？为此应该雇佣多少员工，薪水多少？需要购置多少机器、设备和电脑？还有商店的租金和位置、资金投入、筹资等问题都要写清楚。

德国政府有专门支持年轻创业人的项目。

此外他还需要向银行和其他可能的投资者提供一份关于产品市场的详细分析，内容包括该产品在市场上有多少竞争者、产在市场上的销路怎么样等。

平均两名想自己创业的人中就会有一人很快放弃。是否自己创业，这是必须要三思的问题。

同业协作社和手工业同业公会的作用是什么？

人们不过是想学会一门职业技能，得到一份收入稳定的工作，那么这些协作社或者公会有什么用？难道它们只是历史的残留物吗？它们的作用到底是什么？

同业协作社的首要任务是关注工作岗位的安全性，主要检查工商业的安全装置，例如房屋修建工地的安全设施。如果工作中发生了事故，同业协作社会派内行到事故现场查明事故原因。

德国共有 55 个手工业同业公会，它们对手工业工场和手工业者负责。它们为其会员提供培训和进修，让会员的水平符合他们所在行业的质量要求。此外它们还关注订货和招标是否符合规定，保护其会员的权益不受到非法廉价公司的侵害。

手工业同业公会是由中世纪严格监督手工业的培训和质量的行会发展而来。

谁可以学习哪种手工业，谁可以参加学徒满师考试，这些在以前都由行会的师傅来决定。

一直保存到现在的一条行会规定是：手工业者只有通过了学徒满师考试后，才能独立经营。不过，这条规定被认为妨碍了竞争而受到欧盟的批评，因此人们正在对它进行修改。

逃税：什么是打黑工？

对于很多人来说，下班后工作才真正开始：装修、修理、砌墙、翻修。从周五到周日，油漆工给房屋刷墙，铁匠安装新的配件，汽车修理工又修好了一辆汽车——这所有的工作都是用现金支付，没有账单，都是非法劳动。

每两名雇员中差不多就有一人曾雇佣过非法劳动者，或者参与过非法劳动，或者曾经收款没有开具账单。非法劳动使得德国国库每年的税收输入损失几十亿欧元。在周末或者节假日拼命打黑工的人大都不清楚这样做的巨大风险：打黑工是被禁止的，会被处以高额罚金。此外，打黑工的人常常冒着失去工作岗位的危险，因为很多企业主或者手工业的师傅一旦发现他们的员工背地里抢走企业的订单，就会毫不留情地解雇他们。

如果有人在领取失业金或者社会救济的同时还想通过打黑工的盈利来增加收入，他们就会面临被取消所有国家福利的风险。

有些行业的从业人员在周末工作是合法的，例如医疗行业、餐饮业，此外在零售业和工业这样的情况也在增加。

如果一名雇员在周末非法劳动中受伤或者遇到事故，他甚至可能会失去保险。

不过，这些惩罚对于下班后的非法劳动至今还没有起到真正震慑的作用，这是为什么呢？一方面是因为警察很少搜查，另一方面是因为人们喜欢现金。

我可以在国外工作吗？

白天在办公室工作，晚上在沙滩上休息……谁不曾梦想在一个他人需要花费很多金钱度假的地方工作几年呢？或者永久移居国外，去另一个国家或者去另一个大洲，比如去美洲或者伦敦、巴黎。

对于德国的就业人员而言，没有任何东西会阻挡他们对远方的向往——如果他们只是想在欧盟境内调动工作的话。欧盟协议不仅强调货物和资金的自由流动，也强调欧盟公民的居住权和工作许可。欧盟国家的公民在欧盟的另一个国家求职的时候不能被歧视。

更愿意在美国工作和生活的人就必须克服其他的一些障碍。他需要一份工作许可，也就是绿卡，但绿卡不是随便能拿到的。如果其他国家的公民和一个美国人结婚了，他就可以申请绿卡。

如果不是这种情况，那么雇佣外国人的这家公司必须提出申请并且解释为什么这个工作岗位只能提供给这个外国人。

如果只是想在国外实习，那么事情就简单一些。

每人只负责三个操作步骤？怎样进行劳动分工？

以前一双靴子由一个鞋匠独立完成，而今天这样的手工制品价格已经高到几乎让人买不起。鞋、衣物、汽车……所有这些产品的生产过程都被切分为无数步骤，由不同的人利用不同的机器完成。

劳动分工经历了很长的历史。苏格兰经济学者亚当·斯密早在 18 世纪就提出了劳动分工的建议，主张每个人做各自最擅长的那部分工作。他坚信通过分工协作生产加工出来的产品质量比一人独立完成的产品质量要好。

把生产过程拆解为多个单独步骤的做法如今早就渗入几乎所有的工业领域。劳动分工在流水线生产上表现得尤其明显：工人们在流水线上熟练操作，这样能够提高效率，降低成本。专家们将这种批量生产带来的费用上的好处称为“规模经济”。假如今天没有企业里的劳动分工和自动装置的话，批量生产是难以想象的。

不过，如果劳动分工将生产过程分解得太细的话，这也会带来不利的后果。因为负责单个生产步骤的工人看不到他的工作程序和最终成品之间的关联，他会感到工作很单调。他只是在完成单个的操作，而不明白他的工作对于成品的意义。这也会对产品的质量造成恶劣影响。

因此在过去二十年，一些生产程序又被组合在一起。

最早采取这种做法的是日本的集团公司，尤其是汽车工业的集团公司，他们将一部份生产程序委托给一些独立的工作小组。其他一些西方工业国家的企业很快也效仿日本的这种做法。

这样的做法能够使工人更好地与他们生产的产品建立起认同感，提高他们对最终产品质量的责任感，甚至能促使他们为优化生产献计献策。

今天很多企业的流水线工人必须能够重新完成多个不同的工序。

你曾打过工吗？临时工作和正式工作是怎样产生的？

工作岗位在德国是稀有商品。根据德国劳工局的统计数据，2003 年德国有 450 万失业者，差不多占劳动力人口的 10%，而其中 50 万失业者是 25 岁以下的年轻人。

能真正改善求职者的处境的只有让经济长期保持 3% 以上的增长率，这样才不会在工作岗位增加的同时，工资大幅度提高、与此相关的价格上涨加速通货膨胀。

不过，这种能够创造新的工作岗位的经济增长时期并不常见，因此政治界和经济界自己必须尽力在对现有工作岗位分配没有进行优化的情况下创造更多的工作岗位。

创新、受到消费者欢迎且能够促进新企业产生的新产品和服务是推动经济增长和创造工作岗位的发动机。

人们可以采取多种措施降低失业率，比如减少加班、引进两人分担一个工作岗位的兼职工作。

很多经济学专家和政治家认为，为了减少企业家雇用人员的阻碍政府必须减少法律规章，缩短解约通知期限。此外为了促使求职者接受低报酬的工作，他们还要求减少失业救济金。

经济形势好的时候，企业因为获得大量订单而需要大量劳动力，在这种情况下企业会为年轻人提供培训。

但是，如果没有经济增长的前提条件的话，这些办法会造成社会矛盾，甚至会导致失业人数上升，因为很多企业会解雇他们的员工。

只有当需求真正增加了，企业能够持续获得大量的订单，这样才能创造新的工作岗位。从根本来看，工作岗位是昂贵的：以化学行业为例，一个新的工作岗位的费用大约在 50 万欧元。

不足以糊口的工资与顶层高薪之间的差距：劳动值多少钱？

谁不梦想拥有一大笔钱？谁不想像联邦甲级队的球员、银行家和高级经理一样有丰厚的收入？但是怎样才能成为拥有百万收入的冠军队中的一员呢？

梦想很丰满，现实却很骨感：保姆每小时只挣 5 欧，流水线的装配工每小时大约挣 50 欧，目前德国人的每月平均收入大约为 3000 欧，一年的收入按 12 个月计算的话，大约为 36000 欧。这虽然足以糊口，但是距离顶层高薪还有很大的差距，因此不少只有平均收入的人想知道为什么银行行长或者职业足球球员收入能上百万。难道他们工作更努力、更有天赋、接受过更好的培训或者运气更好？

由劳资协议调整的收入从根本上说是以劳动力市场上的供给为导向的。如果只有极少数求职者接受过企业所需的职业培训，那么企业愿意支付高额薪水。这一点在普及型运动项目中的顶级球员身上表现得非常清晰：挑选富有天赋的球员的选择余地原本就不大，况且受年龄的影响一名球员能保持顶级位置的时间也非常短暂。

经济行业的高额收入的一部分常常取决于业绩。如果一个公司的效益不好，顶层管理人员的收入也会随之减少。

"老板，我想加薪！" 走到老板跟前，向老板阐述自己的能力和所完成的工作，然后就喝着茶和老板商量明年加薪的事情？事情可不会这么简单。

还有一个问题：工资和薪水由谁决定？

在大公司工作的人常常没有机会接近最高层的老板，这些工人和职员的工资是根据工资标准由工会和雇主联合会通过劳资谈判商定的。劳资谈判规定协议生效的期限。一个经济行业的最低工资标准也由劳资协议决定。

相反一家小公司的老板常常也负责人事管理，在这里工作的人可以利用老板评价员工绩效的谈话机会提出加薪要求。

如果时机选择不当，就很容易破坏加薪的计划。

在德国，不同的行业对工作收入有不同的称呼：工人的收入是"工资"（Lohn），职员和公务员的收入是"薪水"（Gehalt），像律师、医生等自由职业者的收入是"酬金"（Honorar），而艺术家的收入是"薪俸"（Gage）。

总收入和净收入的差别是什么？

当我们月底拆开信封拿到工资单的时候，简直不敢相信自己的眼睛：应得款项的数额少得可怜。我们该来看看总收入与净收入的差别了。

总收入这个词中的“总”和净收入中的“净”源于意大利语。

企业除了要支付总收入以外，还要为其雇员支付“第二份工资”。

在受聘时商定的总收入是没有扣除任何费用的收入总额，需要从收入中扣除的金额高低取决于婚姻状况、需要抚养的孩子的数量以及总收入的高低。

从收入中扣除的有社会保险，具体而言包括健康保险、养老保险、失业保险和护理保险。社会保险由雇主和雇员各承担一半。除社会保险以外，总收入中还要扣除工资所得税，教会会员的收入还要扣除教会税。

如果雇主为其雇员购买了企业养老金，而雇员本人也要为此缴纳部分金额的话，雇员支付的这部分金额也要从收入中扣除。扣除了所有费用后剩余的收入就是净收入。

在德语的日常语言运用中，“工场”“公司”或者“企业”这三个词被视为同义词，但严格上说，“工场”指的是生产场所，“公司”是企业或公司的名称，“企业”以这个名称来开展业务。

什么是企业？企业是怎样组织的？

企业雇佣多个员工利用机器生产商品或者提供服务，并将这些商品或者服务投放到市场上出售。

企业的目标是出售商品并谋求最大的利润。为了生存，一个企业必须盈利，也就是说它的收入必须高于它的支出。

企业按照其法律形式可以分为多种类型：一种是由一个人独立领导的个体企业，个体企业主用他所有的（私人）财产为公司担保。

德国 90% 的企业是个体企业，个体企业的雇员人数占雇员总数的比例不到 1/3。另一种公司类型是多人企业，即由多个股东共同领导的企业。

在组织形式为资本投资公司的公司里，股东的私有财产不受企业亏损的影响。股东可以购买股份公司的股份。有限责任公司是一家“小型”股份公司，其股份不能在交易市场交易。

我要参与企业的决定——为什么成立企业职工委员会？

和领导发生不快、只能在11月休假、巨大的工作压力、年终得到不公平的工作评价、在工作中被欺凌……当发生这些情况的时候，当公司气氛快降到最低点的时候，当员工被刁难的时候，谁能帮助我们呢？

在员工超过5人的企业，哪怕老板反对，员工也有权成立雇员代表组织，即企业职工委员会。企业职工委员会的任务是在雇佣、薪资、解雇及其他事务上代表雇员的利益，关注企业的工作条件是否符合法律法规及劳资协议的规定。

雇主与企业职员委员会之间的关系是有条例来加以明确规定的。法律规定雇主有义务将所有涉及雇员利益的事情和计划——不管是有利的还是不利的——及时、全面地告知企业职工委员会。

此外，企业职工委员会在某些情况下还能够行使参与权和共同决定权。在股份公司，企业职工代表占有企业监事会中的一半位置，在公司政策和理事会任命上有发言权。

当企业破产的时候，企业职员委员会与公司领导层商谈劳资双方协调计划和有关人员的补偿事宜。

为什么成立工会?

人人都知道工会，但是工会究竟做什么？德国有多少个工会？工会是怎样产生的，在今天的社会中它的作用又是什么？首要的问题是：在现代社会里，雇员到底是否还需要工会？

工会是维护雇员的权利和利益的联合会，负责的内容有雇员的薪酬、培训期间的工资补偿、业余时间和休假的安排、解雇保护和法律咨询。在劳资谈判中，工会代表其会员的利益，与雇主商定雇员的工资和工作条件。不同的工会分别代表不同行业成员的利益，比如金属产业工会代表金属加工业的雇员的利益。

德国的工会运动开始于 19 世纪中期。工业化吸引了很多人来到城市，但他们得到的不是工作岗位和富裕，而是困苦和贫穷。为了争取提高工资待遇，印刷工人首先组织起来，其他行业也纷纷效仿成立了工会。

如今，八个大型工会组成了德国工会联盟（缩写形式为：DGB），联盟的会员共计 790 万人。尽管工会的人数在不断减少，但它依然具有影响力，是一支重要的政治力量。

企业主或者雇主也结盟吗？

不仅雇员会结成联盟，企业主为了共同维护自己的利益也结成了所谓雇主联合会。德国有两个大型的雇主和经理人的联盟。

作为工会运动的相应措施，企业主早在 1876 年就建立了德国实业家中心联合会，用以在政治上代表当时集团公司的利益，对抗雇员提出的要求。

后来又逐渐产生了多个地方和一个全国性的雇主联合会，它们的工作主要集中在解决和工会之间的问题。

1950 年多个雇主联合会联合结成了德国联邦雇主联合会（缩写形式为 BDA）。

在和工会进行薪酬谈判中，德国联邦雇主联合会与其成员联合会一起成为谈判伙伴。目前德国联邦雇主联合会的成员联合会来自工业、服务业、手工业和农业。

除了德国联邦雇主联合会以外，雇主结盟还有德国联邦工业联合会（缩写形式为 BDI），它的任务主要是对经济形式和经济发展趋势发表观点，为税收政策、经济政策和地缘问题提供建议。

我们常常在电视上看到这样的画面：因熬夜而筋疲力尽的人站在记者面前，含糊不清地说："最终的结果是3.7%，期限为24个月，一次性支付150欧……"

到底什么是劳资谈判？

这就是劳资谈判结束时的一幕，一年一度的劳资谈判几乎成为了一种仪式。劳资协定是经过工会和企业的谈判而达成，包括规定工资标准的工资协议和规定假期天数、工作条件等的基本劳工协议。劳资协定自主权由详细的条文加以保护，受到法律的认可：政府不得插手，不得强加加薪的命令。劳资协定只能由劳资谈判双方负责，即雇主联合会和工会。劳资谈判是一个高度复杂的过程。

在上一个劳资协定到期之前，新的一轮劳资谈判就开始了。工会会提出加薪的要求，而这个要求总是被雇主坚决拒绝。于是在经过艰难的抗衡之后，在经过很多毫无结果的碰面之后，在经过多次公开激烈的论争以后，双方要么达成妥协，要么会邀请一位中立的调解人加入谈判。

那些没有加入工会的雇员也能从劳资谈判的结果受益，因为任何人都不允许被歧视。

如果调解人的建议未能得到企业和工会的同意，那么谈判最终就宣告失败。

在这种情况下，劳资谈判双方会动用各自的利器：罢工或者解雇雇员。

“车轮都不运转了……”：什么时候被允许罢工？

“今天阳光灿烂，我要去游泳。工作？不，谢谢。老板只能让人生气，我罢工。”这样做的人很快就会知道下场是什么。

当心，事情可没有这么简单。劳工行动中的利器——罢工和解雇——受严格规定的制约。

在劳资协定生效期间，劳资双方要履行和平义务。只有当劳资协定过期以后新的劳资谈判失败，而且调解也无效的时候，工会才可以对工会会员进行关于罢工的意见普查。只有当多数会员同意罢工时，工会才能在某个确定的时间组织罢工。

工会决定是否只是几个重要的配件供应厂商及其相关企业参加罢工，还是该行业所有的企业都参加罢工。

全面罢工给工会财政带来的压力最大，因为罢工人员罢工期间的薪水由工会支付。

非工会会员一无所得，所以罢工纠察岗要防止他们破坏罢工。

为了避免出现大型的劳工行动，工会常常会先组织短暂的警告性罢工，持续时间大约一个小时。

除了罢工，与雇主较量的武器还有怠工。在航空交通运输这些敏感的行业，领航员怠工很快就会导致地面几小时的晚点。

不是由工会组织的、因为劳资谈判而发生的罢工被称为“野罢工”，参加这种示威游行的人会面临被解雇的风险。雇主可以解雇雇员，不过他们很少使用这种方法。

雇员通过警告性罢工来强调他们的要求。

雇佣关系什么时候结束?

换工作的理由可能是想找一份更好的工作，也可能是男朋友搬到另一个城市去了，也可能是现在的工作岗位缺乏晋升的机会。那么怎样结束旧的雇佣关系呢?

一段雇佣关系随着解雇通知而结束。如果没有另行约定的话，工人的法定解雇时间一般要提前至少两周，职员至少是一个季度结束前 6 周。合同中约定的解雇通知时间可能还会长一些。雇主可能会坚持执行合同中关于解雇时间的规定，所以在签订新合同以前要先了解旧合同中规定的解约时间，然后再决定在新公司入职的时间。

只有在劳工关系出于重要原因而无法持续的时候，比如雇主不再支付薪水，雇员才能提出立即解约。“其他雇主提供了一个很好的职位”不能成为立即解约的理由。

正式的解约通知必须是书面的，而且必须清楚写明雇员想在某个时间终止工作合同。解约通知要准时送达，这很重要。如果合同终止的那一天是周末或者节假日，那么解约的日期就是周末或者节假日的前一天。

如果被解雇了，谁能提供帮助？

也有可能发生这样的事情：我们还以为自己拥有一份理想的工作，但是突然一切都变了：公司破产倒闭了，我的工作也丢了。我们该怎么办？我该怎样寻找一份新的工作？我该如何支付我的房租？

仅在 2002 年，德国就有 4 万家企业破产。由于公司破产而被解雇或者工作合同因此无法延长的雇员成为了企业破产的牺牲品，他们必须立即向当地劳工局求助。首先最重要的事情是申请失业金。每个在过去 12 个月拥有固定工作关系的人都有权申请失业金。

破产的企业大多是有三至四名雇员的小型或者中小型企业。

单身失业者的失业金平均为失业前最后一个月净工资的 60%。劳工局还会支付健康保险和护理保险，失业时间也计入计算养老金的时间。

领取失业金的时间取决于申请者在过去几年持续工作的时间以及缴纳失业保险的金额。失业金的领取时间一般不超过 12 个月。在 12 个月后仍然没有找到工作的失业者可以领取失业救济金，这比失业金要少一些。在计算失业救济金的时候，要考虑申请者的财产状况。如果申请人有一笔数额可观的存款，他就必须在花掉这笔存款以后才能领取国家的资助。

失业救济金每 12 个月就必须重新申请。

劳工局到底做些什么？

金钱不是一切，这一点在劳工局也同样适用。劳工局工作人员的工作绝对不仅仅是接收申请，他们的工作还包括介绍工作、提供咨询、给予培训的建议以及资助。

能力包括所受的教育或者培训以及所具备的技能。

除了提供失业金和失业救济金等经济资助外，帮助失业者找到新的工作也是劳工局的主要任务，比如提供全面的咨询、提供培训建议。劳工局的工作人员会尽力为寻找工作的人介绍适合他能力的工作，也可能会建议失业者自立门户，并同时提供资助和建议。

除了给失业者提供帮助以外，劳工局也为寻找临时工作的中学生和大学生提供信息和支持。

如果生病了，谁支付医疗费用？

如果感冒了、腿摔断了、头疼或者因为其他疾病而卧病在家不能去上班，谁能给我们提供帮助？生病不能上班的时候就不能领取工资了吗？谁支付医生、药品或者住院的费用？

在德国，疾病保险是法定责任保险，每个雇员都要加入疾病保险。对于低收入、中等收入或者收入在一定金额以下的雇员来说，除了法定保险以外没有其他选择。而收入较高的人群、公务员、自由职业者或者其他人群可以转入私人保险。一般来说有孩子的家庭加入法定保险更经济，因为只有孩子还没有收入，在不需要支付额外费用的情况下，孩子和配偶作为家属同样可以使用疾病保险。

疾病保险支付医生、药品和住院的费用——只要这些治疗从医疗上看是必要的。生病期间的工资最初由雇主支付。不过，如果由于体育事故或者自己的失误而生病不能上班，企业没有支付病假期间工资的义务。

雇员有义务立即将病情和病假告知雇主。

从病假的第 6 周开始，雇主不再支付工资，而是由疾病保险支付病假津贴。

法定保险的保费由雇主和雇员各承担一半。

如果不能再从事现在的职业甚至根本就不能再工作了，谁能给予帮助？

面包师突然对面粉过敏，发型师因为染料而哮喘或者皮肤出现皮疹，还有一些人的整个职业发展计划因为一场重大的事故而彻底泡汤：遇到这些情况，该怎么办？

由于健康原因不能再从事现在的职业的人在寻找一份不影响健康的新工作的时候，有权要求获得帮助。这时候重要的是接受转行培训，即学习一门其他的职业。转行有时也会带来很大的经济损失，比如不得不放弃自己原有的企业。不过如果一个人早在退休前就因为重病不能再工作了，那么这种情况就要严重得多。

在这种情况下能够给人提供帮助的是丧失工作能力保险，该保险是为了给那些因疾病或者事故不能再工作的人及其家人提供保障。工作满 5 年的人可以向法定保险提出保障要求。丧失工作能力的人如果没有私人财产的话，虽然可以向国家申请社会救济和减税，但是丧失工作能力保险为当事人及其家人提供的保障要好得多。

一份私人的丧失工作能力保险对于那些才开始工作的年轻人以及没有其他保障的自由职业者尤为重要。

现在的退休人员领取到的法定养老金为最后一个月净工资的 60%，不过将来退休的人能拿到的退休金会明显减少，会比现在少几个百分点。

里斯特养老金：年老的时候，谁来照顾我？

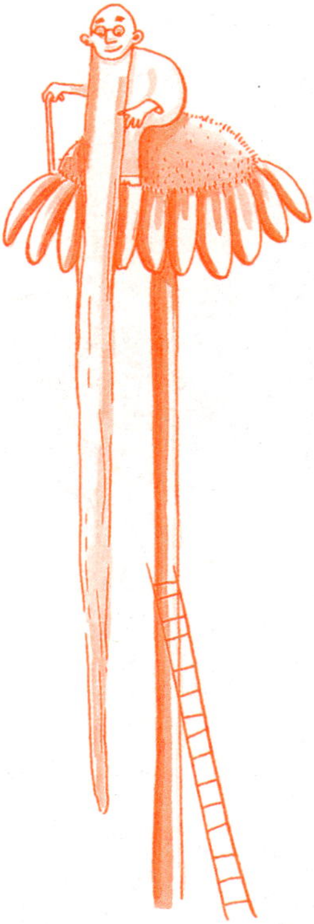

其原因在于德国的人口结构：领取养老保险的退休人员数量不断增加，而缴纳养老保险、支付养老金的从业人员数量在不断下降。退休前的收入和退休后的养老金的差距不断加大，这使得人步入老年后陷入贫困的风险也在增大。

唯一的补救办法是及时购买私人保险。因此，为了减轻加入法定保险的从业人员支付私人保险的财务压力，联邦政府在 2001 年通过了一项养老金改革。这项改革是在当时的联邦劳工部长瓦尔特·里斯特领导下提出的，因此也叫里斯特养老金。这项改革的内容是：购买私人养老保险的人可以从国家得到资助。

里斯特养老金有不同的产品，例如传统的私人养老保险、和基金挂钩的养老保险、投资储蓄计划和银行储蓄计划，在职人员可以从中选择一款。这些产品的区别在于投资的方式和组成不同以及风险和利润率不同。个人如何选择，完全取决于自己。

生活充满危险：保险提供哪些保障？

保险基本上能够为所有风险提供保障。不过我们要当心，因为保险合同中的不少条例已经把某些损失排除在保险之外。所以有人以为自己购买了保险，可是当需要赔付的时候，却会大呼上当。

我们先来了解一下最重要的保险类型：疾病保险支付医生和药物的费用、必要的手术费用、住院费用和病假期间的工资。哪些治疗手段是必要的，不同的保险公司对此的理解不同。不过清楚的是：保险公司会支付盲肠手术的费用，但是并不是每家公司都会承担鼻部的修正外科手术的费用。

家用器具保险为家具、厨房用具、休闲家电和其他设备提供保障。如果客厅沙发因为房间失火而损坏，家庭因为入门盗窃或者小偷而遭受损失，这些情况下家用器具保险会进行赔付。洪水等自然灾害不在家用器具保险之列，必须另外购买保险。

第三方责任险为自己给他人造成的损失提供保险。

如果坐在我旁边的人的眼镜从包里滑出来的时候被我不小心踩坏了，或者我把楼梯旁边一个名贵的中国花瓶摔坏了，这些情况下第三方责任可以提供赔偿。如果孩子在玩耍的时候损坏了物品，比如足球没有踢进球门而是踢进了邻居家的落地窗，父母购买了这种保险的话也可以得到赔付。

对于养狗的人，第三方责任险非常值得推荐。假如一辆载有昂贵的电脑部件的货车因为一只在街上跑的瓦尔迪狗打滑从而造成尾追撞车事故，事故中货车运载的电脑部件和货车后面的两辆小车都被撞坏了，事故损失上百万欧元，这时候狗主人就需要一个强大的支援。

为了给机动车司机在行驶中给其他机动车造成的损失提供保险，机动车司机有购买机动车第三方责任险的法定责任。

机动车全险可以为自己的车遭受的损失保险。

自认为有理是一回事，他人也认为你有理是另一回事。想通过法庭来达到自己的要求的人需要支付律师和法院审理的费用，这种情况可以签订法律保护保险来获得资金帮助。不过法律保护保险涉及的领域有限，比如劳动法或者租赁权利纠纷。另外，诉讼程序已经开始的话，就不能再购买这款保险了。比如有人已经开始起诉他的上司或者房东，这时就不能再签订这款保险。

3.

储蓄与投资

Sparen
und Anlegen

储蓄、外借、投资：金钱如何工作？

金钱可以用来花销，比如购物、度假、娱乐……不过，金钱也可以用来储蓄或者投资，希望借此收回高于最初投入的数额的金钱。

我们用钱不仅可以购物，也可以用来进行获取收益、同时也具有风险的交易，因为金钱本身也是一种货物。你可能会将你的一张 CD 或者一件酷酷的棒球衫借给别人，如果是自己喜欢的或者昂贵的东西，我们大多只借给好朋友，钱却可以借给陌生人，不过是在收取租借费的条件下。我们可以称这种租借费为“利息”。借钱的人必须支付利息，而借出金钱的人获取利息。

需要支付利息所借到的资金叫做**贷款**。

当然朋友之间也可以在支付利息的条件下借出或者借入金钱，不过这种中介服务一般由银行来承担。但银行绝不会无偿提供服务：借钱的人必须向银行支付比银行支付给借出钱的人更高的利息，这两者间的差额就是银行赚取的佣金。银行不能随意制定利率，利率由国家最重要的银行确定，例如中央银行或者发行银行。

在德国和欧洲其他国家，欧洲央行发行纸币和硬币，同时对人们借贷资金的条件产生重要影响。

现金交易还包括欧元与其他货币之间的兑换，希望通过汇率的波动来获得收益。除此以外还有其他可能性，比如在金融市场上赚钱，当然也可能亏钱。

储蓄罐还是银行账户：应该怎样保管金钱？

我们的第一笔钱大多是源于父母或者亲戚的赠予，比如过生日、过圣诞节或者是对好成绩和值得表扬的行为的嘉奖，不过更多的时候还是我们每周或者每月得到的零花钱。

开始的时候或许只是 1 欧，然后是 10 欧、50 欧，甚至是 100 欧。我们收到的多是现金，有时也可能是一本名叫“存折”的薄薄小本。这里给一个小小的建议：不要把这些钱随随便便挥霍掉，应该把它们储存起来。

存钱最容易的办法当然是放进储蓄罐里，几乎每个人都是这样开始存钱的。不过储蓄罐有一个缺点：你投进储蓄罐里多少钱，你就有多少钱。如果把钱放在银行里，我们在存进去的数额以外还可以得到一小笔附加费，这笔附加费就是我们之前已经提到过的利息。利率是有明确规定的：2002 年 1 月存入 100 欧，2003 年会得到 101.73 欧。金额虽然不多，但是也比储蓄罐好。

对于银行来说，一笔大额定期存款比不定期的小额活期存款更容易管理，花费的精力更少。

还有其他的可能性：如果我们有 1 万欧元，我们可以把它存成定期存款，比如一年的定期存款，一年定期存款的利率是 3.5% 到 4%。

人人都需要一个银行账户吗？

虽然有一点儿利息，但是通过银行账户办事有时也挺麻烦的。难道我不可以用现金来处理一些现金交易吗？钱放在家里也挺安全的……

至少对于成年人来说一个银行账户是必不可少的：不管是签订工作合同还是租房子，或者申请电话、电视或者广播，都需要银行账户。没有银行账户的人连工资都收不到。申请贷学金、失业金和失业救济金的时候，也必须提供银行账户。银行账户如此重要，以至于储蓄银行有义务为每个人开设银行账户，即使这个人已经债台高筑就快破产了。

银行非常懂得利用人们对它的依赖性来收取服务费。一般来说银行每个月或者每个季度都会从账户上扣取一定的手续费，账号持有人可以免费汇款或者提取现金。18 岁至 24 岁的账户持有人可以享受手续费优惠：如果他们只是使用账户的基本服务项目，比如汇款、提取现金和使用 EC 卡，那么他们不需要支付手续费。几乎每家银行对交易条件都有自己的规定，如果对不同银行的业务仔细对比的话，可以省下一些钱。

就算是只通过网络办理现金交易的网上客户也要支付少量的手续费。

截至 2001 年，德国共有 2696 家银行及大约 56600 家分行，分布在德国各地的分行大多属于邮政银行、德意志银行、人民银行和来福埃森银行。

邮政银行、德意志银行、城市储蓄银行：它们各自的业务范围是什么？

像德意志银行或者商业银行这些大型银行集团的分行数量都很少，分行的数量取决于银行所服务的客户群。城市储蓄银行、人民银行及合作银行的客户群首先是公司职员、手工业或者小企业的雇员、农民和自由职业者。这些人不仅仅在大城市，也在乡下工作和生活，在乡下生活的人群也需要银行。大型银行则主要集中在城市，因为它们的工作重点是管理数额可观的财产，处理在世界各地拥有分公司的大型集团公司的现金业务。

集团公司是多家企业组成的联合。

银行间的另一个区别在于保障体系的不同。城市储蓄银行的业务必须由地方和联邦各州负责。假如城市储蓄银行给企业贷款太多，而企业又破产而不能偿还贷款，银行因此遇到偿付困难，这个时候联邦州就要出来帮助银行，借钱给它。而私人银行遇到困难就要求助于所谓的“消防队基金”，这是私人银行为应对这样的困境而设立的储备金。

私人银行既有大型银行，也有许多自己为自己担保的小型金融机构。

我想买一台新电脑，在哪里能够贷款？

我很想有一辆高速的山地车和一台高质量音效的个人电脑，怎么能搞到钱呢？存钱罐早就被掏空了，存折也被上次的度假洗劫一空。我需要钱，谁能帮我？

“如果需要钱，就找城市储蓄银行。”这是一句广告语。现在涉及的问题是钱，准确说为了购置一件贵重物品而贷款。

大多数贷款者的第一次贷款经历都会让他们冷静下来，从银行借钱可不是件容易的事情。在金融机构把他们宝贵的“商品”借出以前，他们会审核这笔贷款的安全性，比如贷款者是否有足够数额的稳定收入。如果有人的转账账户每月的进账是100欧，就想每个月从银行贷款100欧，贷款成功的可能性不大。没有监护人或者有行为能力的朋友的担保的话，他是无法从银行获得贷款的。

年满18岁就具备了行动能力，即允许签订合同。

因此将来的贷款人要好好考虑一下他该怎样来为他的消费梦想买单，才不至于使梦想成为梦魇。他可以在分期贷款和透支信贷之间选择。分期贷款是贷款人要在一到五年的贷款期内分期偿还贷款和利息，透支信贷必须尽快偿还，否则超过还款期后会多收3%到4%的利息。

分期贷款额是分期偿还贷款的金额。

利息对于个人和经济的作用是什么？

利息就是我们为金钱所支付的价格。利率的高低一方面取决于银行必须支付给它的储户和投资者的利息，另一方面取决于银行向中央银行借款时，中央银行向银行索取的利率。

基准利率是中央银行向商业银行索取的利率。

如果中央银行希望银行大量发放贷款的话，就会降低基准利率。一旦发现贷款发放量过大，中央银行就会提高基准利率。对于银行客户来说，基准利率波动的后果是：如果利率提高，贷款就会变贵，而另一方面储户的利息则收入会增加。如果基准利率下降，贷款利率也会下降，储户的利息收入却会减少。

利率的变化也会对经济产生影响：如果贷款利率提高，企业获得外来资本的价格会上升，因而减少投资，从而抑制经济增长。与此相反，利率下降对经济产生的影响则相对滞后。如果中央银行下调了基准利率，贷款虽然变得便宜了，但是企业由此也能获知银行对当前经济的发展怀有担忧，因而会等待，看看利率是否会继续下降。在观望之后，企业才会再次开始向银行贷款来购买新的机器和设备。

利率的高低也能表明一笔投资或者一笔贷款风险的高低：风险越高，贷款人所支付的利率越高，投资者得到的回报也越高。

东借一点儿，西借一点儿：一个人可以有多少债务？

借钱有时并不难：可以向爷爷奶奶借，也可以向父母、朋友借，甚至还可以使用信用卡或者消费贷款……借钱可以使生活轻松一些，但同时这也常常是负债的开始。

一个人可以有多少债务，这个问题的回答只能是：原本应该为零，因为入不敷出的生活是危险的。花钱大手大脚、长时间用手机打电话、昂贵的服装、常常去蹦迪，这些就足以让人负债了。如果仅仅是花光了零花钱，那只会有些麻烦。但如果是通过账户透支而向银行借钱，那就糟糕了。因为这会使人陷入负债的泥潭：除了要偿还所借金额，还有偿还利息……随随便便借钱的代价是昂贵的，甚至会带来生存危机。

在德国大约有 1300 万家庭有债务，他们常常要透支银行账户，另外每四个家庭中有一个家庭负债过多。出现这种局面的原因是需要支付的利息和还款的金额超过了可供支配的收入。遇到这样的情况，就只有求助于消费者协会的专业咨询。不过，最好还是不要陷入这种金钱匮乏的境地。

喧闹忙碌的交易大厅、虚拟的市场广场：证券交易所里发生着什么？

股市上涨了，股市下跌了，但是股票交易所的大楼依然耸立，不可动摇。人们常说的股市的涨跌实际上指的是有价证券行情的波动。

在股市上没有不可以交易的东西：从有价证券到猪肉，甚至是非常复杂的投机。在 16 世纪，郁金香球茎曾是阿姆斯特丹交易市场的抢手货。

证券交易市场可以说就是一个正在运转的市场的缩影：供给和需求直接对峙，通过直接交易确定有价证券的价格。比如有人以某个价格出售某公司的 100 份股票，如果他找不到买家，那么就得降低股价，最终达成的价格就是这家公司股票的行情。

提起交易所，人们大多会联想到交易所大厅里激动人心的喧嚣。交易所俗称“环”，因为以前所有的证券交易人都围成一个圈站着。它的另外一个俗称是“镶木地板”，因为以前的交易大厅都铺着漂亮的木地板。

在交易大厅，证券交易人依然使用匆忙的手势和激动的表情就股票的行情进行彼此沟通，不过在今天，这种喧嚣的场景越来越多是为了电视的摄像头而准备的了，因为真正的交易早就在交易所的幕后或者银行的交易室里借助电脑无声而迅速地进行。德国证券交易所电子交易平台 Xetra 就是一个虚拟的市场广场，在这个平台每天交易的股票上百万，而交易只需通过鼠标完成。借助计算机的交易正在逐渐取代交易大厅的场内交易。

9DAX、牛、熊：这些词语在股市上的意义是什么？

证券交易员不仅有自己的手势语，还有自己的缩略语和行话，这些词汇大多来自英语，对外行来说很难理解。

为了能够更好地跟踪股市行情的发展变化，人们引进了指数。指数是某些股票篮子的平均值。DAX 不是书写错误，它代表德国股票指数，是 30 种股票的平均价格，涵盖了德国最大、销售量最多的企业。达克斯指数于 1988 年引入，能够说明股市行情的变动，显示股市的发展趋势。

除了 DAX，还有其他一些指数，例如体现大中型企业发展的 M–DAX 指数，代表小型上市企业的 S–DAX 指数。德国证券交易市场位于法兰克福，仅次于伦敦证券交易市场和巴黎证券交易市场，属于欧洲最大的证券交易市场之一。排名其后的有意大利证券交易市场、阿姆斯特丹证券交易市场和瑞士证券交易市场。

在新闻里我们还常常听到道琼斯指数和日经指数，它们分别是美国和日本的股票指数。美国和日本股市的变化对达克斯指数也会产生影响，因为如今的世界市场紧密相连。例如美国的一次经济危机也会让世界其他地区的投资者紧张不安，他们会担心自己所在地区的经济以及与之相关的股票行情很快也会下滑，会谨慎投资，甚至会卖出他们所持有的股票，其后果是股票价格下降。

道琼斯指数是世界上历史最长的指数，它包含纽约华尔街证券交易市场上最大的 30 只股票。

自 2000 年以来，所有的国际股票市场都是熊市。熊市是股市行话，意思是股票行情下降。现在全球的证券交易者都期待着牛市的到来，牛会用它的牛角推动股市行情上涨。

法兰克福证券交易市场前面的牛和熊。熊象征投资者的悲观情绪，而牛则代表期待行情上涨的投资者。

证券交易所的那些行话是什么意思？

“500 份 Bayer 给你”、“最便宜”、“西门子 3 比 5”……交易所不仅仅是一个独立的世界，它还有外行难以理解的自己的语言。

证券交易所的行话能使交易指令尽可能简洁，从而使人们在嘈杂紧张的交易厅里能够听到并理解这些以命令口吻发出的交易指令。就算是电子交易平台，也有一些每个股票持有人都掌握的特定表达方式。

“买入”在交易所的行话里是“从你那里”，“卖出”是“给你”。比如一个交易员喊出“给你 500 份 XYZ”，意思就是他想卖出 500 份 XYZ 公司的股票。“从你那里 500 份 XYZ”的意思是有人想买入 500 份 XYZ 公司的股票。那“B 3 比 5”又是什么意思呢？这是一个买卖委托，即在 B 公司的股票价值 53 欧的时候买入，在股票价值 55 欧的时候卖出。如果我们假设所有的人都知道股票的价值不是 3 欧或者 5 欧，而是 53 欧和 55 欧的话，那么我们可以省略前面的数字。

虽然电子交易平台的交易比交易厅里的交易安静多了，但是它也有自己的语言。我们不能像在超市买牛奶或者黄油那样说“我想要 500 欧元 XY 公司的股票”，这样说话的买家不过是在告诉大家他是一个新手。因为股票是以整份买卖，不会是 1/2 份、1/4 份或者 1/8 份。买家在买卖之前要了解股票的大致股价，根据行情的不同他投入的金钱可能是 485 欧或者 511.70 欧。

投资人的委托越精确，他的委托按照他的期待被执行的可能性就越大。

当然每个人都想尽可能以低价买进或者以高价卖出股票，行话中的“最便宜”和“最好”就是这个意思。不过这两种表达不够精确，投资人应该设置一个界限从而更准确地表达他的委托。比如当股价达到 65 欧或者高于 65 欧的时候，卖出股票。买入则相反: 只有当股价不高于 65 欧，才可以买入这只股票。

为了预防股市危机，投资者可以设置一个“止损指令”。例如当股价一天下跌了 20% 或者下跌到某个点的时候，必须将所持股票卖出。

股市不是单行线：股市行情为什么有涨有跌？

2000 年春天全世界的股市遍地都是黄金，股票行情不断上涨，几乎每周人们都用香槟和蛋糕庆祝股市又创新高。

那个时候谁手上没有几只基金，持有互联网明星公司股票的人也不少，而这些人无疑是自掘坟墓。仅仅两年以后，那些曾经很酷的互联网公司一下子就过时了，这令人感到吃惊，没有人再把这些公司的名字挂在嘴边。你愿意做一个股票持有人吗？不，绝不。现在很多人都希望自己从未接触过这些电信股票。

没有比预测股市更难的事情了。因为就像专家们反复说的那样，在股市上交易的常常不是现实，而是希望。很多人在股市上买卖股票是随大流，比如有一个大投资家或者一群投资者大量买入了某家企业的股票，很快就有追随者也买入这只股票或者买入同一或相近行业其他企业的股票。有时仅是关于一家企业明年利润上升或者下降的消息就足以引发一场牛市或者熊市。

像 2001 年 9 月 11 日发生的对美国纽约世界贸易大厦和美国国防部的恐怖袭击这类灾难性事件给股市带来的影响更具有破坏性。在 9.11 事件以后，很多投资者预计会爆发世界经济危机，因而大量抛售股票。尽管美国股市为了阻止混乱的场面而闭市 6 天，股票行情仍然下跌了 20% 到 30%。

在这个震惊世界的事件发生几周以后，股票又开始上涨，但是投资者们很快又被卷入一股新的失望的浪潮之中，2002 年美国经理人财务造假事件席卷了全球股市。当事实证明就连那些知名企业也抬高利润欺骗投资者的时候，很多小投资者和投资公司再也找不到可支撑自己的东西了：他们迅速地卖掉持有的股票，不想再碰股票了。

股市是神经高度紧张的神经病患者的聚集地吗？股市看似金钱交易，实际上是场折磨神经的战争？尽管有时候股市看上去似乎如此，但仍然存在一些影响投资者决定的事实依据，其中之一就是经济发展趋势。

如果大多数投资者都坚信经济形势向好，那么他们就更愿意买入股票。

而与此相反，如果所有迹象都预示经济萧条或者经济下滑，那么人们就会卖出股票。除此以外，一些上市企业应该通过自己几年来的经营显示它们不仅可以通过购买其他企业，而且也能够借助自己的力量提高自己的销售额。当然按照理性的标准来挑选股票是不容易的，但是为此付出的努力是值得的，即使经过小心翼翼的挑选也仍然难逃股灾……

销售额是一家企业在一定时间内所出售的商品和服务的价值。

牛市和熊市是什么？

股市行情的长期波动也被称为“牛市”和“熊市”。牛市指的是股市行情上涨，熊市则是股市行情下跌。这两种趋势不仅反映投资者的收益或者损失，也反映整个经济的发展。

如果股市行情上涨，这说明企业的效益不错。企业收到了大量订单，获得了丰厚的利润、正在扩大它们的工厂。扩大生长和研发新产品需要资金，企业可能会用卖出股票的方式来筹集资金，而不是向银行贷款从而支付高额的贷款利率。股票持有人能够从中受益：如果企业的利润增加了，股息也会增加。从中受益的还有客户和员工，因为市场上有了新商品、物美价廉的产品和稳定的工作岗位，而且常常还会出现新的工作岗位。

“牛市”和“熊市”这两个概念源于法语。

牛市的出现大多时候是事后才能确定。在企业能够确知经济良性发展的征兆以前，股市行情就已经开始上涨了。

与此相反，在经济第一眼看上去还在大力发展的时候，熊市就已经开始显现。尽管企业的订单还源源不断，利润也还很可观，甚至还招收了新的员工，这时候它们的股票已经下跌了。要理解股市的这种波动，就必须了解推动股市行情波动的真正原因。

土豆条、内存芯片、蓝筹……这些英语词里都有 chip 这个词，chip 指的是一个大的整体的很小的一部分。因此土豆条就是薄薄的土豆片，而内存芯片则是一个很小的计算机的配件。那么“蓝筹”是什么？

蓝筹是什么？与股票有什么关系？

问问股票持有人什么是蓝筹，答案就很明了了：蓝筹指的是世界上知名的成功企业的股票，这些股票能够给股票持有人带来可靠的收益，因此在股市上很受追捧。

原本蓝筹股仅仅指美国国际商业机器公司 IBM 的股票，IBM 的公司标志是蓝色的，因而被客户和员工称为“蓝色巨人”。今天其他成功的国际企业的股票也属于蓝筹股。

股票持有人也拥有公司的一部分，能够参与决定公司生产什么产品、谁拥有公司的决定权，在至少一年召开一次的全体成员大会上对公司未来的业务策略进行表决。

在德国股票市场上所有在 DAX 上市的有价证券都被视为蓝筹股。

股票也常常被印成证明文书，上面注明企业的名字、有价证券的编号、所持企业股份的价值和企业所发行的股票的数量。

不过在今天越来越多的公司不再为印制股票证明而花费金钱，因为股票持有人常常更换，而且也没有保存股票证书的地方，股票证书大多都躺在有价证券开户银行的保险箱里。

最初的时候，有价证券用涡卷形花饰和徽章加以装饰，就像一件小小的艺术品。

用股票赚钱：什么是红利？

买了股票后，我们手上有什么呢？银行账户账单、记入股票的存款账户凭证。作为一家企业的股份持有人，我们究竟能得到什么呢？

我们不仅在股票升值后将股票卖出能够挣钱，就算是股票没有升值我们作为股票持有人也能分享企业的成功。如果企业盈利了，股份持有人也能获利：他们能够获得红利。企业的监事会会在全体大会上让参会者对分红额度进行表决，持有该企业股票的人都可以参加大会并表决。

红利就是按照股票份额来进行利润分配，红利的高低取决于公司的经营状况和股票的票面价值，可能是几芬尼，也可能是几欧元。不愿意冒风险的保守型投资者因此特别青睐收益多的公司的股票，并且长期持有这些股票。这类分红稳定可靠的股票又被成为“寡妇孤儿股票”，因为即使经验较少的投资者也能获得可观的收入。

如果公司盈利了而且很多投资者都想分享它的利润，那么这家公司的股票就会上涨。

投资企业或者把钱借给国家或者联邦州的人也想从中有所收益，他不仅想收回他的本金，还想获得附加的回报。

什么是股息率？

投资资本所带来的收益就是股息率，英语中为“投资回报”（return on investment），缩写为ROI。股息是在扣除税、附加费和手续费后投资者实际获得的收益。

每个投资者当然都想获得最高的收益，但是事情却不是这么简单，因为高收益投资的风险也高于投资的平均风险。股息率和利息一样，股息率上涨的同时失去本金的风险也在增加。

穆迪投资服务有限公司和标准普尔这两家大型评级机构对国际资本市场上的各种投资的优越性和风险进行评估。

这两家评级机构按照各自的评级级别对投资进行评级，因此有经验的投资者从评级上一眼就能识别出这两家评级机构。

投资安全性高的投资获得的分数最高，分数最低的是那些用高股息做幌子而实际风险极高的高收益债券，即所谓的垃圾债券。

分析师的工作是什么？股市大师有多聪明？

打算把钱投资在股票上的人需要掌握他想购买的股票的公司的信息，他不仅需要了解这家公司，同时还要关注这家公司的竞争对手。

不过他从哪里能够获取这些信息呢？通过报纸吗？那他至少需要半天的时间。这里有一条捷径，那就是浏览银行或者基金公司的投资信息，因为银行和基金公司对企业和行业反复进行仔细研究。

对企业和行业进行研究的专业人士被称为分析师，他们的任务是审核上市公司，他们最重要的信息来源是企业的业务报告，从中可以获知企业的销售额、支出、收益、投资、盈利和亏损等重要数字。此外，他们还分析企业所处的周围环境，例如该企业在行业中的位置、经济形势、进出口等所有将来可能对企业产生影响的因素。最后，分析师还会与企业的领导层进行谈话，这些谈话是上市企业专门为分析师安排的。分析师对所获得的这些数字和信息进行综合分析后得出他们的分析结果。不过，最近几年的熊市显示这些大师们的分析也会有错，曾经被看好的股票一年后票面价值就只剩下一小部分了。因此，分析师的判断我们也要谨慎对待。

从他国买入商品为进口，企业将本国商品卖到他国为出口。

在超市买股票吗？在哪里能买到股票，多少钱？

一会儿牛市，一会儿熊市，任何时候都可以上车，尤其是在经济不景气的时候，那时股票至少都很便宜。德国每四个家庭中就有一个家庭持有股票。我也想买股票，需要多少钱呢？

来到股票交易大厅，说："我想买一只股票。"然后我们马上就可以把股票拿走，就像在加油站买冰淇淋一样？这是不行的。在交易大厅只有获得许可的股票交易员才能接受客户的委托进行股票交易。股票交易员可能是银行，也可能是像基金公司、投资公司这样的大投资者。

想要买股票，需要先在银行开一个存款账户，存款账户需要支付账户管理费，网上银行的管理费要比设有分行的银行便宜。开好存款账户后，新投资者要从转账账户汇一笔钱到存款账户上，然后就可以开始买股票了。投资者可以委托银行购买一定金额的股票，购买股票的钱会从存款账户上划走，然后将股票记入这个账户。

在第一次买股票的时候，没有经验的投资者可能会大吃一惊，因为除了股票的买价以外，他还要支付一笔手续费。不管买入多少股票，一次委托需要支付的手续费至少是 11 欧到 13 欧。每一次买或者卖都会产生手续费，所以如果买入的股票金额很小的话，投资者就要好好考虑一下是否值得买入不同的股票。

经济低迷时期的安全投资：什么是养老金？

股票并不是唯一的投资渠道，债券也能带来不错的收益，尤其是在经济形势不好的时候、在股票下跌还没有到底的时候。

25 岁就退休？即使是在身体健康、距离职业生涯的终点还有很长时间的时候，这也是可能的，可以通过购买债券来实现这个目标。这种有价证券因为固定付息而又被称为养老金或者债券。和股票持有人不同的是，股票持有人因买入某家公司的股票而成为该公司的股东，而债券持有人是发行债券的这家公司的债权人。这一细微区别在公司破产的时候却起着重要作用：当公司破产的时候，股票持有人的投资大多会付诸东流，而债券持有人却还有希望能够收回至少一部分投资。

Bond 的意思为“债券”。

债券的期限一般是 5 到 10 年，不满期限的债券可以在股票市场售出。债券的市值由它的票面价值、付息、当时的市场利息、到期时间和原本的发行价决定。债券的股息率是可靠的，但并不总是具有吸引力：扣除所有费用、通货膨胀率和税以后，债券的收益率仅剩 5.5%，有时候只有 1.6%，和储蓄利率差不多了。

投资债券的起始资金最少为 100 欧元，因债券的不同而不同，金额为 1000 欧元、5000欧元不等，有时甚至达到 10 000 欧元。

有选择就有痛苦：怎样才能从上千只股票和债券中挑选出值得投资的股票和债券？应该买多少只股票，应该投资哪些行业？

分散风险：什么是投资基金？

这些是投资者们不断在思考的问题，尤其是那些只有少量金钱投资而又不知道该信任谁的投资者。在这种情况下，投资基金是一个不错的选择。投资基金是由一家公司来进行管理、汇集了不同证券的投资组合。

购买了投资基金就意味着购买了由不同的证券、股票和债券构成的组合。德国就有好几千只不同的投资基金，50 欧以上就可以购买。

投资基金的好处还有容易打理。在选择和购买了基金以后，基金持有人就不必再操心了，接下来的投资就由投资公司的专业人士来负责。

通过把投资资本分散到不同的证券上的方法可以降低风险，但这并不是说投资者就不会遭受损失。在经济形势不好的时期，随着股票行情的下降，大多数基金也难逃基金价值下跌的命运。

一般来说，投资基金的波动幅度比股票的波动幅度小。

并不便宜：基金多少钱？

把财富交给基金经理管理并非是零成本，此外基金公司也会想方设法让投资者掏钱。

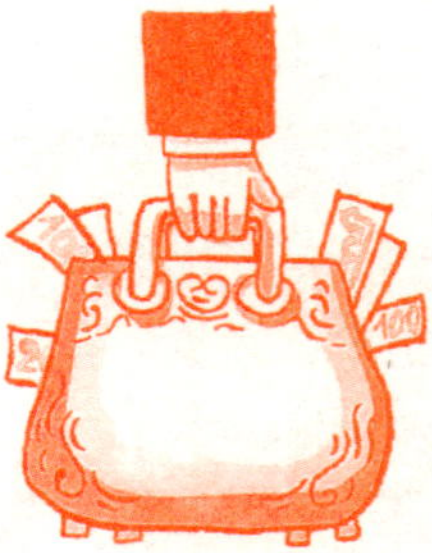

基金公司最重要的手续费首先是申购费用，它好像是通往五花八门的基金世界的入场券。这笔附加费一般是投资额的5%，比如有人想投资100欧，那就要支付给基金公司5欧，这样他实际的投资额就缩减为95欧。

除此以外，投资者还要负担基金公司的管理费用和银行存款账户的管理费用，这两笔费用一年付一次。从2001年起，一些基金公司引入了一个新的收入来源，即所谓的“绩效费用”。如果基金经理管理的基金收益很好，收益超过了基金的平均收益——这原本是应该的——那么就要收取绩效费用。还有一点：几乎所有大银行都成立了自己的基金公司，所以银行会向自己的客户推荐自己的基金。如果有人要购买其他银行的基金，那么他还必须支付额外的经纪佣金。

尽管基金的手续费不低，但它仍然是德国最受欢迎的投资形式之一。

还有哪些其他的投资可能性？

还能多承担一些风险？除了股票、基金和债券以外，还有一些风险更高的投资可能性。面对这些难以琢磨的投资可能性，即便是专家也会觉得没有把握。

最重要的投资证券之一是认股权证，购买认股权证就是预测股票行情的涨跌。认股权证的持有人有权在某一特定时期购买权证，但是他也可以不受此约束。

除了认股权证还有金融衍生品，从根本上说这是对证券未来行情所下的赌注，必须在事先约定的时间购买一定数量的证券。

这两种投资的共同之处是：它们不是为那些进行投资后还想安稳睡觉的人准备的，因为在这里失去本金的风险非常高。

4.

经济政策和世界经济

Wirtschaftspolitik
und Weltwirtschaft

国民生产总值和国内生产总值的区别是什么？

每个人都会认为法国的经济总量比巴拉圭的经济总量要大，但是人们是怎样测量一个国家的经济能力的呢？在这个问题上，我们会常常遇到 BIP 和 BSP 这两个缩写词*。

BIP 的意思是国内生产总值，是一个国家在一年内生产的全部商品和提供的服务价值的总和。在这个国家工作的外国人和外国公司所生产的商品和提供的服务也包括在内。2001 年的德国，包括工人、职员和企业主在内的 3900 万名从业人员创造的 BIP 是 29000 亿欧元。国民生产总值（BSP）指的是一个国家的公民在一年内所生产的价值总和，因此在统计的时候也被称为国民总收入。和国内生产总值不同的是，国民生产总值也包括一国的公民和企业在国外生产的商品和服务价值，例如大众公司在巴西的利润。

国民生产总值是评价国家经济发展和富裕的尺度，不过非法劳动没有计算在内，而非法劳动在第三世界的很多国家的经济中占有相当大的比重。

* 这两个词为德语缩写词，国内更常用英语缩写即 GDP、GNP。——编者注

经济增长和我有什么关系？

我们常会听到新闻主播用低沉的声音念到“经济增长低于预期”或者“再次降低经济预期”，那很多人会想：这和我有什么关系？

这和我们确实没有太直接的关系。经济增长表明国民生产总值（大多和头一年相比）的增长，用百分比来表示，是国民经济的重要指标之一，能预测在未来几个月或者几年里订单是否增加，利润是否增长，是否有更多的工作岗位和税收。

如果经济增长，这意味着汽车、机器、家具等商品的销量会增加。当零售商的销量增加了，他会补增订单。企业收到新的订单后，就要增加产量，或许还会增加工作岗位。如果就业的人多了，人们的支出也会增加。这样下去，企业又会收到更多的订单……

如此看来，经济增长是一个循环，不过是一个很快就可能被打破的循环。假如所有的人都有了汽车，汽车的订单就会减少。企业收到的订单减少了，产量就会随之减少，获得的利润因而也会减少。在这种情况下，企业会尽力降低成本，削减工作岗位。这样的话人们的收入就会减少。没有新的工作岗位，国民生产总值会缩减，国民收入也会随之减少。

国民生产总值缩减的状态被称为**经济衰退**。

在顶峰和谷底之间：经济发展趋势怎么样？

经济发展的起起伏伏、企业经营状况的时好时坏，这些都反映在所谓的经济周期上：经济发展开始上升，然后出现经济繁荣，紧接着经济开始下滑，最后到达谷底。

慕尼黑经济研究所 Ifo 每月通过对企业的进行的调查而得出的经济预期被视为能够显示经济发展状况的最重要的经济发展晴雨表之一。经济上升从企业的乐观预期开始。当增长预期高于 2%，企业的订单很快就会增加，企业订单的增加会反过来增强消费者的乐观情绪，从而带来消费品支出的增加。处于上升时期的经济一旦活跃起来，紧随其后的就是经济繁荣或者经济发展的顶峰。

在经济繁荣时期资本货物的订单会渐渐减少，因而经济增长也会随之慢慢减速。

资本货物指的是企业进行商品生产所需的货物，例如机器和工厂大楼。

市场情绪的转变也体现在企业主和经理们对经济的预期上。如果预测经济形势保持不变或者变坏的人数增加了，那么市场的情绪就开始变化了。当一个行业的发展开始倒退，那么其他行业也会先后倒退。当消费者们收到经济繁荣时期结束的信息后，他们会感到不安，会捂紧自己的钱包，推迟大笔的消费。拥有约 70 万雇员的汽车行业的销售量下降了，因为没有企业修建新的办公楼和车间，建筑行业也不景气了。经济增长数字连续三个季度持续下滑，这在经济学上被称为“衰退”。

在这个时候，经济学家和企业家会尝试判断经济下行到达谷底的时间以及经济发展再次上升的时间。经济衰退的巨大危险是转为通货紧缩。通货紧缩是物价和工资下降、经济低迷的经济发展状态。经济发展的转折点是难以准确预言的。如果说滚轴溜冰鞋的销售势头很好，那也仅仅说明这种产品成为了畅销品，而不能表明经济复苏。

当“经济引擎”发动以后，经济就会全力发展。当经济下滑的时候，经济引擎的运行会放慢，消费者的购买欲望也会减弱。

怎样能够推动经济增长？

假如只需要按动一下按钮，经济就能全速发展，那该多好！大多数政治家们也正在为此积极努力着，毕竟还是有一些方法能够至少在经济开始上升的时候予其助力。

政府、州、地方和发行银行能够助力经济的发展，并且有不同的办法。如果国家——联邦、州和地方——提高他们的支出，给企业更多的订单，例如修建新的公路和房屋，购买机器、电脑、办公家具和公务车，订购坦克、火车和火箭，从而推动经济的发展，加速经济上行。

政府还可以给公民减税或者增加子女补贴、家庭补贴等补贴，从而让大家有更多的钱购买汽车、房子、牛仔裤、溜冰鞋、冲浪板等他们希望拥有的东西。

政府也可以为企业减税，或者放松例如免遭解雇的保护等规定。

这样企业可能会聘用新的人员，因为企业可以少纳税，而且在订单减少的情况下削减人员。

经济学家们将主要是对企业有利的经济政策称为“以供给为导向的经济政策”，对消费者有利、推动商品和服务消费的经济政策被称为“以需求为导向的经济政策”，而旨在通过提高政府支出来推动经济增长的经济政策则以美国经济学家约翰·梅纳德·凯恩斯命名被称为凯恩斯经济，美国在 20 世纪 40 年代曾为了刺激经济发展采用凯恩斯的建议。

发行银行可以降低基准利率使得企业和消费者能够获得较为便宜的贷款，从而助力经济上升。

客户通过商业银行感受到欧洲央行降低基准利率所带来的好处：贷款变得越来越便宜了。

少投入多产出：生产率为什么如此重要？

生产率对于经济非常重要，它是通过产品的数量与为此投入的物资以及工作效率之间的关系来加以测量的，这听上去非常复杂。

为了把这个问题说清楚，我们就以汽车制造为例：生产率能告诉我们生产一辆汽车需要在多长时间内投入多少机器、材料和人力。企业总是不断地对产品和服务的产出进行优化，也就是说在产量不变的前提下尽量减少投入的物资、机器和人力，或者在投入不变的情况下尽量增加产出。如果能够完成生产优化就可以降低生产成本，从而提高企业的利润，或者在激烈的竞争中降低价格。

在雇主和雇员的劳资谈判中，生产率也起着重要作用，它能够衡量劳动力的数量、所工作的时间和产量之间的关系。通过“合理化”（增加机器的投入、对工作进行更好的分配和组织、技术进步、员工工作能力的提高），德国生产率从 1960 年到 1995 年增产了 200%。在 1995 年一个工人的产量是 1960 年的 3 倍。

一个人用他的钱到底能买到什么东西？在2002年1月1日引入欧元的这一天，很多消费者都在思考这个问题。有些人在货币换算的时候感到不知所措，觉得自己被欺骗了。

巨无霸指数：什么是购买力？

人们有这种感受的原因是欧元和以前的马克兑换比率是1:1.95583。以前买1升牛奶需要1马克，使用欧元后需要支付0.60欧元。购买力表明一定数量的货币能够购买到多少商品。如果价格下降，货币的购买力就会上升，人们能够买到的东西就更多；如果价格上升，那么购买力就会下降。

英国的经济学杂志《经济学人》提供一项特别的服务——每年公布一份国际“巨无霸指数”，这个指数用巨无霸汉堡来衡量不同国家的货币相对于美元的估值。在2001年，巨无霸汉堡在美国每个卖2.54美元，在欧元国家平均每个2.52美元，两者相比较而言巨无霸在欧洲要便宜一些。而在中国巨无霸就更便宜，每个卖1.1947美元。在瑞士巨无霸的价格则要贵很多，一个4.2048美元；在英国和丹麦同样也不便宜：在伦敦的价格是3.08美元，在哥本哈根是3.27美元。南非的巨无霸是真的便宜，一个才卖0.91美元。

进口和出口在经济中的作用是什么？

在谈论德国的经济时，人们常常会提及其对出口的依赖性、出口增长或者出口下降、世界经济以及美国市场的需求。德国经济和国外市场的关系真的这样紧密吗？

我们首先回到本书开始的章节，回到我们提到过的早上叫我们起床的闹钟。那只闹钟的产地是中国台湾，也就是说这只闹钟是在亚洲生产，然后出口到德国，它是许多在国外生产、然后销往德国的产品之一。与此相反，很多德国企业也将自己的商品销往国外，例如汽车、机器甚至整套工业设备。大约 30% “德国制造”的销售市场是在国外，这意味着德国的大部分工作岗位依赖出口。

如果美国的经济繁荣了，美国的企业和消费者的购买力超过了本国的生产力，那么他们对“德国制造”的需求也会增加。因此德国企业会增加产量，从而获得更多的利润，还会招聘新的员工。

如果美国人的购买力下降，德国企业的状况也会恶化。企业的利润会减少，或许还不得不裁员，除非他们在其他地方找到顾客，比如在亚洲。但是这并不容易，因为美国作为世界最大的市场之一是难以被取代的。

进口也受汇率变化的影响。

举个例子：德国出口到美国的一辆汽车价格为 10000 欧，假如美元兑换欧元的汇率为 1:1，那么这辆车在美国的价格为 10000 美元。如果欧元对美元的利率下降了 10%，1 欧元兑换 0.90 美元，那么这辆车在美国的价格为 9000 欧元。在这种情况下进口商就会考虑他是否应该维持原来的价格，借此多获取 1000 美元的利润，还是应该将汽车价格降至 9000 美元，从而能够进口更多的汽车。

如果欧元兑美元的汇率上升了 10%，这时进口商还是有问题。原来以 10000 欧元的价格进口的汽车现在在美国的售价为 11000 美元，这时进口商就会面临失去客户的风险。或者他还是继续执行 10000 美元的售价，然后自己添付这个差额。

如果本国的货币在和外国货币的汇率中过于强势，这对依赖出口的经济来说是不利的，因为出口商品在国外会由于价格昂贵而销量下降。

从某种程度上，汇率的波动会给欧元国家带来沉重的打击：石油作为重要的原料之一，它的供货几乎全是用美元结算。如果美元在和欧元的兑换上增值了，那么欧元国家进口的燃料用油、汽油以及许多塑料制品的价格就会上升。

自从引进欧元后，欧洲国家货币之间就不存在差异了。用欧元进行结算对德国是有利的，因为德国 60% 出口商品的市场是在欧盟。

东西越来越贵：通货膨胀率告诉我们什么？

通货膨胀率是每月都会公布的重要经济数据之一，我们甚至会在电视的晚间新闻听到或者在报纸的封面上读到。通过通货膨胀率我们能够了解币值的变化。

通货膨胀指的是物价水平（所有价格的平均值）持续上涨。

通货膨胀率是借助所谓的购物筐计算出来的，购物筐里的商品包含一个家庭在一个月内所需要的所有商品和服务，种类涵盖食物以及房屋、电、暖气的支出，还有电话、汽油或者地铁和公共汽车的费用。如果筐里内容的价格和上个月相比上涨了，那么这两个价格之间的差额用百分比表示出来所得到的数字就是通货膨胀率。

通货膨胀也被视为货币购买力的下降。

通货膨胀的对立面是通货紧缩，即物价下降。

我们一起想一想：如果购物筐里的商品和服务六月底值 1000 欧，七月底值 1010 欧，那么七月份的通货膨胀率正好是 1%。

从根本上说，通货膨胀出现的时候总是需求大于供给。

重要原料的价格上涨，例如石油，常常会被企业通过价格转嫁给顾客。工资上涨也是这样。

第二次世界大战以后，联邦银行作为货币的最高保护者一直密切关注马克的稳定性。

引入欧元以后，欧洲央行接手了监督欧元区通货膨胀的任务。

欧洲央行最重要的工具是严格控制流通中的货币总量，比如通过提高贴现率来降低可使用的货币量。

上了年纪的德国人听到通货膨胀这个词就会感到害怕，因为在 20 世纪 20 年代的时候德国出现过一次后果严重的恶性通货膨胀。

那时德国政府为了能够偿还第一次世界大战所造成的巨额外债而多印了很多货币，其后果是钞票一天天贬值，因为黄金或者经济能力无法为钞票提供担保。

通货膨胀率达到最高的时候，消费者手上持有几十亿帝国马克，却不足以买一个面包。银行的存款一下子变得一钱不值，人们一得到工资就尽快将钱换成生活必需品，不然到了第二天工资就又贬值了。

花钱是为了挣钱：什么是投资？

企业建造房子、购买机器或者花钱研发新的产品，这就是投资。投资能够提高企业的价值，为其继续盈利创造前提条件。

准确地说，投资是为了那些将来能为我们带来利润的产品而支出。投资可以享受免税：软件研发人员购买电脑属于投资，电脑有助于他的工作，从而带来利润，购买电脑的支出在纳税时可以扣除。不过一名业余厨师购买了一个专业的炉灶，这属于个人开销，纳税时不能被扣除，除非他通过编写烹饪书赚取生活费。

人们不仅可以投资实物，也可以投资非物质产品，比如为了提高产品的市场知名度而做的广告宣传，或者购买生产程序和产品的专利。

如果我们要深究哪里能够找到投资资金这个问题，就会陷入一个循环：企业只能支出自己赚取的或者从银行贷款的资金，而银行的贷款是他人的存款，即他人在银行的投资。换句话说，投资的资金就是储蓄的资金。

为什么在正确的时间存钱很重要？

如果我们有储备金可以用来应对紧急情况、实现我们的生活梦想，或者用来购买一辆车、在海边度过一个假期，那当然是件好事，这是储蓄的意义之一。储蓄对于整个经济而言也有意义。

如果人们将钱用来储蓄或者投资，这从经济的角度来看是件非常好的事情，因为企业手上可以有更多的钱用于投资。

不过任何时候储蓄都是好的吗？储蓄受经济发展趋势的影响吗？在经济萧条的时期，企业需要订单，需要通过出售产品获得收入，这个时候人们是不是更应该购物消费呢？这个主意不错。这样的话，企业就可以自己赚钱，而不必盯着人们在银行的储蓄存款。

当经济又开始繁荣起来的时候，我们又该怎样做呢？应该储蓄，从而避免经济发展过热，避免扩大的需求导致价格和工资上涨。消费者的这种行为方式不过是经济学家的美梦而已。事实上，经济不好的时候人们会存钱，经济好的时候人们会大肆花钱。

按照经济学家约翰·梅纳德·凯恩斯的理论，国家应该调控干预经济的发展。在经济衰退时期，国家即使负债也应该增加支出。

在谈到储蓄这个话题的时候，跟国家也有关系：很多人认为国家应该逆周期而行，经济发展好的时候限制自己的支出，经济不好的时候应该多支出。

国家补贴：用来挥霍的现金礼物？

每个人小时候都有过这样的梦：有钱的叔叔来家里做客给了我 100 欧元，这钱可以自由支配，无需回报。如果这个叔叔能每个月都来，那就最好了……

国家补贴和这种情况很相似，只不过有钱的叔叔变成了国家或者欧洲委员会，钱来自纳税人，得到现金礼物的是企业或者组织机构。

德国政府是这样定义国家补贴的："国家补贴是在推动经营或者研究的框架内给予企业的资金，而接收者在法律上并不具备要求获得该项资助的权利。国家补贴不仅仅可以是资助，也可以是税收补贴。只有私人法人才能获得国家补贴。国家补贴对于其所追求的目的而言是合适的，同时也是有必要的。根据 1982 年颁布的补贴守则，补贴应该尽可能少地干预市场和竞争。补贴一般来说有时间限制，而且应该逐渐减少，在合适的情况下可以要求偿还资助。"

2001 年德国的国家补贴为 1560 亿欧元，占国内生产总值的 7.5%，国家全部税收的 35%。

国家全部税收是税收收入的总和。

现在每个政府都说不再提供国家补贴，但这大多只是口头承诺。

接受国家补贴的人很多，比如接受低息贷款的农民。国家补贴能够弥补农民在蛋、家禽买卖中遭受的价格损失，帮助农民支付汽油和柴油的费用以及平和外汇损失。

为了能给电力部门提供更便宜的无烟煤，能源经济和采矿业也得到政府补贴。

政府给各个部门的直接补贴共达 860 亿欧元，其中农业、采矿业、交通和住宅产业获得的补贴占 76%，给各个地区或者为了增加就业机会所提供的补贴为 250 亿欧元。

农业是接受政府补贴最多的行业之一，除此以外欧盟也通过征收很高的进口税来保护农业免受国际市场的影响。

走投无路的时候：谁能获得社会救济？

既没有工作又没有储蓄的人是不值得羡慕的，不过这样的人也不是完全无所依靠，他有权向国家寻求帮助，比如申请救济金。

2001 年德国大约有 270 万人申请社会救济，其中一半以上为女性，主要是单身母亲。地方根据救济申请发放救济金。没有收入、没有失业救济或者养老金而且也没有其他途径获得帮助的人都可以申请社会救济，申请者必须证明自己没有财产。那些把所有的钱都用于购买有价证券而因证券市场萧条不打算出售证券的投机者，或者把钱都用于房屋维修而缺少流动资金的房主，这些人都不能申请社会救济金。另外如果申请人的父母尚在或者孩子已经成年，社会救济管理局有可能会首先询问他们的亲人是否能够接济申请人。

“社会救济”的官方意思是“生活救济”。

只有当这些可能性被证明是不存在的时候，国家才会实施救济。救济金虽然能够提供一份符合人类尊严的生活，但也只是简朴的生活。每个生活在德国的人，不论是哪个国籍，都可以申请社会救济。

钱不够，还有哪些救济？

仅靠社会救济真的能够渡过经济难关吗？多半不能。因此社区还有一些其他的救济，它们的资助条件和内容都不一样。

在这些救济中，首先要提到的是房租补贴。房租补贴是社会救济管理局发放的用于支付房租和暖气费的补贴。补贴的当然不是在富人区的住房，而是和家庭人数相当的单间或者有两间房间的居室。除此以外，接受资助的人有权要求得到衣物。有些地方会给予他们衣物补贴金，有些地方设有接受衣物捐赠的地方。社会救济管理局还为接受救济者提供家具和一些其他生活物品——通常是还能使用的二手货。

如果有慢性病患者或者必须食用特殊饮食的人需要为之额外支出，只要能够提供相关证明，同样也能得到这部分支出的补贴。这一点也适用于残疾人或者孕妇。此外像婚礼和葬礼这些特殊情况也可以获得补贴，不过这些补贴都需要进行单独申请。

政府为什么要征税？

联邦、州还有地方都有很多义务：除了向处于困境中的公民提供帮助以外，还有很多其他工作。

管理机构、中小学校、大学、法院、警察、联邦国防军、监狱、街道、铁路和水路、垃圾装运、供水、救灾，还有多处的消防队的全部或者至少部分资金都由联邦、州和地方提供，此外他们还为地方的工业发展和东部建设提供资金。

东部建设指的是推动新联邦州向成功的经济地区转变的措施。

政府支付上述一切花销的钱从哪里来？很简单，用税收收入支付这些花销。每个有正常收入的人都要把收入中的一部分交给政府，不管是自由职业者还是公司职员，还是拥有资产收入的人。只有收入很少的人才不必纳税。收入税是政府收入最重要的来源，除此以外还有一系列通过商品和服务来征收的税。

红利或者利息都是资产收入。

2001 年联邦、州和地区的税收共计 4840 亿欧元。这是一笔巨大的数目，但却不足以支付政府所有的支出。政府在 2001 末年新的负债为 498 亿欧元。

不少城市和地区的财务情况都非常紧张。

政府入不敷出并非例外，2002 年联邦、州和地区的负债共计 12000 亿欧元。

简要概述：有哪些税种？

从收入到香槟酒，政府都要征税。不管是公司职员、企业主、狗的主人、开车的人、吸烟的人还是喜欢喝香槟的人，每个人都要纳税。

税收最大的来源是从工人和职员的工资中扣除的工资所得税和收入所得税。企业也要向政府纳税：企业的利润中要扣除公司所得税和营业许可税。如果企业没有利润，那么就不用缴纳所得税和营业许可税。例如 2001 年经济萧条，联邦财政部的所得税收入仅为 13 亿欧元，而不是 250 亿欧元。

同样缩水的还有政府的第二大税收来源——增值税，增值税是对商品和服务征收的税种，税额一般为 16%，只有食物、书籍和印刷品的税额为 7%。

除此以外还有很多其他税种，比如在下面这些情况下都要纳税：签订保险合同的时候、购买香烟和烟草制品的时候、购买咖啡、酒以及汽油的时候。

有些税种的历史悠久。例如德国最后一个皇帝威廉二世需要钱来装备当时的海军舰队，因而在 1900 年前后引入了香槟税和葡萄酒税。威廉二世的海军舰队早就沉没了，但是香槟税直到今天还存在……

当政府入不敷出的时候会发生什么？

在每天的新闻播报里，“国家负债”“财政赤字”“借款”“债务”以及“马斯特里赫特标准”等词语出现的频率就像天气预报一样频繁。显而易见，政府的支出大于收入。

当联邦、州和地方没有钱的时候，就不得不借钱。政府向银行和投资者贷款，偿还的时候一般会支付利息。政府几乎每年都入不敷出：为了填补当年收支之间的漏洞（即财政赤字），政府每年都会有新的贷款，除此以外还有旧债，即过去积累起来的债务。

有些时候政府或者地方管理机构会宣布预算冻结，然后由财政部长或者地方财政部门负责人对每一笔支出进行审核看是否必要。

新债务被称为净借款。

靠贷款度日对于政府来说也是危险的，因为政府和普通的负债人一样，除了要偿还借款以外还要偿还利息。债务越高所支付的利息就越多。因为要偿还债务，政府就没有钱投资学校和幼儿园，没有钱修建街道和铁路，没有钱投入环保。

在本世纪初，德国政府从公民纳税获得的收入中每 5 欧元就有 1 欧元用于支付贷款利息。

尽管这样，在经济不好的时候政府的支出要超过它的收入，这也很重要，因为政府通过采购和投资能够给企业创造新的订单，从而刺激经济发展。不过政府始终保持谨慎，以防债务太高。

欧洲货币联盟定有明确规定，以防止国家负债过重。

欧洲政府首脑于 1991 年在马斯特里赫特制定了所谓的马斯特里赫特标准。为了避免个别国家负债过重，该标准规定欧元区的国家每年新负债只能是该国国内生产总值的 3%，总负债不能超过国内生产总值的 60%。

如果一个国家的负债过高，那么该国将来无法偿还贷款的风险就会增加，国外潜在的投资者对该国的经济能力和货币的信心就会下降，从而就不会购买该国的外币，汇率因此会下降。马斯特里赫特标准旨在避免出现欧元区的经济能力和欧元汇率被削弱的情况，因此也被称为稳定标准。

外汇是用外国货币表示的有价证券、支票和汇票。

1998 年 1 月 1 日引入欧元的国家有比利时、德国、芬兰、法国、爱尔兰、意大利、卢森堡、荷兰、奥地利、葡萄牙和西班牙，2001 年 1 月希腊也引入欧元。

国家会破产吗？

如果企业破产的话，企业的领导层会提出破产申请。假如一个国家负债过重，经济陷入谷底，会怎么样呢？它也必须申请破产吗？

我们现在还没有适用于国家的破产程序，但却有类似消防队一样能够拯救陷入债务危机的国家的机构，它们是国际货币基金组织（德语简称为IWF，英语简称IMF）和世界银行。这两个国际机构位于华盛顿，成立于1944年，为陷入经济困境而没有银行愿意给他们贷款的国家提供帮助，因此被称为“危难中的拯救者”，目前已拥有184个成员国。

企业或个人没有支付能力或者负债累累被称为“无偿还（支付）能力”或者“破产”。

不过，向国际货币基金组织贷款的国家必须满足一系列严格的条件：必须执行严格的节约政策、取消不是迫切必需的国家支出、大幅度提高贷款利率、关闭或者整顿陷入危机的银行。20世纪90年代不得不接受国际货币基金组织和世行的这些苛刻条件的国家有印度尼西亚、泰国和韩国等，对于这些国家和他们的国民来说这是一段痛苦的经历：国家补贴和福利支出被大幅度缩减，失业率上升，很多家庭因为没有国家的资助而仅能维持最低的生活水平。在这些国家从国际货币基金组织专家推行的休克疗法中恢复过来前，这种状况会持续多年。

我想成为百万富翁：谁是有钱人？

不管是赢得了还是继承了或者是获赠了一百万的人——或者最好是好几百万，他无疑是这个国家的富人。德国甲级队的球员当然也是富人俱乐部的会员。

拥有多少财富才算是富人，对此并不存在普遍认可的定义，一般可以用收入或者财产来计算财富。1998 年德国个人家庭拥有的私人财产大约为 4 万 9 千亿，前西德平均每户为 13 万欧元，前东德为 4 万 5 千欧元。

财富分配非常不均匀：在老联邦州，42% 的私人财产集中在最富有的 10% 的家庭里，而位于低端的 50% 的家庭的财产只占 4.5%。最富有的那 10% 的家庭中平均每户的财产大约 50 万欧元，而底层的 50% 的家庭平均每户的财产只有 11250 欧元。在新的联邦州，这种财富分配不均的情况更严重。

如果以净收入为基础来计算的话，1995 年德国大约有 13000 人收入过百万，即每年净收入至少在 100 万马克以上，中等收入将近 150 万欧元，其中只有 229 人生活在德国东部地区。1998 年前西德家庭的平均年净收入为 31600 欧元，前东德家庭为 24240 欧元。

一切都是相对的：谁是穷人？

德国是世界上最富有的国家之一，那么这里有穷人吗？当然有，不过德国的贫困和第三世界国家的很多人不得不忍受的大众贫困是不能相提并论的。

什么是贫困，谁属于贫困人群，对于这个问题社会学家、社会福利机构工作者和政治家们意见不一。

不过，大家都一致认为没有绝对的贫穷，只有相对贫穷。和许多第三世界国家的情况不同，在德国受到威胁的不是物质意义上的生存，而是符合人类尊严的生活。

根据欧盟的通用定义，穷人是“因为拥有少量（物质、文化和社会）资源而被排除在所属国家中被视为最低生活方式之外的个人、家庭或者人群”。

由社会救济所保障的最低需求可以被视为是政策上规定的“官方的”贫困线，社会救济的金额为平均收入的40% 至 50%。

生活在社会救济线边缘或者低于救济线的人数常常被低估，因为公布的官方数字没有把“贫困的黑数字”——即“隐藏的贫困”——统计进去。

在德国，真正需要社会救济的人群中只有不到一半的人真正申请了政府资助。

很多人害怕去社会救济局，有的人是由于骄傲或者羞愧，有的人是不愿意被贴上被救济人的标签，有些人则是不愿意他们的孩子或者亲戚因此而背负上经济援助的义务。

如果把这些官方未公布的数字和接受社会救济的人数算在一起的话，1997 年德国有 550 万人生活在贫困线边缘，占总人口的 6.5%。

在欧洲对贫穷进行的国际对比研究中，学者们宽泛地将“相对贫穷”理解为收入低于（按照家庭成员的人数和年龄进行加权平均）平均家庭净收入 50% 的个人或者家庭，如果收入低于平均收入的 40% 就是“严重贫困”。

在德国收入低于平均收入 50% 的人数明显高于生活在社会救济线边缘的人数。1998 年大约 22% 的家庭——即每五个家庭中有一个家庭——每月净收入低于 2500 马克，相当于 1278 欧元。

怎样能够缩小贫富差距?

富人越富，穷人越穷——很多人对这种现象加以批评，认为这不公平，对社会有害，不断呼吁要对财富进行更加公平的分配。但是应该怎样做呢?

对财富进行更加公平的分配的一种可能性是对高收入和巨额财产进行征税，而且我们也正在这样做：德国最高税率为 51.2%。百万富翁的收入中每两欧元就要交给国库一欧多。理论上来看是这样，但税率实施起来并不总是那么容易，税法给富人留下了很多漏洞和可以减税的可能性。

最高税率是向顶端收入人群征收的税率。

联邦财政部长试图堵住逃税的漏洞，这使得富人们把钱转移到税率比德国低的国家。引入利息所得税就曾引发过资金转移的浪潮，几十亿欧元就这样从德国转到了邻国的银行账户上。

利息所得税是向资本收入征税30%。

在 21 世纪 21 年代以前德国国库还必须忍耐，因为在 21 世纪 20 年代价值上万亿的财产将会换手，今天的富人会把他们的巨额财富转交给他们的继承者。这对于国库和政府来说意义重大。政府有可能会大幅度提高遗产税，以此弥补联邦、州和地方的财政紧缺。

占世界人口 15% 的富有的工业国家掌握着全球 80% 的收入，贫富悬殊在不断地扩大。

怎样能够在世界范围内更好地分配财富?

几乎所有工业国家的财政预算里都有发展援助的一席之地。根据一份国际协议，所有富有的国家都应该把财政预算的 7% 用于资助第三世界国家，而事实上这个比例从来没有实现过。

发展援助遭受批评不仅仅是因为现金援助金额小，还因为发展援助主要用于推动发展国家中的大型项目，例如非洲的大型发电厂、安第斯山脉的石油管道建设。当地居民从这些大型项目中收益很少，他们没有钱支付发电厂输送的电，而石油管道还破坏环境。

现在人们已经普遍接受这样的观点：发展援助应该首先有助于相关国家人们的自助。

援助很多具体的、小型项目，这有助于实现"帮助是为了自助"。

很多发展中国家负债累累，因此越来越多的人要求免除发展中国家的外债，但是国际金融机构至今只愿意免除最贫穷国家的外债。

在发展援助上，工业国家逐步消除针对来自第三世界货物的贸易壁垒，欧盟向第三世界国家开放农产品市场，这些也很重要。

养长脚秧鸡还是建工厂：经济正在损害环境吗？

酸雨、森林死亡、地球变暖、气候灾害、臭氧洞、海啸……经济给环境带来的损害早就已经无法掩饰和隐瞒，显然企业对此难辞其咎。

不过，在过去20年经济在向有利于环境的生产转换上取得了不少成绩。20世纪50年代去鲁尔区旅游的人在到达多特蒙德、杜伊斯堡或者米尔海姆的时候，只需要把头探出火车窗外闻一闻就知道到达目的地了：浓烟和褐煤的味道飘散在这个地区。今天这样的时代已经过去：鲁尔区的天空又变得蔚蓝了，空气不会比其他人口密集城市更不好。在其他领域，工业也显示出谨慎使用天然原料是可行的，对生意不会有坏处：汽车的油耗减少了一半，更严格的废气规定大大地减少了有害气体的排放。

如果和劳动生产率的增长相比，工业在对自然和环境的利用上还远远不够节制：在能源使用上的生产率只上升了31%，水的生产率上升了36%，原材料的生产率上升了49%——劳动生产率则上升了207%。尽管取得了小小的进步，但如果我们能看到环境破坏在继续加剧，就会明白彻底转换思维是具有紧迫必要性的。

1992年在里约热内卢举行的首次气候大会提出了“可持续性”这个概念。

可持续性发展应该在保证下一代的需求能够被满足的前提下满足当代的需求。

按照这种理念，人们应该研发和推动创新型技术、节省原料的技术和方案、替代性材料和环保预防措施。通过这种方式，未来的经济发展不再意味着原料消耗和环境危害。德国 1999 年引入了环保税，这是所有消耗能源、电、油、天然气和汽油的人必须支付的税款，这是为大气、水等环境污染所付出的代价。

可再生型资源得到政府的资助，它在发电中的比例为 8%。除了风力，再生型能源还包括水力、太阳能和地热。

为什么汽车或者运动鞋生厂商的商品生产地都设在拉美和中国？

低廉的劳动力、门槛较低的环保规定、对企业安全的低要求……飞往第三世界国家会给工业国家的很多企业带来丰厚盈利的生意。

和国民经济一样，世界贸易也是建立在劳动分工和专业化的基础之上，因此企业家会在质量最高或者生产成本最低的那个国家生产他的商品。

这种国际劳动分工首先给西方的企业带来很多好处：在地球另一端的工资常常只是西方国家工资的一小部分，而且不存在每周 38.5 小时工作制。

富有动力、良好的职业培训（很多人接受过大学教育）、和德国相比的低工资，这些优势使得一个软件研发中心在印度班加罗尔市市郊落成。在那里成立的企业在美国设有分公司。图纸通过互联网可以传到全球任何地方，企业可以每天 24 小时不停歇地进行研发和设计：当印度下班的时候，法兰克福还在工作，然后接着由纽约或者设在加利福利亚的分公司继续工作。

在时差和现代技术，尤其是互联网的帮助下建立起来的网络上，太阳永远不会落山。

来自日本的汽车、来自中国台湾的电脑：21 世纪的商品世界是全球化的。欧洲或者美国的企业分布在世界各地，他们在国外销售、采购或者进口配件。

地球村？什么是全球化？

降低运输费用、消除贸易壁垒（例如减税）等为全球化做出了重要贡献，国家和产地之间的间隔不断失去重要性。

不过，全球化这个概念不仅限于国际合作：今天的世界是一个巨大且唯一的金融市场，全球的股票、退休金和货币都在证券交易市场进行交易，只需点一下鼠标，几秒钟内就能完成买卖，每天的成交额大约为 1 万 5 千亿美元。国际贸易大约需要 300 亿至 400 亿美元，余额都是纯粹的投资。投资数额巨大的投资者通过投资也能对政治施加重大影响，因为只要他们从一个国家或者地区撤资的话，就能导致经济危机。

80% 的资产的所有者每八天就会更换一次。

世界紧密相连，已经成为了一个“地球村”，在地球上某个地方发生的危机会很快影响到其他地区：经济危机、战争或者环境灾害都会产生世界性影响。

全球化的批评者的意图是什么？

1999年首先从西雅图开始，接着是布拉格、哥德堡和热那亚等多地聚集了很多年轻人，他们抗议西方企业的全球化策略，这些强烈的抗议惊动了世界。到底发生了什么？

只要仔细看看，我们就不难发现来自欧洲和美国的跨国工业公司占领第三世界所带来的弊端。诚然，西方的经理们给这些正努力建设自己的工业和经济结构的国家带来了工作岗位和固定收入，但是代价也是高昂的：和西方国家的标准相比，它们的劳动力被剥削，旧的社会结构常常遭到破坏。

更糟糕的是国际银行和金融机构插手亚洲还未稳固的国民经济，20世纪90年代的亚洲危机就清楚地显示了流动投资资本的危险性。便宜的贷款刺激了东南亚的经济发展，多年后当危机一旦显现出来的时候投资者就立刻从这个地区撤资，引起了一场严重的经济危机。破产和企业关门是不可避免的后果，失业率激增，几十年的经济发展和这些国家的初步繁荣在几个月内就崩溃了，而西方的资本投资公司却获得暴利。

国际反全球化运动组织要求对国际金融市场进行民主监督。

对国际金融机构对第三世界国家经济残忍的摧毁行为的反抗渐渐形成。

尽管存在国际合作，但是第三世界国家的贫穷和地球上的不公平却仍在加剧，全球化的批评者对此进行批评，并定期在富有的工业国家举行首脑会议期间组织抗议活动。

国际反全球化运动组织 Attac 的宗旨就如它的名字一样：通过对金融交易进行征税来造福民众，该组织想贯彻一种顾及发展中国家人民的需求、而不是以富裕的西方国家的资本投资者的利润为导向的发展模式。

什么是世界经济危机？

当证券市场股票行情到达年度低点的时候，当股市处于熊市的时候，不少人就会担心这次股市行情下跌会不会是一次大范围危机的征兆。

“黑色星期五”和“1929”就是这些恐惧不安的证券交易者和投机者的噩梦。

这两个词代表迄今为止世界经济遭受的最严重的危机，这场危机是由1929年纽约华尔街股市暴跌所引起，在这之前的经济繁荣被史无前例的抛售所抹杀，几百万人的财产几天内就消失殆尽。

在黑色星期五的股市暴跌以后接踵而来的是银行倒闭和公司破产，因为美国经济、接着是欧洲经济的钱已经耗尽了。

几百万人失业，工业生产缩减，美国和欧洲经济陷入萧条。

国民经济经过了十几年的时间才从这场重击中恢复过来。

另一场危机则是发生在1987年10月，导火线也是纽约股市的暴跌，仅仅几天内股市市值失去了23%。

不过这次，重要的工业国家的银行、金融市场和政府做出了迅速的反应，股市交易被暂时中止，银行购入大量股票从而阻止了股市继续下滑，这次联合行动在一年内就成功地使股市止跌。

大型经济危机能够使整个世界经济受到震动，使包括生活在工业国家的上百万人陷入贫困，自 2000 年以来对全球金融市场的下跌所做的或多或少的控制也就是希望这些危机将来不再重现，不过人们没有十足的把握能够排除这种危险。

1929 年 10 月 25 日，星期五，纽约华尔街引发了迄今以来最严重的世界经济危机。

附录：词汇表
Glossar

股票：在股份公司的份额。股票持有人是这家公司的共同财产所有者，参与利润分红。股票在证券交易所进行交易，股价为股票的价格。

供应：市场上用于购买或者交换的商品和服务的数量。

劳动：人类为了达成某个经济目的所进行的脑力或者体力活动，属于商品生产过程中的生产要素。

失业：对于具有工作意愿和能力的人而言存在的就业可能性缺乏的情况。

繁荣：英语词，经济繁荣，景气。

交易所：对商品的性质和价值有明确规定的商品交易市场，可分为商品交易市场、服务交易市场和证券交易市场。

行业（Branche）：法语词，经济行业。

国内生产总值：国家在一年内生产的商品和服务的总额。

国民生产总值：一个国家的公民在一年内创造的价值总额。

外汇：银行外国货币存款。

服务： 为顾客提供的劳动，例如在餐馆吃饭。

红利： 每年分配给股东的利润。

收入： 一个家庭在一段时间内获得的货币收入。

出口： 将商品或者服务销往外国。

货币： 获得普遍认可的交换手段，一般分硬币和纸币，是法定支付手段。

盈利： 企业收入在扣除全部支出后所剩下的部分。

全球化： 经济生活、国际合作和货物、服务和资本交换等的全球性联系。

商品： 满足需求的手段，可分为像空气这样无限的自由商品和像汽车这样经生产加工后的紧缺商品，也被称为经济商品。

贸易： 经济商品的交换活动。

家庭： 指的是单身的人或者按照收入计算被视为一个单位的家庭。

进口： 从国外购入商品、服务或者资本。

通货膨胀： 物价普遍、持续上涨。

创新： 新产品、技术革新和发明。

无偿还能力：个人或者企业负债累累、没有支付能力，即破产。

资本货物：为了节省费用或者时间而购置的物资，例如机器。

资本：可分为可投资的货币资本和诸如房屋、机器等生产资料的实际资本。

卡特尔：禁止企业之间就价格或者为了避免竞争而进行协商。

购买力：货币的购买力指的是人们支付一定金额的货币所能购买到的商品数量。

经济发展趋势：经济上升和衰退的持续交替。

消费：为满足个人需求而消耗的经济物品。

贷款：一定期限内借入的货币资金，偿还时必须支付利息。

市场：供给和需求、买方和卖方相聚的地方。

垄断：市场上只存在一个买方或者卖方的情况。

需求：消费者购买某些商品的愿望。

净收入：扣除税和社会福利税以后的收入。

价格：用货币表示的商品和服务的价值。

生产： 商品加工。

生产要素： 进行商品生产所需要的必要物资，例如劳动力、土地和资本。

生产率： 投入的物资和工作时间与制造的商品之间的比例。

衰退： 经济发展下降。

原材料： 生产所使用的原料，例如煤、石油、天然气或者矿石。

税： 向国家缴纳的、用于国家支付其支出的货币。

政府补贴： 对某些企业或者经济行业提供的支持，例如财政援助或者减税。

销售额： 企业在一定时间内出售的所有商品的价值。

国民经济： 一个国家所有的经济设施和活动。

汇率： 一种货币兑换成另一种货币的价格。

竞争： 多家不同的供货商为争取客户所进行的角逐，自由竞争是市场经济的重要标志。

经济： 为满足人类对有限商品的需求的全部设施。

经济学： 研究经济的科学，其研究对象既包括国民经济（即国民经济学），也包括企业的运转（企业经济学）。

中央银行： 一个国家负责发行货币和调整利率的银行。欧盟的中央银行是位于法兰克福的欧洲央行（缩写：EZB）。

利息： 贷款的价格。